용기를 내어 당신이 생각하는 대로 살아야 합니다.
그렇지 않으면 머지않아 당신은 사는 대로 생각하게 될 것입니다.
– 폴 부르제(프랑스의 시인, 철학자)

Il faut vivre comme on pense,
sans quoi l'on finira par penser comme on a vècu.
– *Paul Bourget*

터닝포인트는 삶에 긍정적 변화를 일으키는 좋은 책을 만들기 위해 최선을 다합니다.

DVD 동영상 강의로 쉽게 배우는 **친절한**

니들펠트
DIY

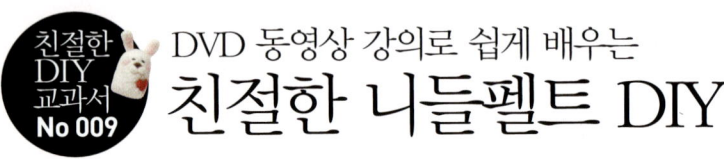

DVD 동영상 강의로 쉽게 배우는
친절한 니들펠트 DIY

친절한 DIY 교과서 No 009

2011년 5월 20일 초판 1쇄 발행
2018년 1월 10일 초판 3쇄 발행

지은이	펠트하우스(김희진, 박미영, 장현영, 정환주, 김옥희)
펴낸이	정상석
펴낸 곳	터닝포인트
등록번호	2005. 2. 17 제6-738호
주소	(03991) 서울시 마포구 동교동 27길 53 시남빌딩 308호
대표 전화	(02)332-7646
팩스	(02)3142-7646
홈페이지	http://www.turningpoint.co.kr
	http://www.diytp.com
ISBN	978-89-94158-22-8 13630
정가	19,800원

기획	터닝포인트
진행	박효진
북 디자인	공종욱
작품 사진 촬영	이성우(G1-studio)
과정 사진 촬영	이진수
스타일링	진은영
동영상 촬영 및 편집	이수일
촬영 협찬	모다디오 스튜디오(www.modadio.com)
재료 협찬	펠트하우스
내용 문의	www.diytp.com

원고 집필 문의: diamat@naver.com(터닝포인트는 삶에 긍정적 변화를 가져오는 좋은 원고를 환영합니다.)

DVD 동영상 강의로 쉽게 배우는 친절한

니들펠트 DIY

펠트하우스 지음

터닝 포인트

터닝포인트 출판사 공식 애플리케이션, 「그녀들의 수작 *for iPhone/for iPad*」 출시!

애플리케이션 제목: 그녀들의 수작 for iPad/iPhone | **가격:** 무료 | **출시일:** 2011.02.10
개발사: 터닝포인트 | **사용 환경:** 아이폰 3GS, 4G/아이패드

**세상에 하나뿐인 핸드메이드 작품을 만들어내는
실용적인 애플리케이션 '그녀들의 수작'**

홈패션, 펠트, 퀼트, 리넨, 오가닉코튼, 패션핸드페인팅, 점토공예와 미니어처,
니들펠트 등 '친절한 DIY 교과서 시리즈'로 수많은 독자들에게 사랑을 받은
150여 작품을 HD 화질로 제공합니다.

- 150개의 DIY 작품 100% 고해상도 이미지 수록.
- 슬라이드쇼 기능으로 편리한 작품 감상.
- 샘플버전 HOW to MAKE "매직파우치" 작품 제작 과정 및 샘플 동영상 강좌 제공.
- 아이패드/ 아이폰용 바탕화면 이미지 사용을 위한 이미지 저장 기능(*일부 작품).
- 확대 보기 기능 제공.
- 다양한 추가 작품 업데이트 예정.

✓ 편리한 애플리케이션을 다운로드 하세요!!

① 아이폰이나 아이패드에서
App Store를 실행합니다.

② 어플 검색창에 '그녀들의
수작'을 입력, 검색합니다.

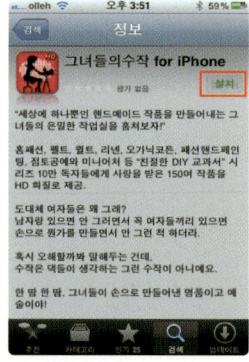

③ 설치 버튼을 눌러 설치를
시작합니다.

④ 바탕화면에 '그녀들의 수
작' 아이콘이 생겼습니다.

⑤ 아이콘을 누르면 애플리케
이션이 실행됩니다.

*QR코드
리더기로 찰칵!

아이폰

아이패드

저자의 말

안녕하세요. 〈친절한 니들펠트 DIY〉의 대표 저자 김희진입니다.

먼저 이 책을 통해 펠트용 양모와 바늘 하나만 있으면 누구나 손쉽게, 세상에 하나뿐인 나만의 작품을 만들 수 있는 니들펠트를 소개할 수 있게 되어 기쁩니다.

지난 몇 년간 언론에 집중적으로 소개되어 젊은 마니아층을 중심으로 많은 인기를 끌고 있는 니들펠트는 천연소재인 양모를 이용하여 아기자기한 생활 소품부터 전문 작품까지, 누구나 어려움 없이 작품을 만들 수 있는 마술 같은 공예입니다.

하지만 지금까지는 니들펠트를 배우기 위해서 니들펠트 강사님을 통해 마치 비법 전수 받듯이 일대일 교습을 통하거나, 눈동냥 귀동냥으로 어림짐작으로 배워야만 했습니다. 솔직히 그동안 니들펠트는 일부 몇몇 전문가들 안에서만 공유되던, 그들만의 공예였던 것이 사실입니다.

이렇게 배우기가 쉽지 않은 상황에서도 니들펠트를 배우고자 하는 열의를 지니신 많은 분들이 배울 수 있는 방법을 물어와 주셨고, 이에 한국펠트협회에서는 터닝포인트의 도움으로, 니들펠트 공예를 완전히 정복할 수 있는 이 책을 출간하게 된 것입니다.

이 책은 체계적이고 도식화된 구성으로 니들펠트를 잘 모르는 분이라도 손쉽게 접근할 수 있도록 많은 배려를 했고, 동영상 강좌를 통해선 초보자라도 사실적이고 명확하게 니들펠트 공예를 배울 수 있도록 최대한 쉽게 설명을 하였습니다. 이 책이 독자 여러분들께 많은 도움이 되었으면 좋겠습니다.

많은 분이 기다려온, 소중한 이 책을 출간하기까지 도움을 주신 박미영, 장현영, 정환주, 유재경 강사님 등 한국펠트협회 니들펠트 전문 강사님들께는 감사라는 말이 부족할 정도입니다. 촬영 및 교정에 도움을 주신 펠트하우스 신진우 부장님, 강태영 팀장님, 이경민 실장님께도 고마움이 한가득입니다. 끝으로 책 출간을 도와주신 터닝포인트 정상석 사장님, 박효진 팀장님 외 모든 관련자분들께도 진심으로 감사드립니다.

- 김희진

DVD 동영상 강의로 쉽게 배우는 친절한
니들펠트
DIY
Contents

DVD동영상강의로 쉽게 배우는 친절한

니들펠트 DIY

Image contents

01 | 초콜릿 세트

02 | 호박머리 장식인형

03 | 컬러 주사위

04 | 교통카드 케이스

05 | 흰둥 강아지

06 | 흔들 고양이

07 | 푸들 강아지

08 | 윷놀이 세트

09 | 분홍 곰 딸랑이

10 | 자동차 세트

11 | 흑백 모빌

12 | 컬러 모빌

13 | 공 세트

14 | 낚시놀이 세트

15 | 빵 세트

16 | 도넛 세트

17 | 아이스크림

18 | 햄버거 세트

19 | 조각케이크 세트

20 | 곰 시계

친절한 니들펠트 DIY
DVD 동영상 200% 활용하기

이 책은 니들펠트로 다양한 장난감과 생활 소품, 액세서리 등을 쉽게 만들 수 있도록 DVD 동영상 강의를 제공합니다. 책을 보다가 이해가 되지 않는 부분은 친절한 DVD 강의를 참고하세요. 기본 기법은 물론이고 만드는 과정에 대한 상세한 설명이 담겨 있어 혼자서도 쉽게 니들펠트 작품을 완성할 수 있습니다.

 ## DVD 동영상 강의 창 사용방법

1. 니들펠트 이야기
펠트와 니들펠트에 관한 설명과 니들펠트에 필요한 도구와 재료를 알려주는 클릭 버튼입니다.

2. 니들펠트 기본기법
니들펠트를 배우기 위해 필히 거쳐야 하는 기본기법을 공부하는 클릭 버튼입니다.

3. 니들펠트 작품 따라하기
3장에 실린 작품들을 저자의 직접 강의와 함께 만들어 보는 클릭 버튼입니다.

*TV용 DVD플레이어에서 부록 DVD를 재생하는 방법

PC에서는 마우스를 이용하지만 TV에서는 리모컨을 이용해 메뉴를 선택할 수 있습니다. 부록 DVD를 TV용 DVD플레이어에 넣으면 페이지 위쪽과 같은 창이 나타납니다. 리모컨의 방향 단추를 눌러 ENTER 버튼을 누르면 서브 메뉴로 이동합니다.

- **메뉴에서 동영상 선택:** '←''→''↑''↓'로 원하는 영상을 선택하고 'ENTER(또는 확인)' 버튼을 누름
- **동영상을 보다가 메뉴로 가려면:** '메뉴' 버튼을 누름
- **서브 메뉴에서 메인 메뉴로 가려면:** 서브 메뉴의 '←'버튼을 선택한 후 'ENTER(또는 확인)' 버튼
- **DVD 실행 종류:** 'STOP' 버튼

니들펠트 동영상 DVD 살펴보기

● 니들펠트 이야기

1. 니들펠트 DIY 소개

니들펠트에 대해 알아봅니다. 니들펠트로 생활소품, 장난감, 액세서리 등을 만들 수 있습니다.

2. 니들펠트 도구 소개

니들펠트에 쓰이는 여러 가지 도구와 부재료에 대해 알아봅니다.

● 이곳을 클릭하면 메인 화면으로 되돌아 갑니다.

● 니들펠트 기본기법

1. 양모 뜯기와 양모의 양 정하기
2. 바늘 쥐는 법과 올바른 사용법
3. 양모 원모양으로 뭉치기
4. 양모 삼각형으로 뭉치기
5. 하트 만들기
6. 별모양 만들기
7. 덩어리와 덩어리 연결하기
8. 양모 덧대기
9. 바늘과 실로 덩어리 연결하기
10. 바느질 홈질 기법
11. 바느질 버튼홀 스티치 기법

● 니들펠트 작품 따라하기

1. 달콤한 초콜릿 세트
2. 재미있는 호박머리 장식인형
3. 유용한 컬러 주사위
4. 편리한 교통카드 케이스
5. 귀여운 흰둥 강아지
6. 도도한 흔들 고양이
7. 앙증맞은 푸들 강아지

*DVD 사용 시 주의사항

1. PC에 DVD 플레이어가 설치되어 있지 않으면 부록으로 제공되는 DVD가 작동하지 않을 수 있습니다. PC에서 DVD플레이어가 정상적으로 실행되지 않는 경우에는 컴퓨터에 DVD 플레이어 소프트웨어가 설치되어 있는지 먼저 확인해 주세요. 만약 DVD플레이어가 설치되어 있지 않다면 컴퓨터 구입 시, 또는 DVD 플레이어 구입 시 제공되는 설치 CD로 PC용 플레이어 소프트웨어를 설치해 주세요.

2. TV에서 사용하는 DVD플레이어 기종에 따라 DVD가 정상적으로 작동하지 않을 수도 있습니다.

3. 부록 DVD를 재생하는 데 문제가 있을 경우에는 인터넷 '행복한 취미생활 DIY(www.diytp.com)'이나 네이버 카페 '행복한 취미생활 DIY(http://cafe.naver.com/diytp)', 또는 터닝포인트 출판사(02-332-7646)로 문의하시면 해결 방법을 알려드립니다.

친절한 니들펠트 DIY 200% 활용하기

1. **니들펠트 작품 명:** 이번 장에서 만들 완성 작품의 사진입니다.

2. **DVD 동영상 강의:** 부록으로 제공되는 DVD에는 3시간 분량의 동영상 강의가 담겨 있습니다. 부록 DVD는 컴퓨터의 DVD플레이어를 이용해서 볼 수도 있고, TV에 연결된 DVD플레이어를 이용해서 볼 수도 있습니다. DVD 재생 마크가 표시된 동영상을 참고하면 해당 부분의 내용을 더욱 쉽게 이해할 수 있습니다.

3. **재료 사진:** 이번 장에서 필요한 재료들을 모아놓은 사진입니다.

4. **재료 일람:** 이번 장에서 필요한 재료들을 모아서 적어 놓은 공간입니다.

5. **예상 재료 가격:** 독자들의 편의를 돕기 위해 각각의 개별 작품을 만드는 데 필요한 부재료의 가격을 예상한 비용입니다. 실제 제작할 때는 비용이 달라질 수 있으니 참고로만 활용해 주세요.

   예상 제작 시간: 보통의 실력을 가진 독자가 작품을 만드는 데 걸리는 시간을 예상하여 표기하였습니다. 숙련도와 감각에 따라 시간이 달라질 수 있으니 참고로만 활용해 주세요.

   예상 완성작품 가격: 이 작품을 공방에서 판매할 때의 가격입니다. 독자가 고생하며 만든 세상에서 하나뿐인 작품에 가치를 부여하기가 쉽지 않지만, 이 작품에 이만한 가치가 있다는 것을 수치로 표현한 것입니다.

6. **제작 과정 단계:** 전체 제작 과정 중 세부 제작 과정의 소제목입니다.

67 얇게 편 양모를 조그맣게 만듭니다.

68 매듭이 있는 곳에 얇게 편 양모를 얹고 1구 바늘을 이용하여 찔러줍니다.

69 5구 바늘을 이용하여 강아지의 배 부분을 다듬어 줍니다.

70 같은 방법(68번~69번)으로 왼쪽 양모를 덧대어 강아지 머리의 실 연결 부분을 1구 바늘로 찔러 감춰줍니다.

71 5구 바늘을 이용하여 전체적으로 다듬어 줍니다.

72 귀여운 강아지 인형이 완성되었습니다.

9

흰둥 강아지 만들기 방법을 응용하면 여러 가지 동물 인형을 만들 수 있습니다. 개인의 취향대로 귀여운 인형들을 만들어 보세요.

조감도

10

측면도

저면도

7 친절한 제작 과정 따라하기: 초보자도 제작 과정을 따라하기 쉽도록 상세하고 친절하게 소개한 페이지입니다.

8 TIP: 오랫동안 작품을 만들면서 터득한 작가의 실전 노하우를 소개한 공간입니다.

9 응용작품 소개: 기법과 디자인이 비슷한 다른 작품을 장식할 수 있도록 나열한 응용작품을 소개했습니다.

10 실물 도안: 이 작품을 만드는 과정에 필요한 작품 실물 도안입니다. 작품의 크기나 세부 디자인을 가늠해 볼 수 있어 유용하게 사용됩니다.

인터넷을 통한 지속적인 서비스 제공

이 책과 관련하여 궁금한 내용은 터닝포인트 홈페이지 '행복한 취미생활 DIY(www.diytp.com)'나 네이버카페 '행복한 취미생활 DIY(http://cafe.naver.com/diytp)', 또는 '펠트하우스(http://www.felthouse.co.kr)'의 'Q&A 게시판'을 통해 문의해 주세요. 터닝포인트 출판사는 사이트를 통해 필요한 자료와 정보를 지속적으로 제공하고 있습니다.

내가 만든 작품 자랑하기

터닝포인트 '행복한 취미생활 DIY(www.diytp.com)카페'
〈펠트&니들펠트〉게시판에 책을 보고 만든 작품의 제작 과정이나 에피소드, 완성품, 또는 나만의 창작품 등을 올려주세요. 다른 독자들과 함께 정보를 공유하고 우수 회원을 뽑아 시상도 한답니다.

Part I
니들펠트는
어떤 공예인가요?

01 펠트공예란?

흔히 펠트라고 하면, '양털로 만든 시트지 형태의 천'을 생각합니다. 그래서 펠트공예라고 하면, 보통 '시트지 형태의 천을 이용해 여러 가지를 만드는 공예'라고 생각하기 쉽습니다. 하지만 엄밀하게 말해 이런 생각은 일부분만 맞고, 대부분은 틀리다고 할 수 있습니다.

왜냐하면, 우리가 쉽게 생각하는 시트지 형태의 천을 이용해 여러 가지를 만들어내는 공예는 따로 '소프트펠트'라고도 부르는데, 이 소프트펠트는 양모펠트, 니들펠트 등과 더불어 펠트공예라는 커다란 덩어리를 받치는 하나의 축에 불과하기 때문입니다.

그래서 단순히 '펠트공예=소프트펠트'라는 등식은 맞지 않습니다. '펠트공예=양모펠트+니들펠트+소프트펠트'라는 공식이 정확합니다. 아직까지 소프트펠트에 비해 덜 알려져 있지만, 우리가 이 책에서 배울 니들펠트도 펠트공예의 한 축을 당당하게 차지하고 있습니다.

펠트의 역사

'펠트'는 원래 양털이나 그 밖의 산양, 낙타, 토끼, 알파카 같은 동물의 털을 엉키게 하여 시트 모양으로 만든 직물을 말합니다. 펠트의 역사는 굉장히 오래되어서, 인류와 함께 발전해 오고 있다고 해도 과언이 아닙니다. 최초 자연 상태에서 동물들에 의해 우연히 만들어졌던 펠트는 이후 사람들이 인위적으로 만들기 시작했고, 가장 오래된 펠트의 흔적은 지금으로 약 8,000년 전에 세워졌던 터키 남부의 고대 도시 차탈회위크에서 직물의 형태로 발견이 되었습니다. 당시 고대인들은 동물의 털과 식물에서 추출한 섬유소를 혼합해 만든 펠트를 이용해 옷을 만들어 입었을 정도로, 펠트는 인류의 가장 오래된 친숙한 존재이자 인간과 떼려야 뗄 수 없는 존재이기도 합니다. 근래에는 합성소재(폴리, 아크릴, 울혼방 등)를 압축하여 만든 천까지도 통틀어서 펠트라고 부르기도 합니다.

공예로서의 펠트의 역사

펠트천은 일반천처럼 올 풀림이 없고, 가위로 오리고 풀로 붙이는 간단한 작업만으로도 훌륭한 작품을 완성할 수 있어, 가격에 비해 상당히 실용적인 측면이 있었습니다. 이러한 장점들을 가지고 펠트지에 여러 가지 색을 사용해서 원하는 모양으로 만들어 나가면서 수공예의 한 부분으로 자리 잡은 것이 바로 펠트공예입니다. 서양에서는 펠트공예의 역사가 100년이 넘었다고 하지만, 한국에서는 약 40여 년이 되었으며, 일반인들에게 널리 알려진 것은 불과 10여 년 정도입니다.

✳ 공예 재료로너의 펠트

면, 마, 실크와 같은 다른 천연 재료들은 날실과 씨실로 기계적으로 엮어서 가공해야만 실제 사용할 수 있는 상태로 만들 수 있는 반면, 양모 자체에는 마치 물고기 비늘 같은 조직이 겹겹이 포개져 있어, 뭉치기만하면 자연 상태에서도 펠트지로 바꿀 수 있기 때문에 손쉽게 원단을 만들 수 있다는 장점이 있습니다.

또, 양모 사이사이의 공간에 온기를 보존하기 때문에 겨울철 최고의 의류 소재로 각광받는 동시에 여름철에도 통기성과 환기성이 좋아 고급 소재로 활용되고 있습니다. 펠트지는 이것뿐만 아니라, 재질상 부드럽고 따뜻한 느낌을 가지고 있어 특히 아이들에게 정서적으로 안정감을 주며, 펠트지를 다루면서 손 근육을 더 발달시키고 눈과 손의 협응력을 기를 수 있도록 도와줍니다.

펠트공예는 이러한 펠트지와 양모의 장점으로 생활용품, 디자인용품, 태교, 출산용품, 유아교구 등을 만드는 공예로써 현재 폭발적인 인기를 끌고 있습니다.

▲ 패턴 펠트지와 패턴 펠트지로 만든 지갑

02 펠트공예의 종류

현재 전 세계적으로 펠트공예는 양모펠트, 니들펠트, 소프트펠트 등으로 크게 3가지 정도로 나눌 수 있습니다. 그중 우리나라에서 가장 많이 알려졌고, 가장 많은 마니아를 가지고 있는 분야는 해외에서 제일 먼저 도입된 소프트펠트 분야입니다. 소프트펠트 공예야 워낙 많은 분들이 잘 알고 있고, 이 책에서 배울 니들펠트와는 연관성이 좀 떨어지므로 이 장에서는 양모펠트와 니들펠트를 중심으로 설명을 드리겠습니다.

✿ 양모펠트

현재 펠트공예를 하고 계시는 분들도 흔히 양모펠트와 니들펠트를 혼용해서 말씀하시곤 하는데, 엄밀히 말하면 양모펠트와 니들펠트는 '같은 재료를 사용하지만, 기법이 다른 공예'입니다.

국내에서는 얼마 전까지도 니들펠트를 양모펠트의 하위개념으로 보곤 했는데, 이 개념은 니들펠트 분야가 점점 커지면서 설득력을 잃고 있으며, 세계적으로도 니들펠트와 양모펠트는 소프트펠트와 함께 동격의 개념으로 펠트공예를 떠받치는 한 축으로 인정받고 있습니다.

양모펠트는 천에 재단선을 긋고, 가위로 자르고, 바느질을 해서 만들어내는 일반적인 방법에서 벗어나, 양모의 엉키는 성질(축융성)을 이용해 비눗물로 문지르고 말리기만 하면 머플러나 모자가 뚝딱 만들어지는 신기한 공예법입니다.

양모펠트의 이런 만들기법이 가능한 이유는, 눈으로 보면 잘 보이지 않지만 현미경으로 살펴보면 양모의 표면에는 마치 물고기의 비늘 같은 조직이 층층이 포개져 있고, 이 비늘 조직의 모습은 마치 톱니바퀴처럼 생겼습니다. 이렇게 생긴 각각의 양모가 다른 양모를 만나고, 여기에 열과 비눗물 그리고 마찰이 가해지면 이 비늘(스케일Scale)들이 서로 엉겨 붙으면서 단단한 조직으로 변하게 됩니다. 이러한 성질을 이용해 가방이나 베레모, 매트 같은 작품을 만들어내는 공예가 양모펠트입니다.

▲ 양모펠트로 만든 가방

❋ 니들펠트

니들펠트는 앞에서도 언급했다시피, 양모펠트와 같은 재료를 가지고 다른 기법으로 만드는 방법입니다. 즉 양모를 재료로, 바늘을 이용하여 양모를 뭉치게 해 작품을 만드는 공예 분야가 니들펠트입니다.

니들펠트도 양모펠트와 마찬가지로 양모의 엉키는 성질(축융성)을 이용하지만, 양모펠트가 손을 이용하여 비눗물로 문지르고 말려서 작품을 만드는데 반해, 니들펠트는 바늘 한 개만으로도 각종 액세서리나 인형들을 뚝딱 만들어내는 신기한 공예법입니다.

니들펠트에서 이렇게 바늘 하나로 작품을 만드는 것이 가능한 이유는, 마치 톱니바퀴 모양의 물고기 비늘 같은 조직이 층층이 포개져 있는 양모를, 요철 부위가 있는 특수 제작된 바늘을 사용하여 양모와 양모 사이를 엉키게 해서 고정시키기 때문입니다.

이렇게 바늘을 사용하여 양모를 엉키게 하면, 아주 강한 힘으로 뜯어내기 전에는 분리되지 않고, 보드랍고 따뜻한 촉감을 지닌 데다가, 바늘로 여러 가지 세밀한 표현까지 덤으로 할 수 있기 때문에 각종 인형과 액세서리, 장난감 등 귀엽고 입체감 있는 작품을 만드는 데 있어 굉장히 수월합니다. 이러한 여러 가지 장점 때문에 펠트공예 분야에서도 니들펠트 분야는 현재 급성장하고 있는 분야입니다.

▲ 니들펠트로 만든 케이크

❋ 소프트 펠트

소프트펠트는 대량생산되어 나온 공예용 펠트지(아크릴, 폴리, 양모)와 바늘과 실 등의 간단한 도구를 이용하여 교구, 유아용품, 생활소품 등을 만드는 펠트공예의 한 분야입니다. 가장 먼저 우리나라에 소개된 데다, 많은 마니아를 거느리고 있어 현재까지는 가장 활발한 펠트 분야이기도 합니다.

▲ 소프트펠트로 만든 미니 기차 화분 싸개

❸ 양모와 니들펠트

✤ 인간과 양모

양모를 생산하는 양은 우리 인류의 가장 가까운 동물 중에 하나라고 해도 과언이 아닙니다. 양은 지금으로부터 약 1만여 년 전에 중동지역을 중심으로 하는 서아시아 지역에서 가죽과 털, 고기, 젖을 얻기 위해 야생 양의 가축화가 시작되었다고 보고 있습니다. 이후 품종개량을 거쳐서 오늘날에는 전 세계적으로 약 800여 가지의 품종과 변종이 있는 것으로 조사되고 있습니다. 예로부터 양털은 인간들의 삶에서 매우 중요하게 인식되었는데, 수천 년간의 품종개량으로 야생 양의 거친 겉 털은 오늘날처럼 부드러운 양털로 바뀌었습니다.

✤ 코리데일과 메리노

전 세계에서 생산되는 양모는 여러 가지가 있는데, 대표적으로 메리노, 코리데일, 사우스다운, 링컨, 레스터 등의 양모가 있습니다. 이 양모들은 모두 품종개량을 거친 양들에게서 생산되는 양모들로서 각각의 특징이 있지만, 현재 전 세계적으로 가장 많이 생산되고 소비되는 양모는 메리노종의 양모입니다. 현재 전 세계 양모 생산의 약 30퍼센트 정도가 이 메리노종의 양모입니다. 이 메리노종의 양모는 섬유가 가늘고 탄력이 강하지만, 마찰열에 약하다는 단점이 있습니다. 그래서 고급 옷감의 재료로는 좋지만, 니들펠트의 재료로는 적당하지 않습니다.

니들펠트의 재료가 되는 양모는 코리데일종의 양모입니다. 코리데일종의 양모는 털의 품질은 보통이지만, 메리노종의 양모에 비해 두꺼워 펠팅이 잘 되고, 상대적으로 마찰열에 강한데다가 가격마저 저렴해서 니들펠트를 하기에는 최적의 양모라고 할 수 있습니다.

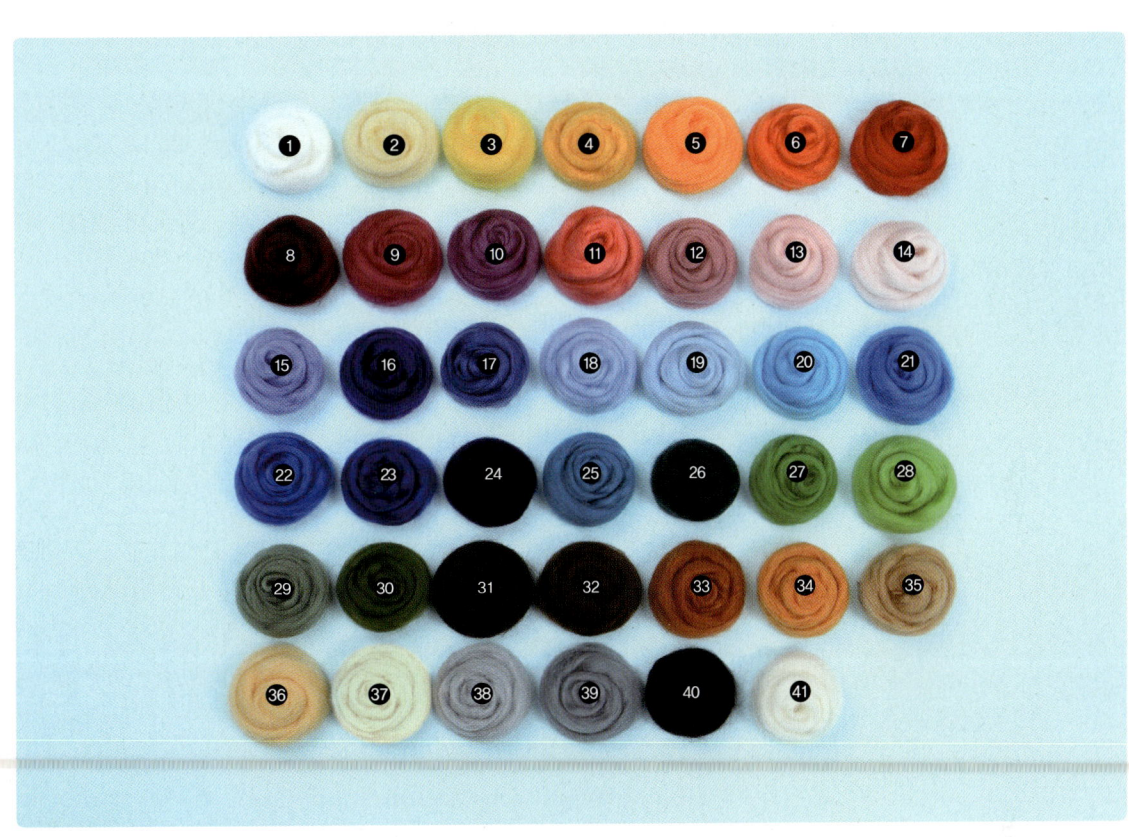

✳ 코리데일 양모 색낭표

❶ C001(흰색) ❷ C002(연노란색) ❸ C003(노란색) ❹ C004(진노란색) ❺ C005(밝은주황색)

❻ C006(주황색) ❼ C007(빨간색) ❽ C008(자주색) ❾ C009(자주빛분홍색) ❿ C010(분홍빛보라색)

⓫ C011(진분홍색) ⓬ C012(짙은연분홍색) ⓭ C013(분홍색) ⓮ C014(연분홍색) ⓯ C015(연남색보라색)

⓰ C016(보라색) ⓱ C017(둔한파란색) ⓲ C018(연남색파란색) ⓳ C019(하늘색) ⓴ C020(짙은하늘파란색)

㉑ C021(푸른빛하늘색) ㉒ C022(파란색) ㉓ C023(짙은파란색) ㉔ C024(남색) ㉕ C025(청록색)

㉖ C026(진한초록색) ㉗ C027(초록색) ㉘ C028(연두색) ㉙ C029(연한쑥녹색) ㉚ C030(진한풀색)

㉛ C031(진한밤색) ㉜ C032(밤색) ㉝ C033(붉은갈색) ㉞ C034(노란갈색) ㉟ C035(연갈색)

㊱ C036(옅은황갈색) ㊲ C037(살구색) ㊳ C038(회색) ㊴ C039(진한회색) ㊵ C040(검은색)

㊶ C041(자연색 원모)

니들펠트의 기본 도구

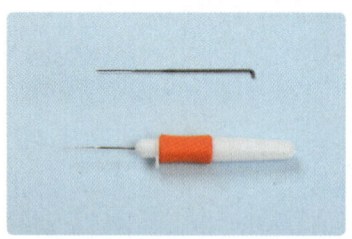

✽ 1구 바늘

니들펠트용 바늘은 특수 제작되어 바늘의 표면에 층층이 요철이 있습니다. 이 요철이 흩어져 있는 양모의 비늘을 서로 엉기게 하여 양모를 뭉치거나, 뭉쳐진 양모를 더욱 단단하게 만들어주는 원리입니다. 1구 바늘은 양모를 처음 뭉칠 때 풀어지지 않도록 돌아가면서 고정할 때 사용하며, 눈, 코, 입 등과 같은 섬세한 표현을 할 때 사용합니다. 또 양모 덩어리와 덩어리를 연결할 때도 사용합니다.

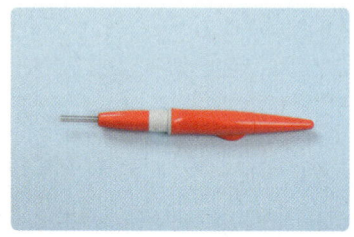

✽ 3구 바늘

3구 바늘은 1구 바늘과 사용 목적이 비슷합니다. 다만, 1구 바늘보다는 좀 더 큰 작품에서 세밀한 표현을 할 때 사용합니다. 섬세한 표현을 할 때 작은 소품은 1구 바늘로, 좀 더 큰 작품은 3구 바늘로도 사용이 가능합니다. 또한 3구 바늘은 작은 면을 만들 때나 작은 덩어리를 만들 때 사용하면 편리합니다.

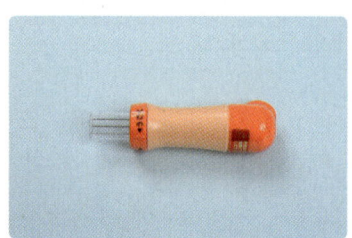

✽ 5구 바늘

5구 바늘은 뭉친 덩어리를 단단하게 축소시킬 때 사용합니다. 한꺼번에 5개의 바늘로 양모를 찔러 1구 바늘보다 빠르게 작업을 할 수 있습니다. 또한 양모를 얇게 접어 살살 두드려서 원단 형태로 만들 때 사용하며, 겉 부분을 매끄럽게 다듬을 때 겉 부분을 살살 두드려 사용합니다.

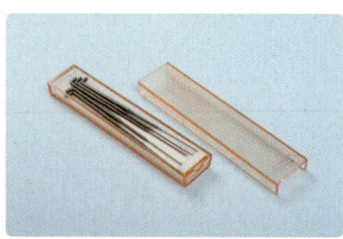

✽ 리필용 바늘

초보자의 경우 니들펠트를 하다보면 3구 바늘이나 5구 바늘이 부러질 때가 종종 있습니다. 부러진 바늘을 교환할 때 필요한 리필용 바늘입니다. 생김새는 1구 바늘과 비슷하지만 더 가늘고 짧습니다.

✽ 스펀지

니들펠트를 작업하기 위한 스펀지 입니다. 스펀지 위에서 니들펠트를 하면 바늘이 쉽게 부러지는 것을 예방하고, 책상이나 테이블 위에 흠집이 나지 않도록 해줍니다.

✽ 골무

니들펠트로 작업할 때 손가락을 보호하기 위해서 사용합니다. 재질은 주로 가죽으로 만들어졌습니다. 골무와 비슷한 용도로 사용하는 니들펠트용 세 손가락 가죽장갑도 있지만 좀 비싸다는 단점이 있습니다.

05 니들펠트에 사용되는 부재료들

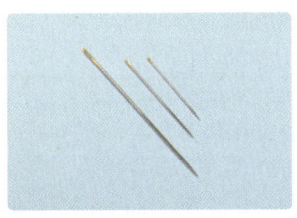

❋ 바늘
니들펠트로 만든 인형의 팔과 다리를 연결하거나, 인형의 눈 등을 만들 때 사용합니다. 크기에 따라 여러 가지 상황에서 사용합니다.

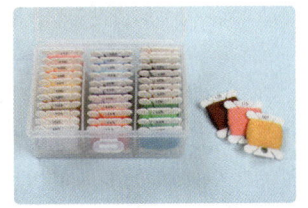

❋ 실
완성된 인형의 팔다리를 연결하거나 비즈를 이용하여 눈을 표현할 때 사용합니다.

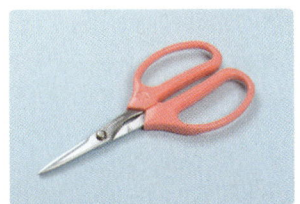

❋ 가위
펠트지를 자르거나 완성된 니들 펠트 작품의 잔털을 가다듬을 때 사용합니다.

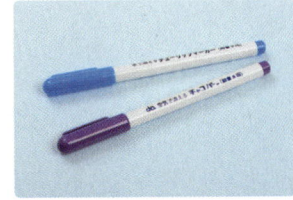

❋ 기화성펜과 수성펜
펠트지에 도안을 그릴 때 사용합니다. 수성펜은 물로 지워지고, 기화성펜은 시간이 지나면 지워집니다. 시간이 지나도 기화성펜 자국이 안 지워질 때는 가볍게 물로 닦으면 지워집니다.

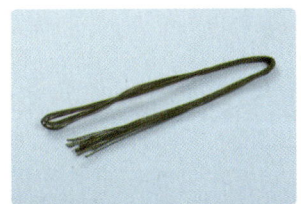

❋ 꽃철사
뼈대가 있는 네다리 인형의 몸통이나 식물의 줄기를 만들 때 사용합니다.

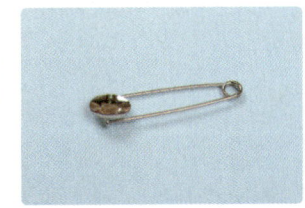

❋ 옷핀
액세서리나 브로치 종류를 만들어 옷에 달수 있게 고정시킬 때 사용합니다.

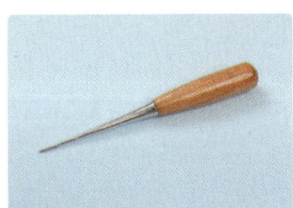

❋ 송곳
펠트지나 인형에 구멍을 뚫을 때 사용합니다.

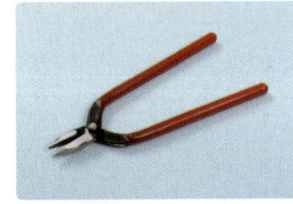

❋ 평펜치
꽃철사를 구부리거나 남은 부위를 잘라낼 때 사용하며, 단단한 물체(가죽 등)를 통과한 바늘이 잘 안 나올 때도 사용합니다. 집에서 쓰는 펜치나 니퍼로도 대용이 가능합니다.

❋ 오링반지
인형에 오링 고리를 달 때, 고리를 벌리거나 오므릴 때 사용합니다.

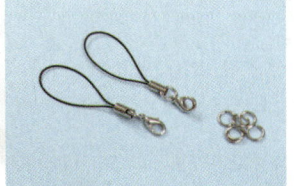

❋ 오링과 핸드폰 고리
오링은 액세서리 연결부위로 많이 사용되며, 핸드폰 고리는 핸드폰이나 가방에 인형을 달 때 오링과 함께 많이 사용합니다.

❋ 군번줄
군번줄은 카드지갑이나 오링으로 인형을 연결할 때 사용합니다.

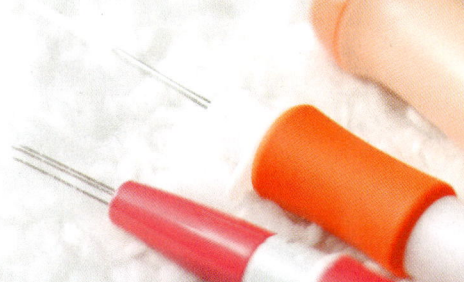

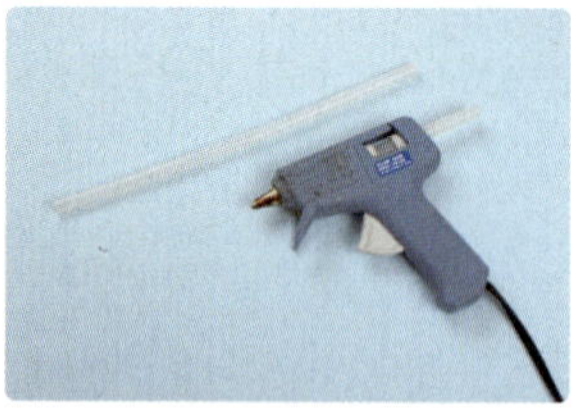

글루건과 글루심

니들펠트 작품과 사물을 빠르고 강력하게 붙일 필요가 있을 때 사용합니다. 사용할 때 끝의 금속부분을 잘못 만지면 화상의 위험이 있습니다. 조심해서 사용해야 합니다.

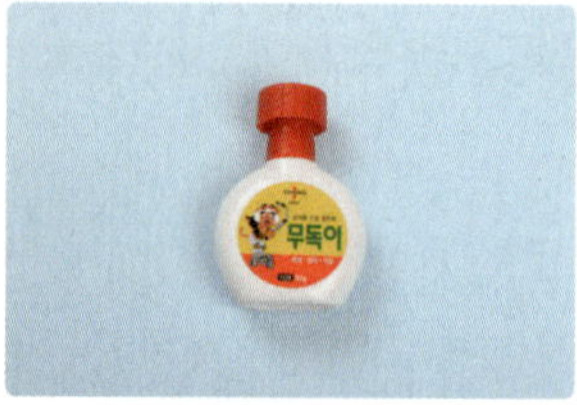

무독이

접착제로서 글루건, 오공본드와 함께 작품과 사물을 붙일 때 사용합니다. 수성접착제라서 물이 묻으면 잘 떨어집니다. 세탁이 필요한 작품은 꼭 글루건이나 바느질로 붙이는 게 좋습니다.

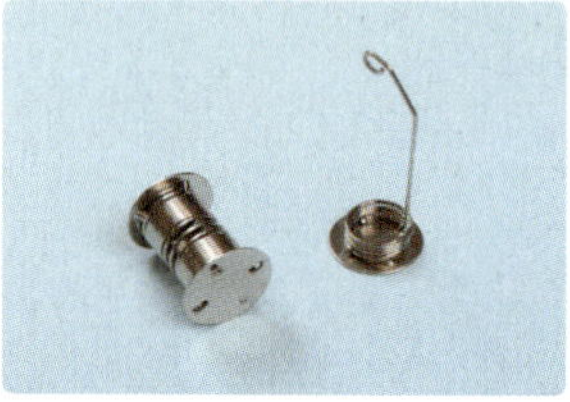

장식대

걸이형 인형을 고정시키거나 인형을 붙여 액세서리로 쓰고자 할 때 사용합니다.

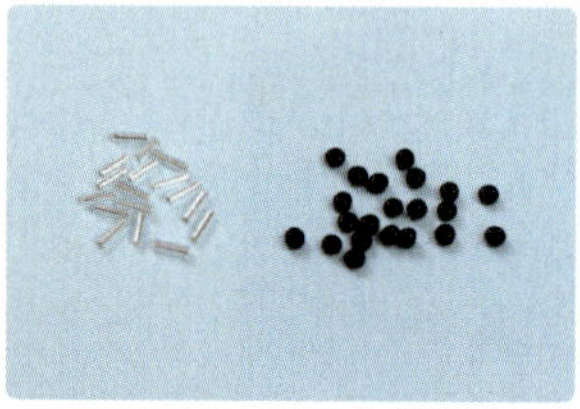

여러 가지 비드

완성된 작품을 장식하거나 작은 인형의 눈을 표현할 때 사용합니다.

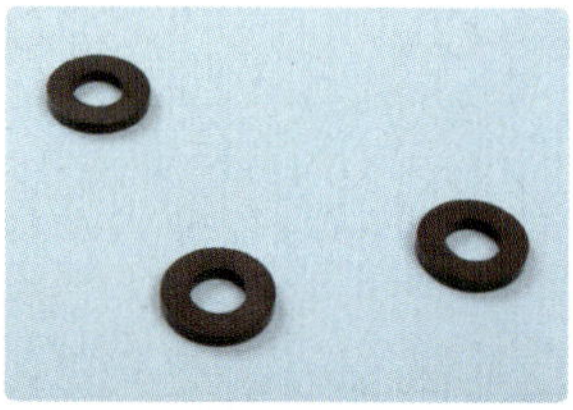

링 자석

자석이 필요한 장난감을 만들 때 사용됩니다.

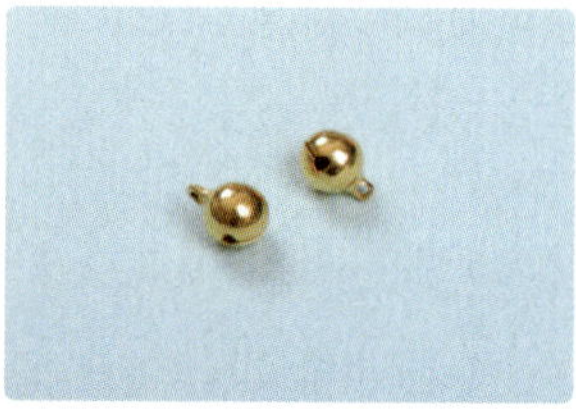

방울

니들펠트로 만든 인형을 장식할 때 사용합니다.

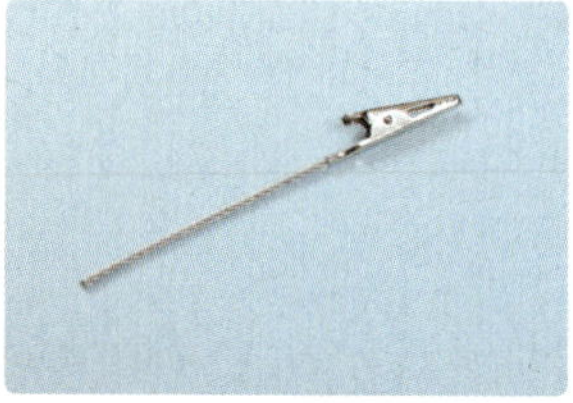

메모꽂이 집게

메모꽂이 집게는 메모꽂이 작품을 만들 때 사용됩니다.

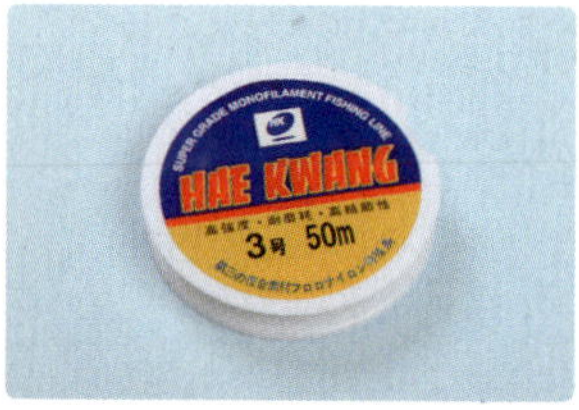

낚싯줄

낚싯줄은 인형의 팔다리를 실보다 견고하게 고정시킬 때 사용합니다. 니들펠트에 사용되는 실은 주로 일반 실보다 가늘거나 실만큼 가느다란 낚싯줄이 많이 사용됩니다.

05 니들펠트 재료 구입처와 강의처 ....

✿ 니들펠트 재료와 도구를 구입할 수 있는 온라인 사이트

펠트하우스 온라인 매장(http://www.felthouse.co.kr)은 국내 최대의 펠트물품 온라인 매장이자, 니들펠트 도구와 재료를 가장 많이 갖추고 있는 니들펠트 온라인 매장입니다. 니들펠트 재료와 도구는 물론 이 책에서 소개한 작품들을 세트로도 구매할 수 있는 사이트입니다. 회원 가입 시 많은 혜택이 있습니다.

✿ 니들펠트 수강이 가능한 공방과 재료 매장

● **한국펠트협회 본사:** 서울특별시 종로구 종로6가 27-1번지 경양빌딩 2층 202호
(1544-2374/fax 02-6670-2264)

● **펠트하우스:** 서울 특별시 종로구 종로6가 298-3 동대문종합시장 5층 A동 5008호
펠트하우스(02-2267-7747/fax 02-6670-2264)

● **주니수기 공방:** 서울특별시 관악구 신림동 491-15번지 1층
주니수기공방(김은숙 강사, 070-8753-1716/010-3224-1715)

● **사토리스튜디오:** 서울특별시 종로구 동소문동2가 74번지 2층
사토리스튜디오(김수현 강사, 02-6053-5353 / 010-4719-1974)

● **만들다:** 인천광역시 남동구 구월동 1170-11번지 2층
만들다 공방(전소영 강사, 010-8979-0402)

● **드림공방;** 대전광역시 유성구 학하로 33 학의뜰 108동 302호
두드림산모교실(오영신 강사, 070-4045-4721/010-3734-4721)

● **소잉하우스:** 경기도 수원시 팔달구 중동 21-1
소잉하우스(정미경 강사, 031-253-3807/ 010-7477-3807)

● **여우공방:** 경기도 용인시 수지구 상현동 1번지 동보2차아파트 1층 상가
여우공방(서은숙 강사, 031-262-4956/010-7722-4956)

● **사발짱구 작업실:** 서울 은평구 역촌동 63-1번지 2층
매직온(차지연 강사, 010-8862-4656)

● **손놀이 공작실:** 서울시 종로구 청운동 59-3
손놀이 공작실(서보영 강사, 010-9003-7641)

● **코튼돌 하우스:** 경기도 안양시 만안구 안양5동 627-148
코튼돌 하우스(박정윤 강사, 010-8863-6723)

● **솔.메이드 공방:** 서울시 용산구 한강로2가 18-1번지 도담빌딩 302호
솔.메이드 공방(황지현 강사, 010-6301-1212)

Part ②
니들펠트가 즐거워지는
기본 기법

양모 뜯기와 양모의 양 정하기

 ▶ DVD PLAY

✽ 양모 뜯기

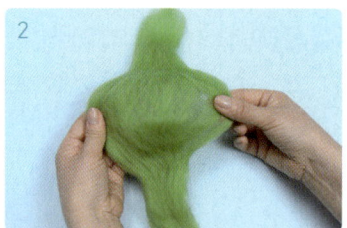

1 | 양모를 잘 펴서 내가 뜯고자하는 부분을 정합니다.

2 | 내가 뜯고자하는 부분을 손으로 펼쳐줍니다.

3 | 손목의 스냅을 이용하여 부드럽게 잡아당겨줍니다.

 Tip

양모는 서로 엉켜있기 때문에 힘으로 뜯으려고 하면 굉장히 힘이 들뿐만 아니라, 잘 뜯기지도 않습니다. 이럴 때는 양모를 부드럽게 펴서 뜯는 것이 가장 좋습니다. 이때 양모가 잘 뜯어지지 않는다고 해서 절대로 가위를 사용해서는 안 됩니다. 가위를 사용하여 양모를 자르게 되면 양모의 축융성(서로 엉키고 줄어드는 성질)이 사라지기 때문에, 축융성의 원리로 작품을 만드는 니들펠트의 특성상 작품을 만드는 데 큰 어려움을 겪게 됩니다.

✽ 손으로 말아 양 정하기

● 본인이 원하는 크기로 말아서 양모의 양을 측정한 뒤 그 부분을 뜯어 사용합니다.

✽ 나무젓가락에 말아 양 정하기

● 나무젓가락(막대)을 사용하여 양모를 말면 단단하게 빨리 뭉칠 수 있습니다.

 Tip

양모를 이용한 어떤 작품을 만들 때 작품에 필요한 양모의 양을 미리 확인하고 작업하면 니들펠트 작업을 편리하게 할 수 있습니다. 끝에서부터 단단하게 돌돌 말아서 만들어질 모양을 예상하여 원하는 분량의 양모를 뽑아서 사용합니다. 나무젓가락으로 말아줄 때는 단단하게 뭉칠 수 있다는 장점이 있습니다.

바늘 쥐는 법과 올바른 사용법

 ▶ DVD PLAY

....

✽ 1구 바늘 사용법

1 │ 1구 바늘은 꼭 수직으로 찌르고, 그 찌른 부분
으로 나와야 바늘이 부러지지 않습니다.

2 │ 바늘을 수직으로 사용합니다.

- 1구 바늘은 양모를 처음 뭉칠 때 풀어지지 않도록
  고정 시킬 때 사용합니다.
- 눈, 코, 입 등과 같은 섬세한 표현을 할 때 사용합
  니다.
- 양모 덩어리와 덩어리를 연결 할 때 사용합니다.

✽ 3구 바늘 사용법

1 │ 3구 바늘도 수직으로 사용합니다.

2 │ 옆으로 바늘을 사용할 때도 수직으로 사용합
니다.

- 3구 바늘은 1구 바늘과 사용 목적이 비슷합니다.
  다만, 1구 바늘보다는 좀 더 큰 작품에서 세밀한
  표현을 할 때 사용합니다. 섬세한 표현을 할 때 작
  은 소품은 1구 바늘로, 좀 더 큰 작품은 3구 바늘
  로 사용합니다. 또 3구 바늘은 작은 사각형의 면을
  만들 때나 작은 덩어리를 만들 때 사용하면 편리합
  니다.

✽ 5구 바늘 사용법

1 │ 5구 바늘도 수직으로 사용합니다.

2 │ 들어간 곳으로 나와야 바늘이 상하지 않습니다.

- 5구 바늘은 뭉친 덩어리를 단단하게 축소시킬 때 사
  용합니다. 한꺼번에 5개의 바늘로 양모를 찔러 1구
  바늘보다 빠르게 작업을 할 수 있습니다.
- 원단을 만들 때 사용합니다. 원단을 형태의 덩어리
  에 덧붙이거나 다른 색을 얇게 덧대어 사용할 때,
  양모를 얇게 접어, 5구 바늘로 살살 두드려서 원단
  형태로 만들어 사용합니다.
- 겉 부분을 매끄럽게 다듬을 때 겉 부분을 살살 두
  드려 사용합니다.

03 바늘 교환법

니들펠트를 하다보면 과도한 힘이 들어가거나, 바늘이 들어간 곳으로 똑바로 나오지 않는 경우에 양모에 바늘이 걸려 부러집니다. 이럴 때 바늘을 교환하는 법을 알아봅시다.

✳ 1구 바늘 교환법

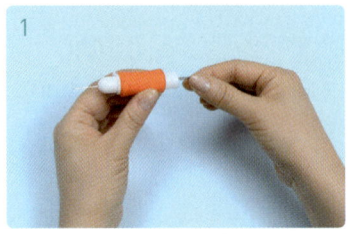
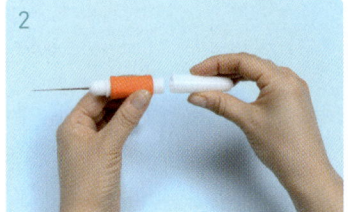

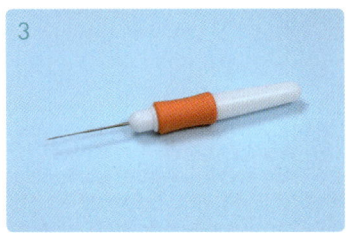

1 │ 연결 부분을 열어 줍니다.

2 │ 바늘을 빼거나 끼워 줍니다.

3 │ 연결 부분을 닫아서 고정합니다.

✳ 3구 바늘 교환법

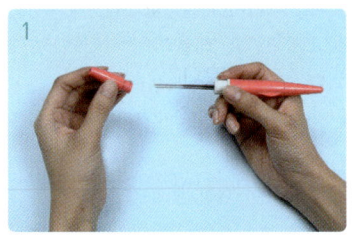
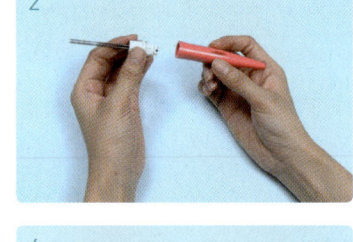

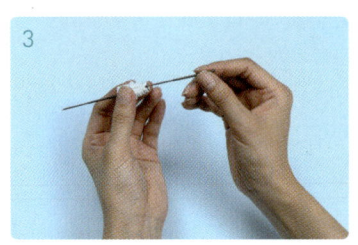

1 │ 연결 부분을 돌려 앞부분을 분리시켜줍니다.

2 │ 바늘 부분을 조심해서 잡고 본체 뒷부분을 분리시켜줍니다.

3 │ 바늘을 빼거나 끼워줍니다.

4 │ 3구 바늘 본체 커버를 끼워서 연결합니다.

✿ 5구 바늘 교환법

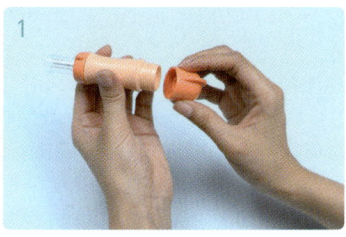
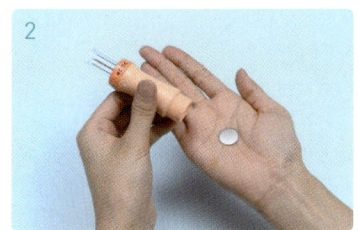
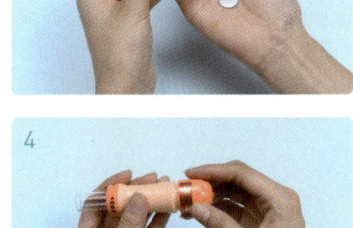
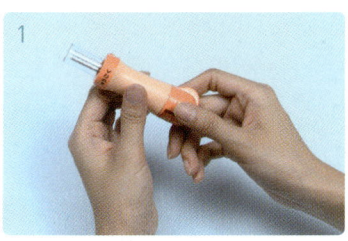

1 | 5구 바늘 뒷부분의 뚜껑을 열어줍니다.

2 | 안쪽에 들어있는 동그란 작은 철판을 분리해줍니다.(이 철판은 바늘이 움직이지 않도록 고정해 주는 역할을 하므로 잃어버리지 않도록 주의합니다. 만일 잃어버렸을 경우에는 두꺼운 종이나 플라스틱을 크기에 맞게 잘라 대체해서 사용합니다.)

3 | 바늘을 빼거나 끼워줍니다.

4 | 철판을 끼우고 뚜껑을 닫아줍니다.

✿ 5구 바늘 청소법

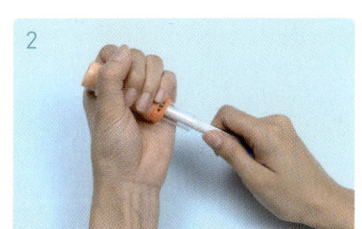
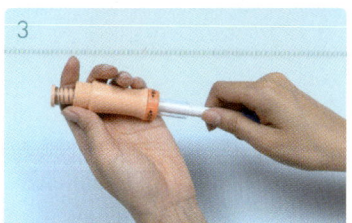
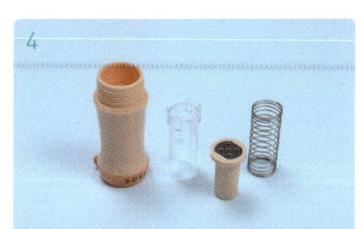
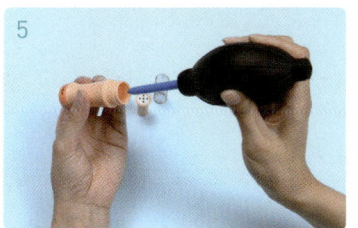
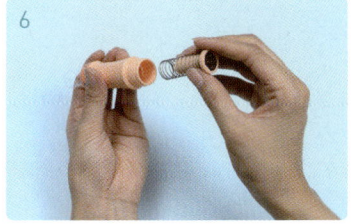
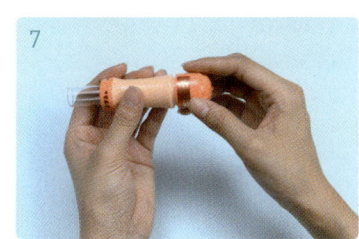

1 | 위에서 설명한 5구 바늘 교환법과 같은 방법으로 분리하여 바늘을 빼줍니다.

2 | 작고 긴 막대나 볼펜 같은 것을 이용해 힘을 주어 안쪽의 바늘통을 밀어줍니다.

3 | 안쪽의 스프링과 바늘통이 분리되어 나옵니다.

4 | 안의 부속들을 모두 분리합니다.

5 | 양모 찌꺼기 등의 먼지를 털어줍니다.

6 | 투명 케이스를 끼우고, 바늘통에 외부에 스프링을 끼운 후 본체에 끼웁니다.

7 | 바늘을 바늘통에 끼우고 뚜껑을 닫아줍니다.

04 기본 기법

✲ 양모 뭉치기

● **공 모양으로 뭉치기:** 양털을 계단식으로 놓은 후 단단하게 돌돌 말아 바늘로 천천히 수직으로 깊이 찔러줍니다.(상, 하, 좌, 우 골고루)

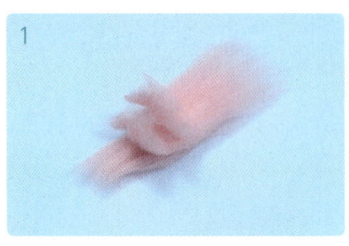

1 | 양모를 뽑아 계단식으로 쌓아줍니다.

2 | 양모를 돌돌 말아줍니다.

3 | 1구나 3구 바늘로 동그랗게 찔러 고정합니다.

4 | 동그랗게 만들면서 단단하게 찔러줍니다.

● **삼각형 모양으로 뭉치기:** 양모를 계단식으로 놓은 후 양모의 아랫부분을 45도 각도의 삼각형 모양으로 지그재그로 접어서 말고, 바늘로 천천히 수직으로 깊이 찔러줍니다.(상, 하, 좌, 우 골고루)

1 | 양모를 뽑아 계단식으로 쌓아줍니다.

2 | 양모를 지그재그 모양으로 접어서 삼각형으로 말아줍니다.

3 | 바늘을 이용하여 삼각형 모양을 만듭니다.

4 | 바늘을 이용하여 단단하게 만듭니다.

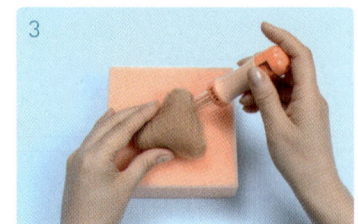

● **단단하게 뭉치기:** 손가락 끝을 이용해 단단한 공 모양의 양모 덩어리를 만드는 방법입니다. 주로 공이나 주사위 등 단단한 공 모양의 양모 덩어리가 필요한 작품을 만들 때 준비과정에서 많이 쓰입니다.

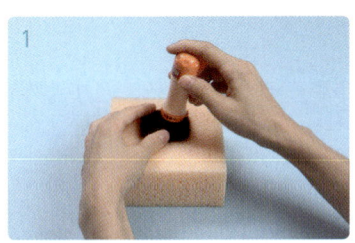

1 | 양모 끝 부분 절반을 기준으로 절반 오른쪽을 절반 왼쪽 방향으로 손가락 끝을 이용해 단단하게 접어줍니다.

2 | 마찬가지 방법으로 손가락 끝으로 양모를 오른쪽에서 왼쪽으로 단단하게 접어줍니다.

3 | 양 손가락을 이용해 뭉친 덩어리를 잡아줍니다.

4 | 손가락의 힘으로 단단하게 접어서 단단한 공 모양을 만듭니다.

✳ 형태 표현하기

● **덩어리를 납작하게 다듬기:** 동그랗게 말아놓은 양모 덩어리를 납작하게 만드는 법입니다. 주로 납작한 모습의 사물을 만들 때 사용됩니다.

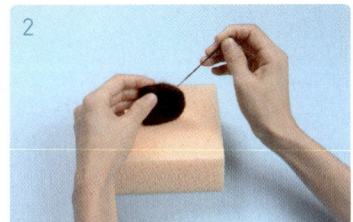

1 | 동그랗게 만 양모 덩어리를 5구 바늘을 이용하여 찔러가며 납작한 원 모양을 만듭니다.

2 | 모서리 부분은 1구 바늘로 찔러 둥그렇게 만들어줍니다.

3 | 나머지 각진 모서리 부분을 1구 바늘을 이용하여 동그란 보양으로 나듬어 줍니다.

● **양모 뽑아 납작하게 다듬기:** 양모를 뜯어내어 손으로 펠팅하고, 바늘을 이용해서 납작하게 만드는 법입니다. 주로 넓고 평평한 작품을 만들거나 덧대기용 양모를 만들 때 많이 씁니다.

1 | 양모를 넓게 뜯어서 펼쳐줍니다.

2 | 넓게 깔아놓은 원모를 손바닥으로 누르면서 비벼서 마찰을 줍니다. 이 행동은 양모를 펠팅시켜 양모가 잘 뭉치게 하는 것입니다.

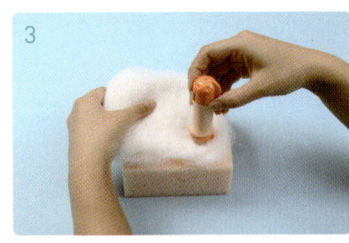

3 | 5구 바늘을 이용하여 다져줍니다.

● **양모 3등분으로 접어 고정시키기:** 양모를 뽑아 평평하게 놓고, 3등분으로 접어 길쭉하게 고정시키는 방법입니다. 주로 동물 인형의 팔다리, 새우깡, 감자튀김 등 길쭉한 모양의 사물을 표현할 때 사용하는 방법입니다.

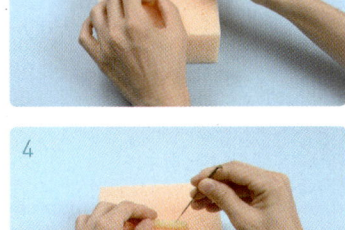
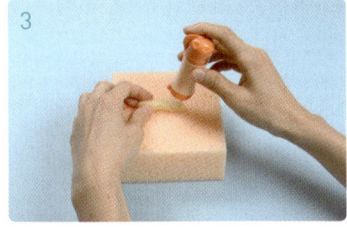

1 | 양모를 얇게 뽑아 3등분으로 접어줍니다.

2 | 3등분으로 접은 양모를 스펀지 위에 놓고 니들용 1구 바늘을 이용하여 양모가 풀리지 않도록 고정시켜 줍니다.

3 | 5구 바늘을 이용하여 찔러가며 모양을 단단하게 만들어 줍니다.

4 | 대략의 모양이 나오면 1구 바늘로 찌르면서 필요한 모양을 세밀하게 만들어 줍니다.

● **선으로 표현하기:** 얇게 양모를 뜯어 손바닥으로 문질러 실같이 가늘게 만든 후, 주로 말꼬리나 줄같이 길쭉한 사물을 표현하거나, 펠팅하여 인형의 눈을 표현할 때 이 방법을 사용합니다.

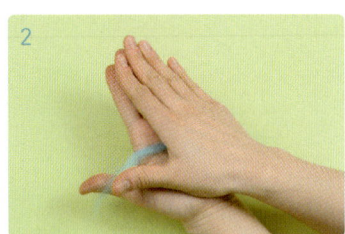
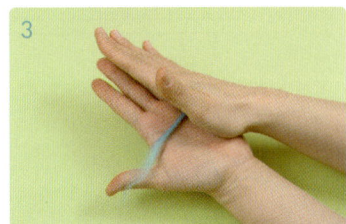

1 | 양모를 얇고 길게 뜯어줍니다.

2 | 손바닥에 놓고 비벼줍니다.

3 | 얇고 길게 손바닥으로 뭉쳐 실같이 만들어 줍니다.

4 | 완성된 양모 실의 모습입니다

🈺 응용 기법

DVD PLAY

🍀 모양 만들기

● **하트 만들기:** 덩어리를 납작하게 만들어 안쪽으로 오목하게 들어간 부분을 1구 바늘로 깊이 찔러가며 다듬어서 형태를 만드는 표현 기법입니다.

1 | 양모를 말아 바늘을 이용해 동그랗게 공을 만들어 줍니다.

2 | 바늘을 이용해 양모 공을 평평하고 납작하게 만들어 줍니다.

3 | 평평해진 양모 덩어리를 세워, 윗부분의 절반 지점을 1구 바늘로 찔러 오목하게 만들어 줍니다. 하트의 아래쪽 곡선 부분도 잘 다듬어 하트 모양이 잘 나오도록 해줍니다.

4 | 완성된 하트의 모양입니다.

● **별 모양 만들기:** 하트 만들기와 마찬가지로, 덩어리를 납작하게 만들어 1구 바늘로 오목하게 찔러 뾰족한 부분을 다듬어서 표현하는 기법입니다.

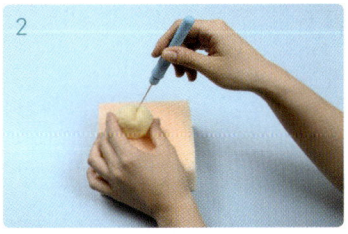

1 | 양모 공을 만들고, 바늘을 이용해 납작하게 만듭니다.

2 | 별 모양을 만들기 위해 삼각뿔을 만들 5곳에 경계선을 긋고 오목하게 들어갈 부분을 1구 바늘로 다듬어 줍니다.

3 | 1구 바늘을 이용해 오목하게 들어갈 부분을 더 다듬어 대략의 별 모양이 나왔습니다.

4 | 세밀하게 다듬어 별 모양이 완성되었습니다.

035 | **Part 2** 니들펠트가 즐거워지는 기본 기법

● **덩어리와 덩어리 연결하기:** 양모 덩어리와 덩어리를 따로 따로 만든 후 1구 바늘로 연결부위를 연결 한 후, 연결 주변을 떨어지지 않게 보완하는 방법입니다. 이 방법은 주로 니들펠트 인형을 만들 때 몸통과 머리, 몸통과 팔 등을 연결하는 쓰는 방법입니다.

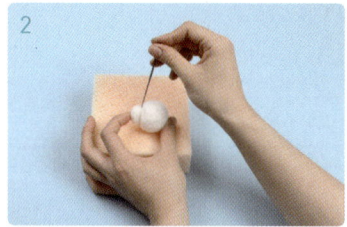

1 ┃ 덩어리를 연결할 2개의 양모 덩어리가 있습니다.

2 ┃ 두 부분을 잇대고, 1구 바늘을 이용해 잇닿는 부분을 찔러서 고정시킵니다.

3 ┃ 연결부위를 빙 둘러가며 잇닿는 부분을 찔러 고정시킵니다.

4 ┃ 고정이 되어 연결된 모습입니다.

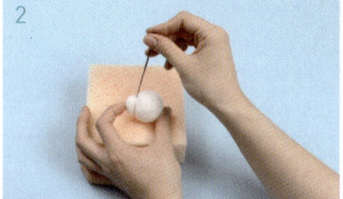
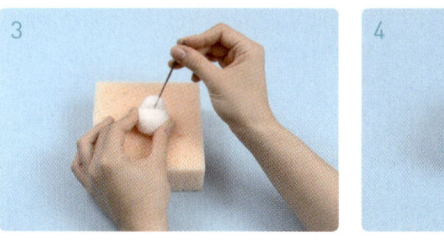

● **양모 덧대기:** 기본 덩어리에 소량의 양모를 덧대어 원하는 형태로 다듬어가며 만드는 표현기법입니다. 주로 동물의 주둥이나 배 같이 입체적으로 볼륨감이 필요한 곳을 표현하거나 인형의 양모 분량이 모자라 풍성하게 만들 때, 또는 바늘을 이용하여 인형을 연결했을 때 바느질 자국이 보이지 않도록 하기 위해 쓰는 표현기법입니다.

1 ┃ 덧대기로 덧대어줄 양모를 뜯어 평평하게 펼쳐 다듬습니다.

2 ┃ 결합시키기 좋게 평평하게 만든 양모를 덧대어 줄 부분에 잇대 줍니다.

3 ┃ 3구 바늘을 이용해 덧대기용 양모를 기본 덩어리에 대고 고정시킵니다.

4 ┃ 1구 바늘로 세밀한 정리를 하며, 알맞은 크기의 인형 주둥이가 완성됩니다.

✽ 세부 표현하기

● **점 표현하기:** 작품에 색조나 무늬를 넣거나 인형의 눈을 표현할 때 사용하는 방법입니다.

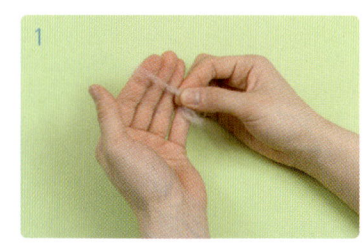
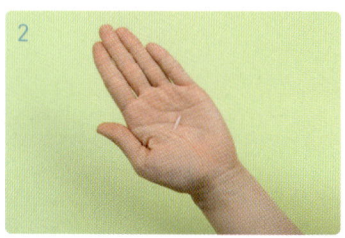

1 ┃ 양모를 가늘게 뜯어냅니다.

2 ┃ 양모를 소량만 뜯어 줍니다.

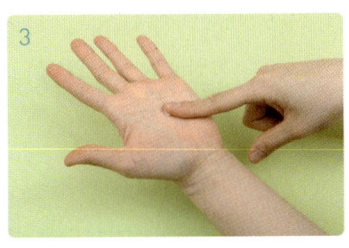

3 | 손가락을 사용해서 동그랗게 말아 점 모양을 만들어 줍니다.

4 | 1구 바늘을 사용해서 양모에 점을 박아 줍니다.

● **글씨 새기기**: 작품에 글씨나 숫자를 새길 때 사용하는 방법입니다.

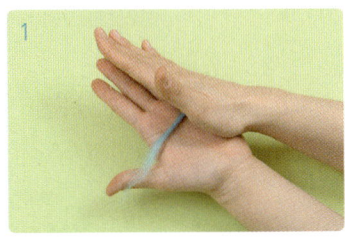

1 | 양모를 뜯어 손바닥으로 비벼 실같이 길게 만듭니다.

2 | 손바닥으로 비벼 여러 색의 양모 실을 만들었습니다.

3 | 글자를 새길 부위에 양모 실을 대고 1구 바늘을 이용해 글씨를 새겨줍니다.

4 | 색색별로 글씨를 새기고 있습니다.

● **바늘과 실로 덩어리 연결하기**: 인형의 몸통과 얼굴, 사지 등을 연결할 때 바늘과 실을 이용해서 연결하는 방법입니다. 위에서 배운 1구 바늘을 이용한 〈덩어리와 덩어리 연결하기〉와 함께 인형의 몸통과 사지를 연결할 때 많이 쓰입니다.

1 | 바늘과 실을 이용해서 연결할 강아지 머리와 몸통입니다.

2 | 강아지 배 쪽으로 바늘을 넣어 통과시킵니다.

3 | 강아지 목 부분을 통과해서 정수리 쪽으로 바늘을 빼내고, 빼낸 바늘을 다시 바늘이 나왔던 곳으로 집어넣습니다.

4 | 목으로 나온 바늘을 강아지 몸통을 통과시켜 배꼽 부근에서 실을 묶어 정리하면 머리와 몸통이 연결됩니다.

● **비즈로 눈 표현하기:** 비즈를 사용하여 작은 인형의 눈을 표현할 때 많이 사용합니다. 좀 큰 인형의 눈은 앞에서 배운 〈선으로 표현하기〉기법으로 인형의 눈을 만들 수 있습니다.

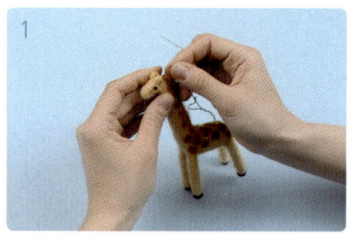

1 | 바늘과 비즈를 이용해 기린 인형의 눈을 달아 줍니다.

2 | 귀여운 기린 인형이 완성되었습니다.

3 | 푸들 강아지 인형의 눈을 바늘과 비즈로 달아 줍니다.

4 | 생동감 있는 푸들 강아지 인형이 완성되었습니다.

● **양모 가라앉히기:** 만들어진 양모 덩어리나 인형을 손바닥으로 살살 비벼 손에서 나오는 따뜻한 열과 마찰로 펠팅시켜 너저분하게 뻗쳐있는 양모를 가라앉히는 방법입니다. 니들펠트로 작품을 만들 때 중간 중간 실시하는 습관을 들이면 좋습니다.

1 | 양모덩어리가 만들어 졌습니다.

2 | 양모덩어리를 손바닥으로 살살 굴려 양모를 가라앉힙니다.

● **갈기 표현하기:** 니들펠트 인형 중에 말 인형이나 기린 인형의 갈기를 표현하는 기법입니다.

1 | 몸통의 무늬색과 같은 색의 양모를 뽑아 손바닥으로 비벼 길게 갈기를 만듭니다.

2 | 1구 바늘로 기린 인형의 목 뒷덜미 부분부터 갈기를 고정시켜 줍니다.

3 | 갈기를 기린의 등 위쪽까지 고정시켜 줍니다.

4 | 갈기가 연결된 기린의 등 쪽 모습입니다.

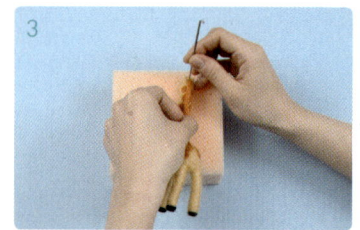

● **곱슬 털 표현하기:** 푸들 강아지의 털이나 동물의 꼬리 등을 표현할 때 사용하는 표현 기법입니다.

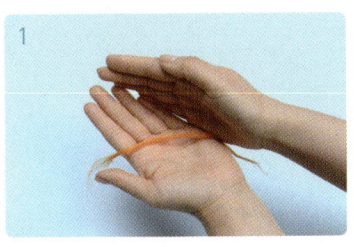

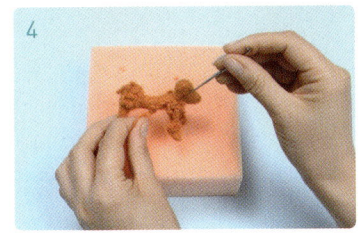

1 | 몸통과 같은 색의 양모를 얇게 뽑아 손으로 길 게 비벼줍니다.

2 | 비빈 양모를 손가락을 이용해 서로 반대쪽으로 꼬아 줍니다.

3 | 1구 바늘을 이용하여 꽈놓은 털을 몸통에 찔러 줍니다.

4 | 이런 방법으로 꼬아놓은 털을 몸통 전체 필요 한 곳에 찔러 고정시켜 줍니다.

● **철사로 뼈대 만들기:** 철사 1~2줄을 이용하여 인형의 뼈대를 만든 후, 다른 철사 1개를 몸통에 감아 양모가 잘 고정되도록 뼈대를 만드는 기법입니다. 동물 인형의 경우 뼈대가 필요한 동물들이 많아서 이 기법을 자 주 사용합니다.

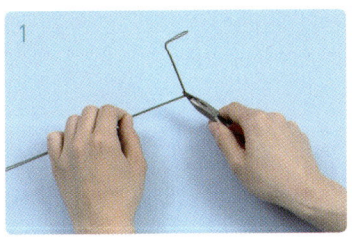
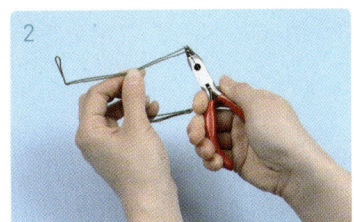
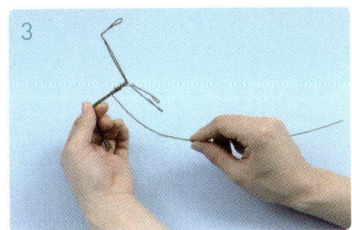

1 | 펜치를 이용해 철사를 구부려 뼈대를 만들어 줍니다.

2 | 서있을 수 있도록 펜치를 사용해서 다리 끝부 분을 동그랗게 말아 발을 만들어 줍니다.

3 | 다른 철사를 이용해서 뼈대 앞에서부터 튼튼하 게 말아줍니다. 이렇게 해주는 이유는 양모를 감을 때 양모가 단단하게 감기도록 하기 위해 서 입니다.

4 | 인형의 뼈대가 완성된 모습입니다.

06 바느질 기법

▶ DVD PLAY

✿ 홈질(러닝 스티치)

홈질은 일반적으로 우리들이 가장 많이 쓰는 바느질 방법이며, 앞뒤의 바느질 모양이 같습니다.

1 | 바늘을 아래쪽에서 찔러 올립니다.

2 | 밑에서 올라온 바늘을 일정한 넓이로 벌려 다시 집어넣습니다.

3 | 아래로 들어온 바늘을 일정한 넓이로 벌린 후 다시 찔러 올립니다.

4 | 이렇게 일정한 간격으로 들어가고 나오는 규칙적인 실 모양이 나오도록 하는 것이 홈질의 관건입니다.

✿ 버튼홀 스티치

버튼홀 스티치는 천과 천, 가죽과 가죽 등을 이어주는 역할뿐만 아니라, 예쁜 무늬의 역할까지 해주기 때문에 많이 쓰이는 바느질 기법입니다.

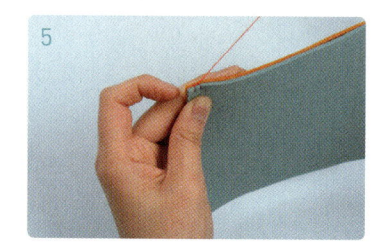

1 | 연결할 두 장의 천을 준비합니다.

2 | 연결할 천 두 장을 맞대고, 바늘을 천과 천 사이에서 뒷장으로 찔러 넣습니다.

3 | 뒷장에서 올라온 바늘을 앞장에서 뒷장과 같은 위치로 꽂아 천과 천 사이로 빼내고, 실을 쭉 당겨서 천과 천이 붙게 해줍니다. 이때 계속 실을 걸쳐 이어가야 하기 때문에 연결된 실을 기준으로 볼 때 실과 바늘은 연결된 실의 왼쪽으로 빼내야 합니다.

4 | 일정한 간격을 벌려 이번에는 앞과 뒷장을 한꺼번에 바늘로 꽂습니다. 이때 옆에서 따라온 실이 바늘 아래에 위치하게 해줍니다.

5 | 실을 쭉 당겨주면 예쁜 무늬가 생기는 버튼홀 스티치 기법이 완성됩니다.

6 | 4번과 5번 동작을 반복하면 이렇게 예쁜 무늬가 생깁니다.

✳ 버튼홀 스티치 실 연결법

버튼홀 스티치를 하다가 중간에 실이 모자라, 실을 교환해서 버튼홀 스티치를 다시 연결하는 기법입니다.

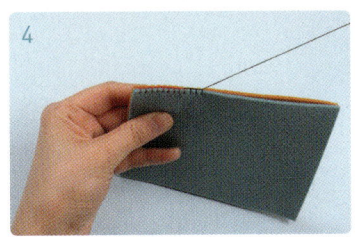

1 | 실이 모자랄 때는 앞장의 뒷면에서 실을 묶어 버튼홀 스티치를 마무리 합니다.

2 | 실을 교환하고, 뒷장의 앞면에서 바늘을 찔러 넣습니다.

3 | 뒷장에서 올라온 바늘과 실을 앞장에서 바로 옆에 있는 매듭(1번에서 마무리한 매듭)에, 아래에서 위로 통과시켜 잡아당깁니다.

4 | 이제 일정한 간격을 벌려 버튼홀 스티치를 해주면 무늬가 연결된 것입니다.

✳ 프렌치 너트 스티치

씨앗수라고도 합니다. 작은 인형의 눈이나 코를 표현할 때 사용하는 바느질 기법입니다.

1 | 뒷면에서 바늘을 앞으로 찔러 넣습니다.

2 | 뒤에서 올라온 바늘에 실을 3~4번 감고, 쭉 잡아당깁니다. 이때 실을 많이 감으면 감을수록 씨앗의 크기가 커집니다.

3 | 나왔던 자리로 다시 바늘을 꽂아 뒷면으로 보냅니다.

4 | 이렇게 씨앗이 생겼습니다.

Part ③

DVD 보고 따라하는
니들펠트 DIY

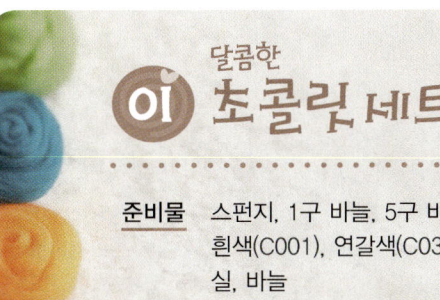

이 달콤한 초콜릿 세트

준비물 스펀지, 1구 바늘, 5구 바늘, 진한밤색(C031), 밤색(C032), 흰색(C001), 연갈색(C035) 양모, 가위, 비즈, 나무젓가락, 실, 바늘

▶ **DVD PLAY**

★ **예상 재료비**: 9,000원 ★ **예상 제작 시간**: 2시간 ★ **완제품 예상가**: 3만 원

둥근 밀크 초콜릿 만들기

✽ 양모 양 조절하기

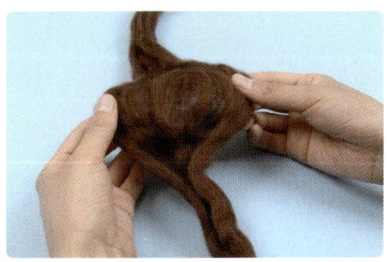

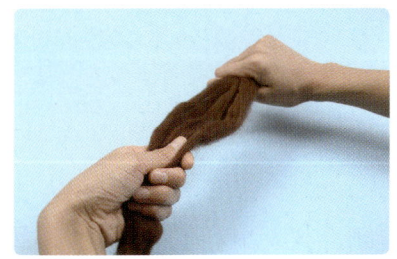

Tip

나무젓가락을 이용한 양모 양 측정하기
양모를 나무젓가락에 단단하게 말아보면 만들려는 모양에 필요한 양모의 양을 손쉽게 측정할 수 있답니다.

01 실물 도안을 참고하여 사용할 밤색(C032) 초콜릿 모양을 만드는데 필요한 양모의 양을 확인하여, 뭉쳐있는 양모를 손으로 뜯어내기 쉽도록 손으로 펼쳐줍니다.

02 양손을 이용해 수평을 유지하여 원하는 양을 뜯어줍니다.

✽ 양모 뽑아 뭉치기

03 공 모양으로 고르게 뭉쳐주기 위해 뜯어낸 양모의 끝부분을 양손으로 가볍게 움켜쥐듯 잡고 당겨 일정한 간격으로 뽑아냅니다.

04 뽑아낸 양모를 뭉치기 쉽게 바닥에 계단식으로 차곡차곡 쌓아줍니다.

05 차곡차곡 쌓아준 양모를 손으로 둥글게 말아줍니다.

06 동그란 모양이 되도록 접어주면서 힘 있게 뭉쳐줍니다. 이렇게 하면 바늘을 찔러 뭉치는 시간을 줄여 좀 더 빠르게 원 모양을 만들 수 있습니다.

Tip

양모를 손으로 뽑지 않고 가위로 잘라주면 안되나요?

니들펠트용 양모를 손으로 뜯지 않고 가위로 자르면 각 실의 끝이 맞지 않아 자연스러운 모양이 나오지 않습니다. 예쁜 모양의 작품을 만들려면 손으로 당겨 뜯어주는 것이 좋습니다.

❋ 공 만들기

07 동그랗게 말아준 양모의 끝부분을 손으로 잡고 스펀지 위에 올려놓고 1구 바늘로 말아준 끝부분과 부슬거리는 부분을 찔러줍니다.

08 둥글게 굴려가며 골고루 찔러 양모가 풀리지 않도록 뭉쳐줍니다. 어느 정도 뭉쳐지면 손바닥으로 굴려서 둥근 공 모양을 만듭니다.

09 둥근 공 형태가 만들어지면 5구 바늘을 이용하여 굴려가며 전체적으로 원 모양이 되도록 찔러줍니다.

10 도안 크기대로 밤색 공을 완성합니다. 손으로 눌러서 형태가 변형되지 않을 정도로 단단한 공을 만들어 주세요.

Tip

바늘로 찌를 때 손이 찔리지 않도록 주의하세요.

바늘로 찌르다 잠깐 실수하면 손이 찔린답니다. 실수로 손을 찌르지 않도록 주의해서 천천히 익숙해질 때까지 찌르기 연습을 하는 것이 좋습니다.

Tip

스펀지를 쓰는 이유는?

바늘이 부러지지 않도록 완충 역할을 해주기 위해서 스펀지를 사용합니다. 스펀지가 없는 경우에는 비닐 스티로폼이나 니들펠트용 솔매트를 써도 됩니다.

❋ 문양 넣기

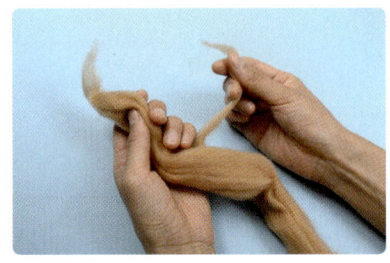

11 공 모양에 초콜릿의 나선형 문양을 표현하기 위해 연갈색(C035) 양모를 얇고 길게 뽑아냅니다.

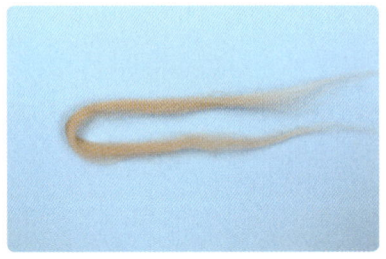

12 적당한 길이(약 10~12㎝)로 문양에 쓰일 양모를 손으로 뜯어 준비합니다.

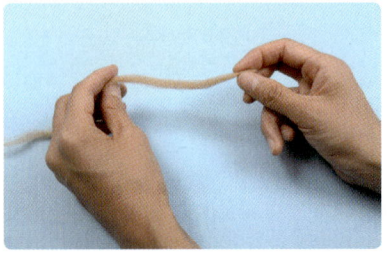

13 양모가 쉽게 뭉쳐질 수 있도록 양모를 꼬아줍니다. 손바닥으로 비벼 뭉쳐도 됩니다.

14 뭉친 양모가 풀리지 않도록 바늘로 찔러 긴 끈 모양을 만듭니다.

15 갈색 공 모양의 양모 덩어리에 1구 바늘을 이용해 긴 끈이 된 양모 끝을 찔러 넣어 고정시킵니다.

16 나선을 그리듯 돌려가며 문양을 새겨 넣습니다.

17 문양을 완성한 후 양모가 남으면 2mm 정도의 여분을 남기고 가위로 잘라줍니다.

18 남은 여분은 바늘로 찔러 마무리해줍니다.

Tip

완성한 작품은
손바닥에 올려 비벼주세요.
만들어진 밀크 초콜릿을 손바닥에 올려 놓고 양손으로 비벼주면 손의 열 때문에 양모의 보푸라기가 가라앉는답니다.

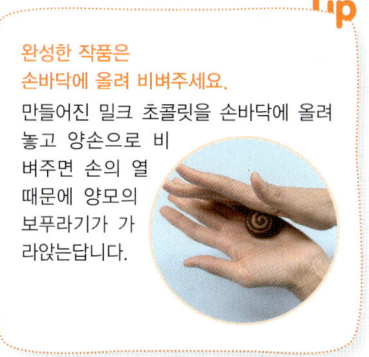

19 1구 바늘로 원하는 초콜릿 모양이 되도록 단단하게 다듬어주면 밀크 초콜릿이 완성됩니다.

♥ 하트 초콜릿 만들기

❋ 양 도 절하고 양모 뽑기

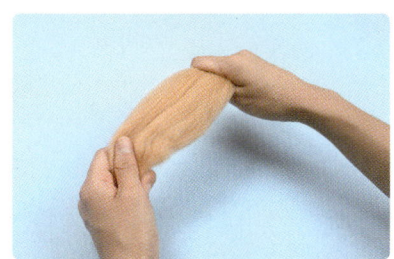

20 완성할 하트 초콜릿의 크기를 가늠하여 필요한 양만큼 연갈색(C035) 양모를 손으로 뜯어 준비합니다.

21 뽑아낸 양모를 계단식으로 차곡차곡 쌓아 올려줍니다.

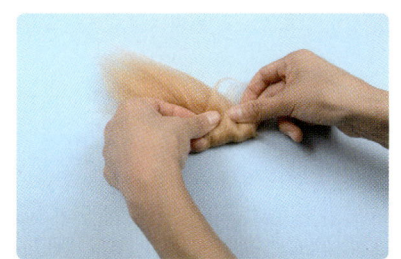

22 쌓아올린 양모를 삼각형 모양으로 접어줍니다.

23 삼각형 모양으로 접은 양모를 지그재그로 여러 번 접어줍니다.

> **Tip**
>
> **삼각형 모양으로 접는 이유**
> 삼각형을 먼저 만들고 이 모양에서 조금씩 하트 모양이 되도록 작업하면 좀 더 쉽게 하트 모양을 만들 수 있습니다.

✽ 하트 만들기

24 어느 정도 모양이 잡히면 삼각형 모양으로 접어준 양모를 스펀지에 올려놓고 1구 바늘로 중심을 찔러주며 하트 모양이 되도록 만들어 줍니다.

25 하트의 곡선 모양이 단단하고 견고해지도록 5구 바늘로 전체를 두드려 다듬어 줍니다.

26 하트 모양이 완성되었습니다.

✽ 장식 달고 매듭짓기

> **Tip**
>
> **매듭이 감춰지지 않을 때는?**
> 하트가 너무 단단해서 매듭이 감추어지지 않을 경우에는 양모를 덧대어 매듭을 감춰줍니다.

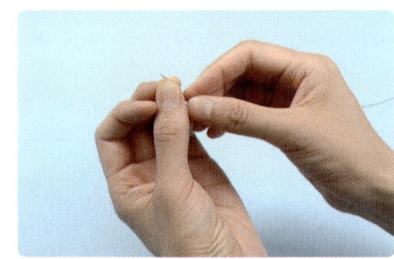

27 하트에 비즈 장식을 달기 위해 실에 매듭을 짓고 하트 뒷면으로 바늘을 찔러줍니다. 하트를 통과한 바늘을 잡아당겨 매듭을 감춰줍니다.

28 비즈를 바늘에 끼웁니다.

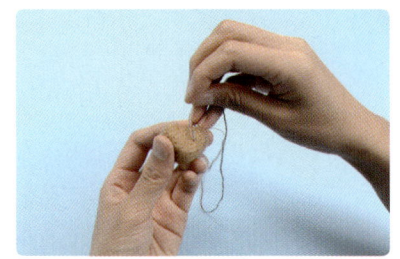

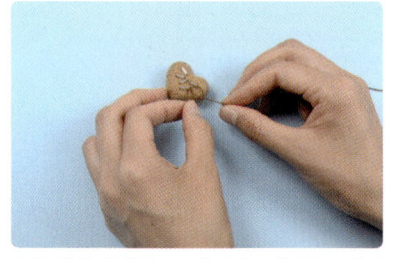

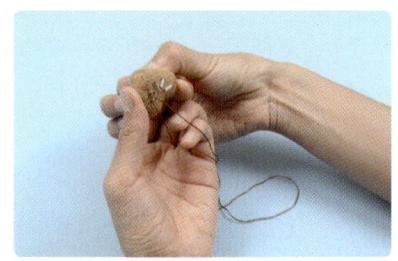

29 바느질하여 비즈를 고정시켜 줍니다.

30 같은 방법으로 비즈를 5개 정도 달아준 후 바짝 매듭을 지어줍니다.

31 바늘을 찔러 통과시켜 반대편으로 실을 보냅니다.

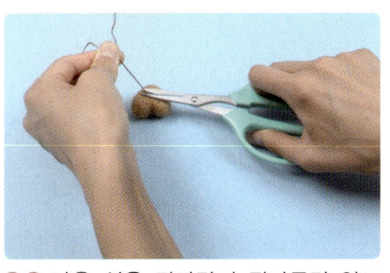

32 나온 실을 잡아당겨 잘라주면 양모 속으로 실이 숨어 깔끔하게 마무리됩니다.

33 하트 밀크 초콜릿이 완성되었습니다.

❋ 양모 양 조절하기

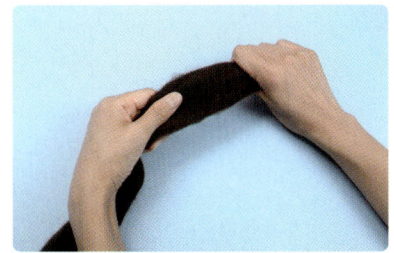

34 블랙 쿠키를 만들기 위해 진한밤색 (C031) 양모를 접어 필요한 양을 가늠해 봅니다.

35 가늠한 양을 뜯기 쉽게 양모를 벌려주고 양손으로 뜯어냅니다.

36 진한밤색(C031), 진한밤색(C031), 흰색(C001)을 3:3:2의 비율로 미리 뜯어 준비합니다.

❋ 샌드쿠키 만들기

37 납작한 원을 쉽게 만들기 위해 접듯이 말아줍니다.

38 정사각형에 가깝도록 모양을 잡아주며 접어줍니다.

39 모양을 잡아준 양모를 스펀지 위에 올려놓고 1구 바늘로 찔러 양모를 고정하고 원 모양으로 다듬어 줍니다.

40 5구 바늘로 찔러주어 납작한 원을 단단하게 만들어 줍니다.

41 같은 방법으로 납작한 2개의 밤색 원과 1개의 흰색 원을 만들어 줍니다.

42 만들어 놓은 납작한 원을 쿠키 모양으로 겹쳐서 배열하고, 1구 바늘로 위아래를 찔러 고정합니다.

43 부슬거리는 양모를 정리해준 후 쿠키 양면에 1구 바늘을 깊게 여러 번 찔러 쿠키 크림 구멍을 4개 정도 만듭니다.

44 흰색(C001) 양모를 가늘게 뽑아줍니다.

45 손가락으로 꼬아서 끈을 만듭니다.

46 크림이 살짝 베어 나온 것처럼 4개의 크림 구멍에 흰색 양모를 채워 넣고 1구 바늘로 찔러 구멍 안으로 넣어줍니다.

47 진짜 쿠키 모양처럼 양모를 정리하고 마무리하여 블랙 쿠키를 완성합니다.

48 이렇게 해서 3종 초콜릿을 모두 완성하였습니다.

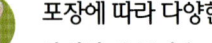 **포장에 따라 다양한 초콜릿을 연출할 수 있어요!**
완성한 초콜릿은 초콜릿을 담는 포장지와 박스를 준비해 담아주면 좀 더 사실적인 초콜릿 느낌을 살려줄 수 있습니다. 도안을 참고하여 다양한 초콜릿을 만들어 보세요.

응용작품

초콜릿 세트 실물 도안

조감도   측면도

조감도   측면도

조감도   측면도

 재미있는
02 호박머리 장식인형

준비물 스펀지, 1구 바늘, 5구 바늘, 밝은주황색(C005), 초록색 (C027) 양모, 바늘, 갈색 실, 검정 펠트지, 오공본드, 가위, 나무막대, 펜치, 오링, 수성펜, 장식스프링

▶ DVD PLAY

★ 예상 재료비: 1만 1,000원　★ 예상 제작 시간: 1시간　★ 완제품 예상가: 1만 5,000원

✽ 공 모양 만들기

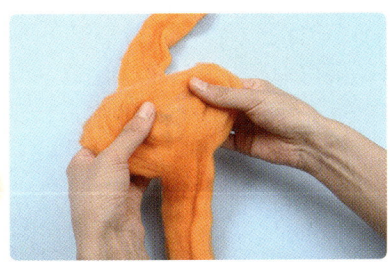

01 호박머리에 필요한 밝은주황색(C005) 양모의 양을 체크하여 뜯어낸 양모를 양손으로 늘려 뜯기 쉽도록 해줍니다.

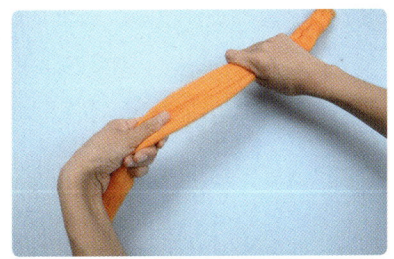

02 수평을 유지하며 뜯어냅니다.

03 뽑아낸 양모를 말아주기 편하게 계단 식으로 치곡치곡 쌓아줍니다.

04 굴리듯 말아서 동그란 공 모양을 만 듭니다.

05 공 모양으로 말아준 양모를 스펀지에 올려서 1구 바늘로 찔러 고정시킵니다.

06 굴려주면서 골고루 바늘로 찔러 형태 를 만들고 너무 단단하지 않게 만들 어 줍니다.

07 납작한 공 모양을 완성하였습니다.

Tip

호박의 공은 왜 단단하게 만들지 않나요?
호박의 공을 단단하게 만들면 나중에
실로 묶어 호박 모양을 낼 때 모양이 잘
만들어지지 않으므로 너무 단단하게 만
들지는 않습니다.

✿ 호박 꼭지 만들기

08 호박 꼭지에 사용할 양을 가늠하여
엄지와 검지로 초록색(C027) 양모를
길게 뜯어줍니다.

09 꼭지를 만들기 쉽도록 고깔 모양으로
말아줍니다.

10 1구 바늘로 고정하고 형
태를 다듬어줍니다. 고깔
모양의 호박 꼭지를 완성하였
습니다.

✿ 호박 모양내기

11 공의 정중앙을 찾아 갈색 실로 매듭
지은 후 바늘을 공의 중앙으로 통과
시킵니다.

12 중앙에서 시작된 실을 반대편 중앙으
로 통과합니다.

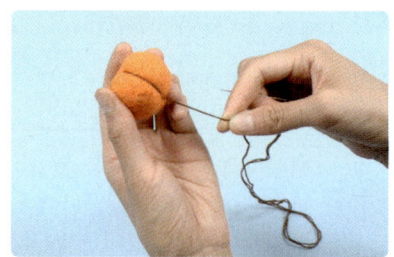

13 공 표면에 감긴 실을 살짝 잡아당기
면 주름이 생깁니다.

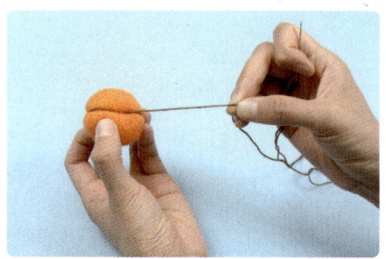

14 같은 방법으로 대칭이 되게 다른 쪽
도 해줍니다.

15 십자 모양으로 호박을 4등분한 모습입
니다.

16 같은 방법으로 8등분해주면 호박 덩
어리 모양이 완성됩니다.

꼭지 달기

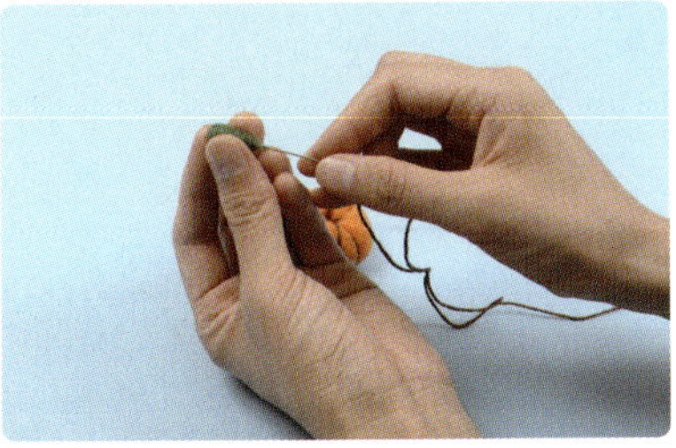

17 앞에서 만든 초록색 꼭지를 남아있는 실에 끼워줍니다.

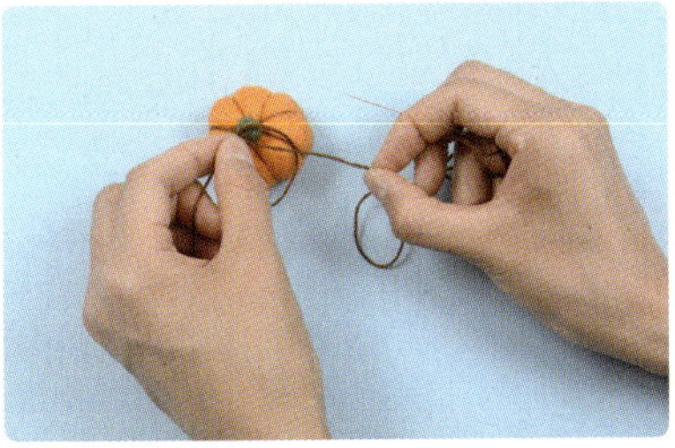

18 호박의 중점에 꼭지를 바짝 붙여 매듭을 지어줍니다.

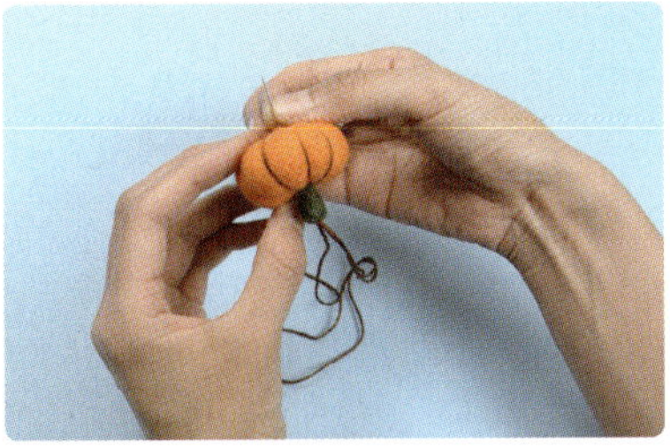

19 매듭지어준 바로 옆으로 바늘을 찔러 반대편으로 보냅니다.

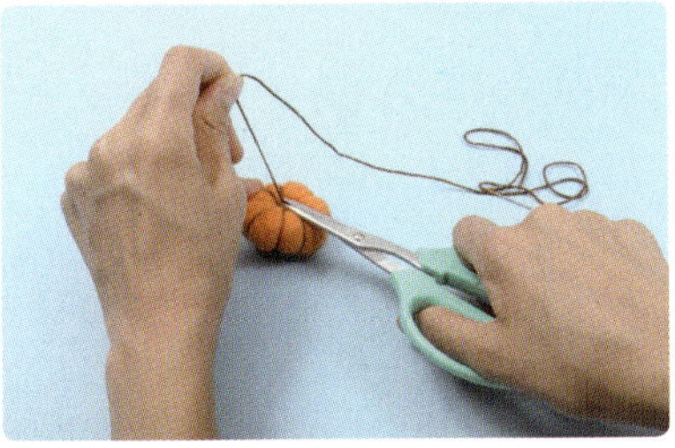

20 실 끝이 호박 안으로 들어가 안보이도록 실을 잡아당긴 후 가위로 잘라줍니다.

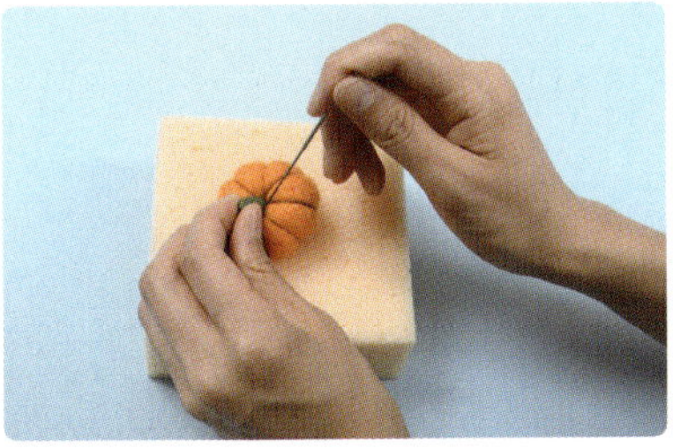

21 호박 덩어리와 꼭지 부분을 1구 바늘로 깊숙이 찔러 호박에 단단히 붙여줍니다.

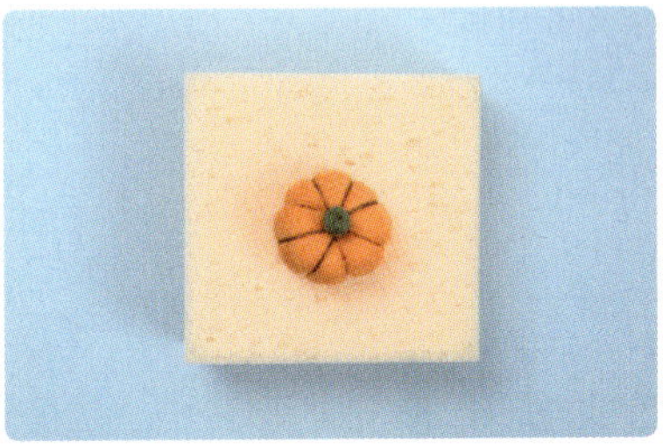

22 호박 한 덩이를 완성하였습니다.

호박에 표정 넣기

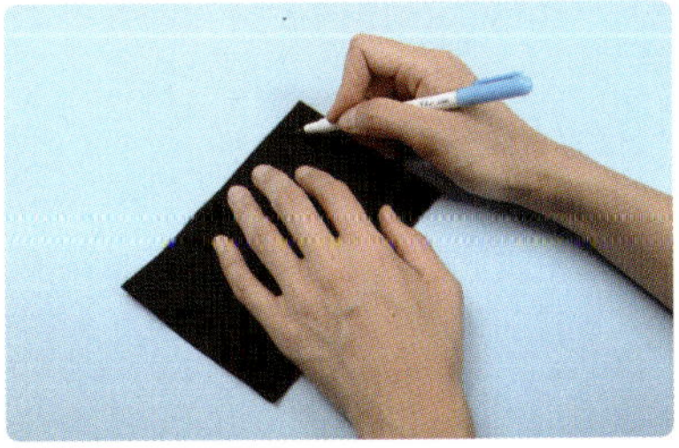

23 도안을 참고하여 검정 펠트지에 수성펜으로 호박의 눈과 입을 그려줍니다.

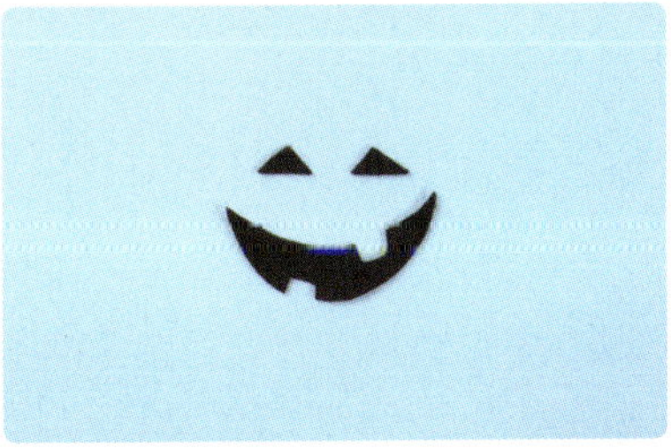

24 그려준 모양대로 가위로 눈과 입을 잘라줍니다.

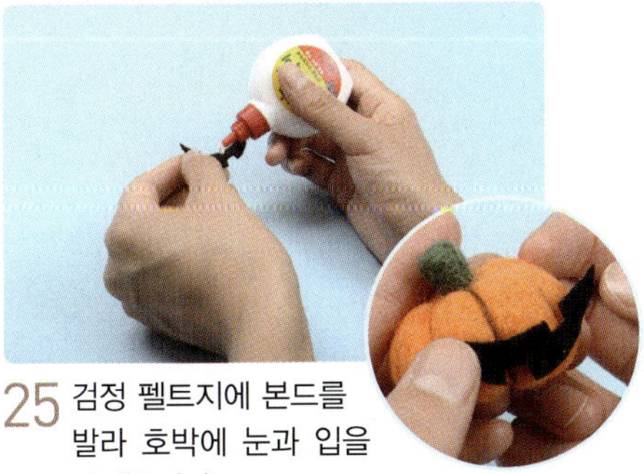

25 검정 펠트지에 본드를 발라 호박에 눈과 입을 붙여줍니다.

오링 달기

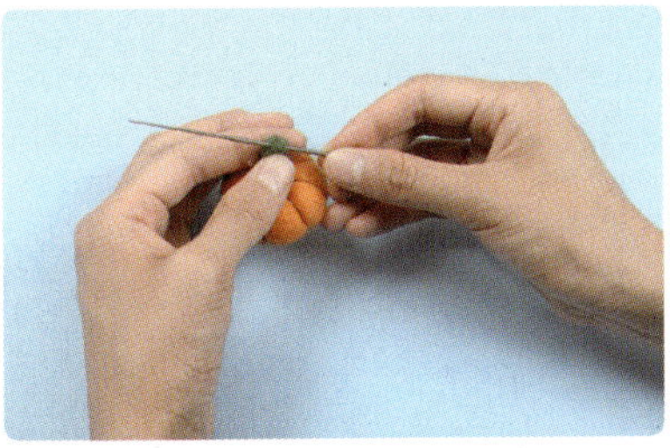

26 1구 바늘로 오링을 달아줄 꼭지 부분에 구멍을 냅니다.

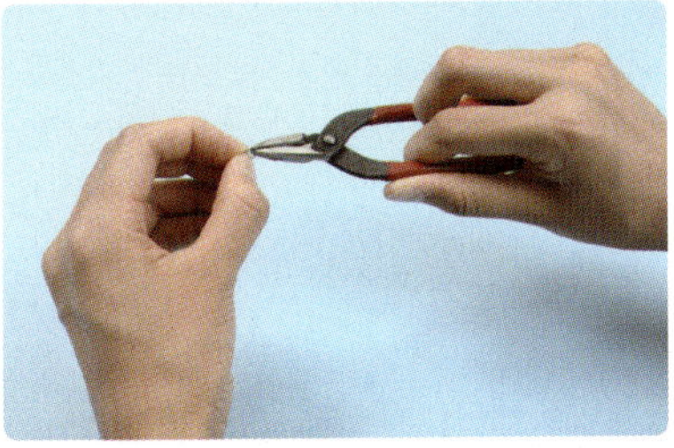

27 펜치나 오링반지를 이용해 오링을 벌려줍니다.

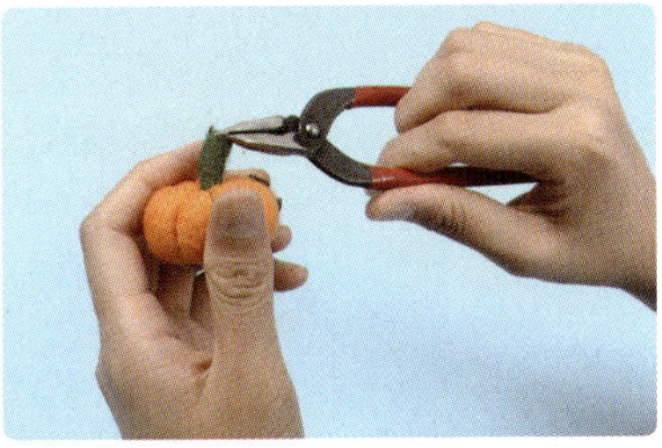

28 호박 꼭지에 오링을 끼워 넣고 벌려진 오링을 펜치나 오링반지를 이용해 닫아줍니다.

29 호박 머리를 완성하였습니다.

Tip

오링반지를 이용하면 오링을 손쉽게 열고 닫을 수 있습니다.

❋ 스프링 장식 달기

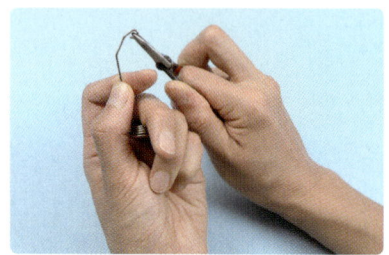

30 펜치를 이용하여 장식 고리를 벌려줍니다.

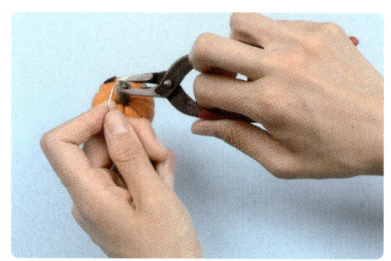

31 호박머리를 걸어주고 고리를 다시 조여 줍니다.

32 호박머리 장식을 완성하였습니다.

응용작품

여러가지 호박을 연출해 보세요!

호박의 크기를 조절하거나 표정을 바꾸어 다양한 모양의 호박머리 장식을 만들어보세요. 호박에 핸드폰 고리나 귀걸이용 고리 등의 장식을 연결해주면 여러 가지 용도로 활용할 수 있답니다.

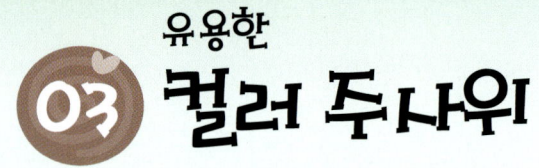

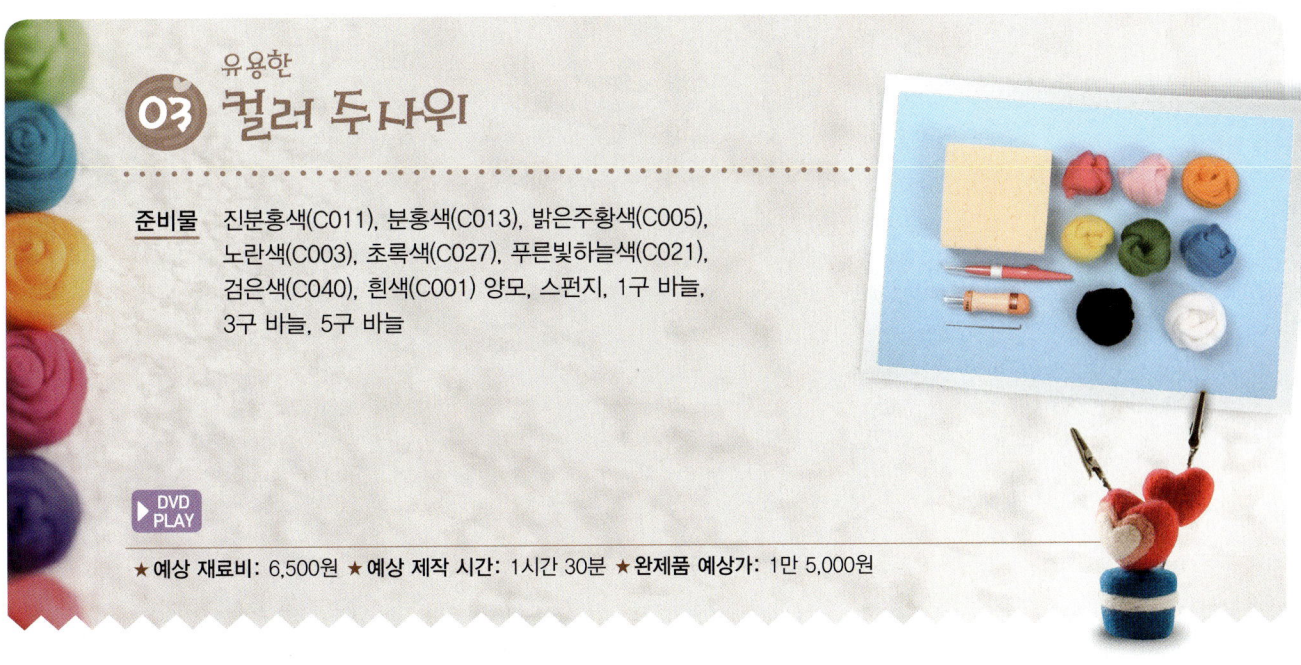

유용한
03 컬러 주사위

준비물 진분홍색(C011), 분홍색(C013), 밝은주황색(C005),
노란색(C003), 초록색(C027), 푸른빛하늘색(C021),
검은색(C040), 흰색(C001) 양모, 스펀지, 1구 바늘,
3구 바늘, 5구 바늘

▶ DVD PLAY

★ 예상 재료비: 6,500원 ★ 예상 제작 시간: 1시간 30분 ★ 완제품 예상가: 1만 5,000원

✽ 공 모양 만들기

01 흰색(C001) 양모를 주사위 크기만큼 뽑아 층층이 계단식으로 펴 주세요.

02 층층이 펴놓은 양모를 동그랗게 말아 주세요.

03 손바닥을 이용해 깔끔하게 말아 원형를 십아주세요.

04 동그랗게 말아놓은 양모는 1구 바늘을 이용해 형태가 풀리지 않게 고정해 줍니다.

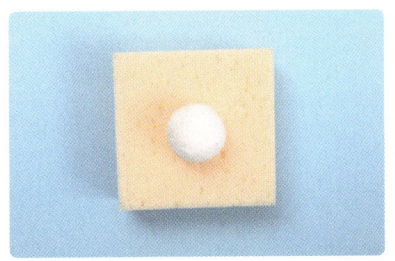

05 양모가 풀리지 않도록 손으로 잡고 1구 바늘로 골고루 찔러 동그란 공 형태를 만들어 줍니다.

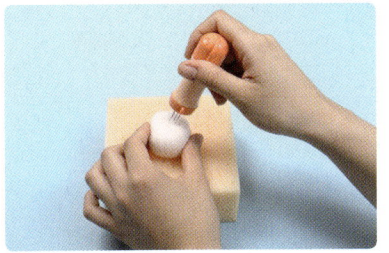

06 5구 바늘을 사용해서 표면을 고르게 정리해 주세요.

> **Tip**
> **주사위를 감을 때는?**
> 주사위는 던지고 노는 물체이기 때문에,
> 처음 감는 단계부터 단단하게 감아주는
> 것이 좋습니다.

✽ 사각형 만들기

07 3구 바늘이나 5구 바늘을 사용해서 각 각의 면들이 정사각형이 되도록 각을 잡아주세요. 1구 바늘로도 각을 잡아 줄 수 있지만 3구 바늘이나 5구 바늘 을 이용하면 훨씬 빠르고 편합니다.

08 사각형 모양이 정사각형이 되도록 1구 바늘이나 3구 바늘을 사용해서 섬세 하게 각의 형태를 수정해 주세요.

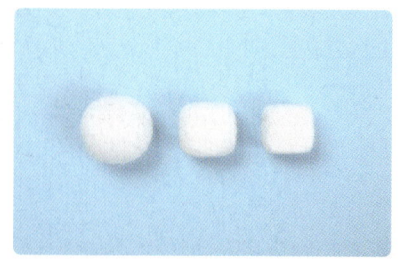

09 동그랗게 뭉친 양모를 이용해 모서리 가 둥근 사각형을 먼저 만들고, 둥근 사각형의 각을 잡아주면 쉽게 육면체 를 만들 수 있습니다. 5구 바늘로 사 각형의 표면을 다듬어 완성합니다.

Tip

주사위를 단단하게 뭉쳐 주세요.
육각형은 눌러도 잘 안 들어갈 정도로 단단하게 뭉쳐주세요. 주사위 의 육각형은 속까지 단단하게 뭉쳐주셔야 무늬를 만들 때 형태가 흐 트러지지 않는답니다. 사진 속 왼손의 주사위는 손으로 조금만 누르 면 움푹 들어가 모양이 변형되는 잘못 만든 육각형 모양입니다. 반 면에 오른손의 주사위는 손으로 눌러도 모양이 크게 변형되지 않죠. 이 정도로 단단하게 뭉쳐주어야 주사위로 사용하기 좋답니다.

✽ 육면에 문양 넣기

10 주사위에 하트 모양을 넣어주기 위해 진분홍(C011) 양모를 적당한 양만큼 뽑아주세요.

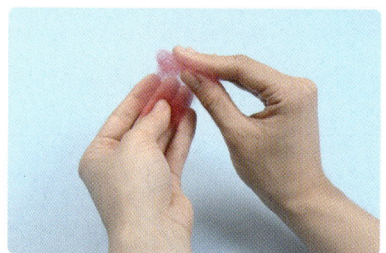

11 뽑은 양모를 손으로 두껍지 않게 잘 접어 삼각형 모양으로 뭉쳐주세요.

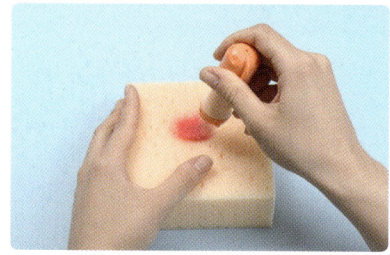

12 접은 양모를 5구 바늘을 사용해서 형 태를 고정시켜 주세요.

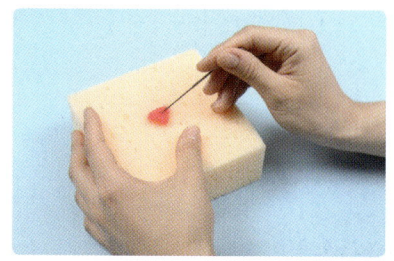

13 1구 바늘로 삼각형 모양을 만들어 주 세요.

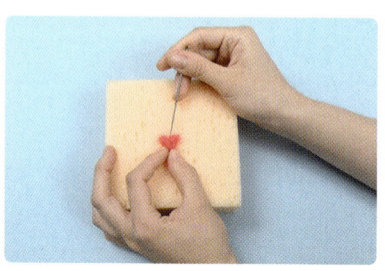

14 삼각형 모양 상단의 중앙을 1구 바늘 로 찔러 나누어 주면서 하트 모양을 만들어 줍니다.

15 하트 모양이 다 만들어지면 1구 바늘 을 사용해서 주사위에 하트를 고정시 켜 주세요.

16 3구 바늘이나 5구 바늘을 사용해서 주사위에 하트가 균일하게 잘 고정되도록 잡아주세요.

17 주사위 위에 하트가 고정된 모습입니다.

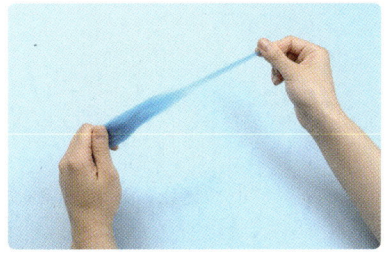

18 점 다섯 개로 숫자 5를 표현하기 위해 푸른빛하늘색(CO21) 양모를 아주 소량만 뽑아 준비합니다.

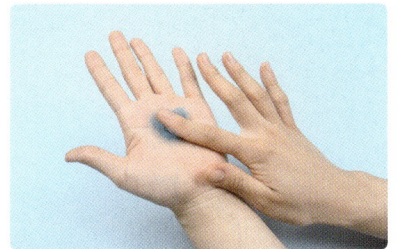

19 뽑은 양모를 손바닥에 놓고 손으로 비벼주세요.

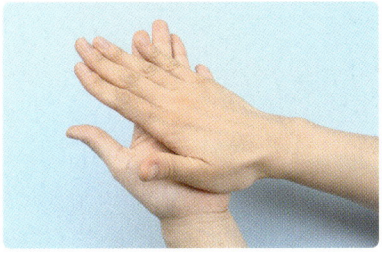

20 손바닥을 사용해서 골고루 비벼 주세요.

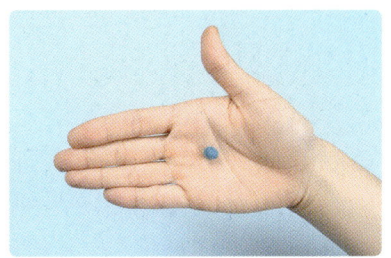

21 동그랗게 만들어진 모습입니다.

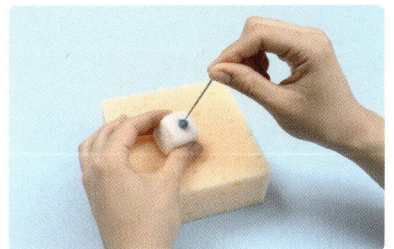

22 1구 바늘을 사용해서 양모를 고정시켜 주세요.

23 같은 방법으로 다른 면에도 각각 숫자나 문양을 만들어주면 주사위가 완성됩니다.

응용작품

여러 가지 주사위를 만들어 보세요!

다양한 분위기의 주사위를 만들어 보세요. 주사위의 색을 변경하거나 주사위에 숫자나 다양한 무늬를 넣어주면 또 다른 분위기의 주사위를 만들 수 있습니다.
※주사위 실물 도안은 87쪽에 있습니다.

편리한
교통카드 케이스

편리한
04 교통카드 케이스

준비물 진한밤색(C031), 초록색(C027) 양모, 스펀지, 1구 바늘,
3구 바늘, 5구 바늘, 2mm 펠트지(연베이지색), 기화성펜,
펠트 실, 도안, 바늘, 송곳, 단추, 군번줄

▶ DVD PLAY

★ 예상 재료비: 5,000원 ★ 예상 제작 시간: 1시간 ★ 완제품 예상가: 8,000원

✽ 도안 그리고 재단하기

01 도안이 모양대로 두꺼운 종이에 그리고 오린 후, 2mm 연베이지색 펠트지 위에 올려놓고 기화성펜으로 테두리를 그려줍니다.

02 기화성펜으로 그린 선을 따라 펠트지를 가위로 잘라주세요. 2장을 준비합니다.

03 재단된 펠트지 위에 기화성펜으로 나무 모양의 도안을 대고 그려줍니다.

✽ 나무 표현하기

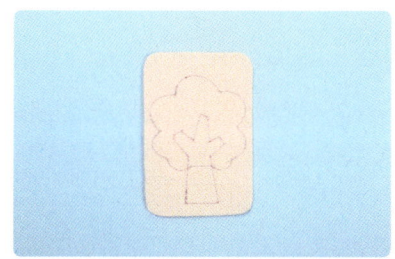

04 펠트천에 도안을 그려주었습니다.

05 잎을 표현하기 위해 스펀지 위에 초록색(C027) 양모를 손으로 2~3번 정도 뽑아서 펴 주세요.

06 5구 바늘을 사용해서 동그란 모양의 원단 형태가 되도록 만들어 주세요.

07 5구 바늘을 사용해서 테두리를 동그 랗게 만들어 주세요.

08 5구 바늘을 사용해서 표면이 고르게 정리해 주세요.

09 도안이 그려진 펠트지 위에 다진 양모 를 올려놓고 1구 바늘을 사용해서 도 안을 따라 테두리부터 양모를 고정시 켜 주세요. 이때 펠트천이 단단하기 때문에 바늘이 부러질 염려가 있기 때 문에 천천히 수직으로 사용하세요.

10 3구 바늘과 5구 바늘을 이용해서 잘 고정되도록 골고루 정리해 주세요.

11 나뭇가지를 표현하기 위해 진한밤색 (C031) 양모를 약간만 뽑아서 접어주 세요.

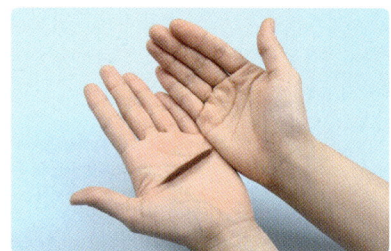

12 손바닥으로 비벼 실의 형태로 만들어 주세요.

13 1구 바늘을 사용해서 도안대로 나뭇 가지 형태로 펠트지 위에 고정시켜 주세요.

14 1구 바늘이나 3구 바늘을 사용해서 나 무의 형태를 깔끔하게 정리해 주세요.

15 5구 바늘을 사용해서 표면을 고르게 정리해 주세요.

16 나무 형태가 완성되었습니다.

17 뒤집어 보면 펠트천에 양모가 고정되 어있는 것을 볼 수 있어요.

❋ 홈질로 스티치하기

18 나무가 더 예뻐 보이도록 홈질로 스티치 해주세요.

19 마무리는 매듭이 보이지 않게 뒤쪽에서 해주세요.

20 가위로 깔끔하게 정리 해주세요. 홈질로 스티치를 완성한 모습입니다.

❋ 단추 달기

21 이번에는 단추를 달아 나무를 좀 더 꾸며볼까요? 기화성펜을 사용해서 단추를 달 곳의 위치를 잡아주세요.

22 단추를 달아줄 위치를 표시한 곳에 색색의 단추를 달아줍니다.

23 단추가 단단히 고정되도록 3~4번 정도 꿰매주세요.

24 단추를 달아준 모습입니다.

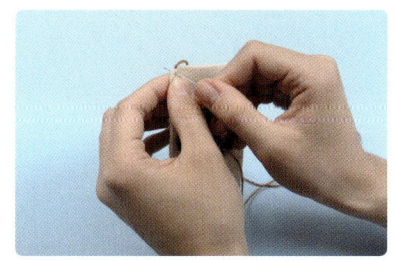

25 매듭은 깔끔하게 뒤쪽에서 해주세요.

❋ 버튼홀 스티치 하기

26 펠트지의 윗부분을 버튼홀 스티치 해주세요.

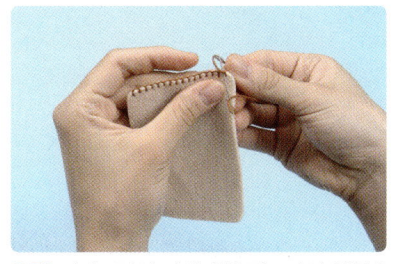

27 먼저 2장의 직사각형 펠트지의 위쪽에만 각각 버튼홀 스티치를 해주세요.

28 위쪽에만 버튼홀 스티치를 해 놓은 모습입니다.

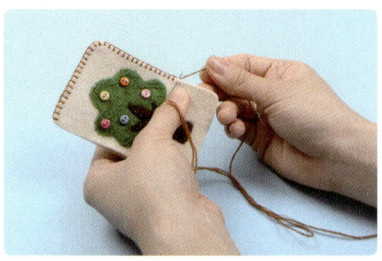

29 그리고 펠트지 2장을 겹쳐 버튼홀 스 티치 해주세요. 입구 부분은 각각 버 튼홀 스티치를 해줍니다.

30 버튼홀 스티치는 간격이 균일하도록 해줍니다.

31 끝에서 깔끔하게 마무리 해 주세요.

✽ 군번줄 끼우기

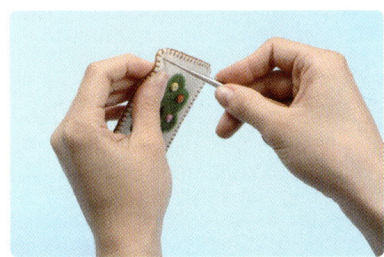

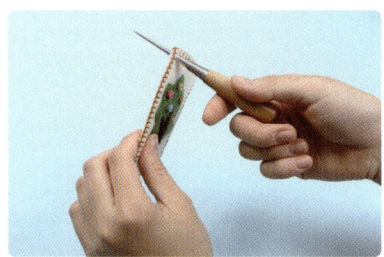

32 송곳으로 군번줄을 낄 곳의 위치를 잡아주세요.

33 송곳을 사용해서 군번줄이 들어갈 구 멍을 뚫어주세요.

34 구멍에 군번줄을 넣어주고 군번줄을 연결해 줍니다.

35 버스카드 케이스가 완성되었습니다.

 **예쁘고 귀여운 버스카드 케이스를 만들어 보세요!**

다양한 모습의 버스카드 케이스를 만들어 보세요. 케이스의 문양과 색만 바꿔도 다양한 종류의 케이스를 만들 수 있습니다.

응용작품

*교통카드 케이스 도안은 별지에 있습니다.

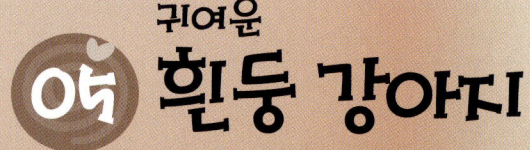

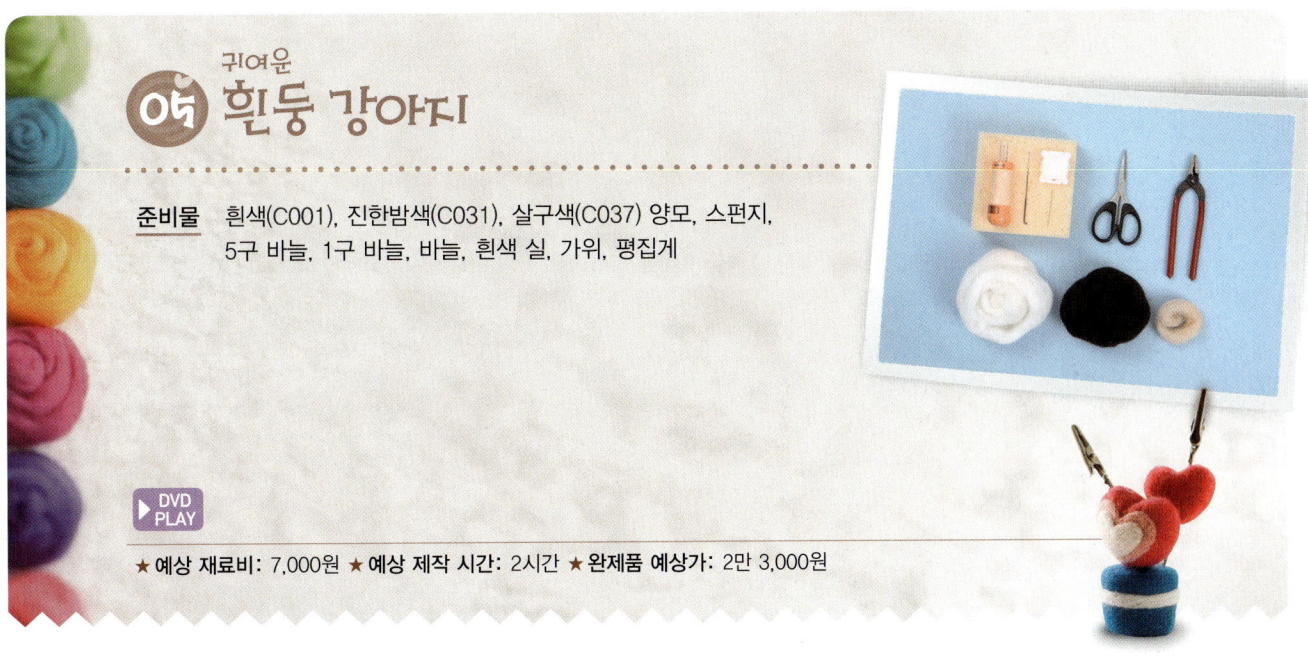

09 귀여운 흰둥 강아지

준비물 흰색(C001), 진한밤색(C031), 살구색(C037) 양모, 스펀지,
5구 바늘, 1구 바늘, 바늘, 흰색 실, 가위, 평집게

▶ DVD PLAY

★ 예상 재료비: 7,000원 ★ 예상 제작 시간: 2시간 ★ 완제품 예상가: 2만 3,000원

✿ 강아지 얼굴 만들기

01 강아지 얼굴 도안 크기에 맞춰 흰색
(C001) 양모를 뽑은 후 계단식으로
겹쳐서 놓고, 양모를 잡고 공 모양으
로 돌돌 말아줍니다.

02 말아놓은 양모를 스펀지 위에 놓고 1
구 바늘로 양모가 풀리지 않게 찔러
줍니다.

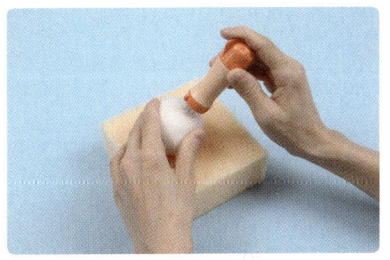

03 5구 바늘을 사용하여 뭉친 양모를 골
고루 놀려가며 동그란 공 보양을 만
듭니다.

04 손으로 눌러도 모양이 변하지 않을 정
도로 단단하게 공 모양을 완성합니다.

Tip

모양을 만든 후 생기는 바늘 자국 없애는 방법
공 모양을 만들다보면 바늘 자국이 남을 수도 있습니다. 이런 경우
에는 완성된 공을 손바닥에 놓고 굴려주면 바늘 자국을 없앨 수 있
습니다.

✼ 강아지 얼굴 나누기

 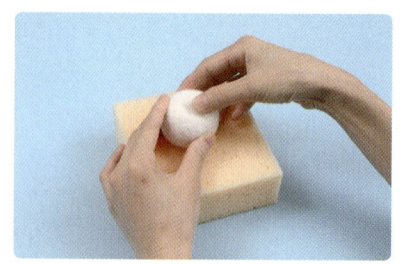

05 강아지 얼굴의 코 부분 볼륨을 살려 주기 위해 공의 가운데 부분 좌우 약 2㎝ 정도를 1구 바늘을 이용하여 찔러줍니다.

06 찌른 부분을 손으로 문질러 바늘 자국을 없애줍니다.

✼ 강아지 주둥이 만들기

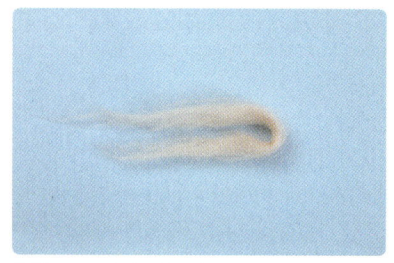 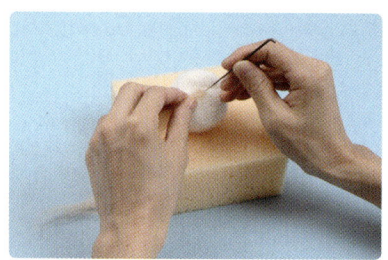 

07 주둥이에 사용할 적당한 양의 살구색(C037) 양모를 준비합니다.

08 살구색 양모를 가로 방향으로 나눈 곳의 중간 아래 부분에 찔러 고정시 킵니다.

09 고정시킨 양모를 1구 바늘을 이용하여 지름 약 1.5㎝ 정도의 원으로 만 들어 줍니다.

10 1구 바늘을 이용하여 표면을 다듬어 줍니다.

Tip

주둥이의 모양을 제대로 살려주는 방법

강아지 주둥이를 만들 때, 얼굴에 양모를 붙여서 만들어가는 방법이 어렵다면, 붙이기 전에 미리 작은 공 모양으로 만들어서 얼굴에 붙이는 방법이 더 쉽습니다. 또 붙인 주둥이 바탕 부분의 가장자리를 1구 바늘을 이용하여 깊게 찔러주면 볼륨감이 더 살아 코 모양이 또렷해집니다.

✼ 강아지 코 만들기

  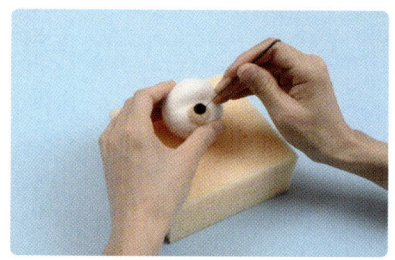

11 도안을 참고하여 코에 알맞은 양의 진한밤색(C031) 양모를 준비합니다.

12 1구 바늘을 이용하여 코를 만들 부분에 양모를 고정시킵니다.

13 고정시킨 양모를 1구 바늘로 찔러 코 모양을 완성시킵니다.

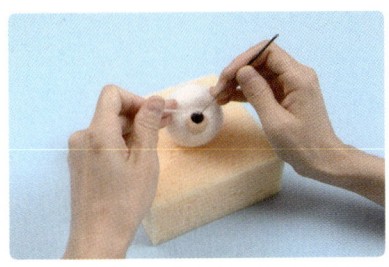

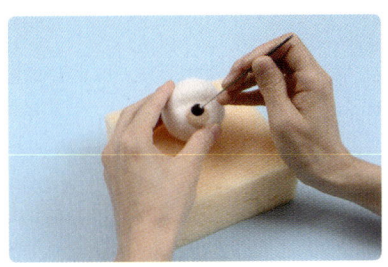

14 완성된 콧잔등의 오른쪽 부분에 흰색 양모를 얇게 뽑아 1구 바늘로 찔러 고정시킵니다.

15 1구 바늘을 이용하여 콧잔등에 콧망울을 만들어 줍니다.

❋ 강아지 눈 만들기

16 소량의 진한밤색(C031) 양모를 얇게 뽑아 손으로 비벼 원형을 만든 후, 눈 위치에 대고 1구 바늘을 이용하여 찔러가며 눈을 만들어 줍니다.

17 눈의 가장자리 부분을 1구 바늘로 돌려가며 깊게 찔러 모양을 다듬습니다. 반대편 눈도 같은 방법으로 만들어 줍니다.

18 가위를 이용하여 표면에 나온 양모가 있으면 잘라 다듬어줍니다. 아니면 5구 바늘로 표면을 다듬어주어도 됩니다. 강아지 머리 부분을 완성하였습니다.

❋ 강아지 귀 만들기

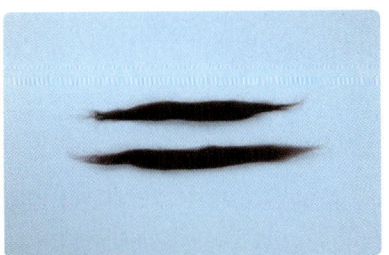

19 강아지 귀에 사용할 만큼의 진한밤색(C031) 양모를 준비합니다.

20 적당한 분량의 양모를 도안의 귀 모양을 참고하여 귀 형태대로 사다리꼴로 만들어 줍니다.

21 말아놓은 양모를 1구 바늘로 고정시킵니다.

22 3구 바늘이나 5구 바늘을 이용하여 찔러 뭉쳐줍니다.

23 1구 바늘로 귀 모양을 상세하게 표현합니다.

24 같은 방법으로 나머지 귀도 완성합니다.

❋ 얼굴에 귀 붙이기

25 머리에 붙일 귀의 모양을 만들기 위해 완성된 귀 부분을 살짝 구부려 1구 바늘로 안쪽에서 가로 방향으로 찔러줍니다.

26 구부린 방향을 눌러 바깥쪽에서 1구 바늘로 찔러 귀 모양을 완성시킵니다.

27 나머지 귀 모양도 만들어 귀를 완성합니다.

28 만들어진 귀를 손으로 잡고 귀를 붙일 위치를 잡아 1구 바늘로 귀의 가장자리 부분을 깊게 찔러가며 단단히 고정시킵니다.

29 반대편 귀도 앞에서와 같은 방법으로 손으로 귀를 말아 모양을 잡아줍니다.

30 반대편 귀도 연결하여 강아지 머리를 완성합니다.

❋ 강아지 몸통 만들기

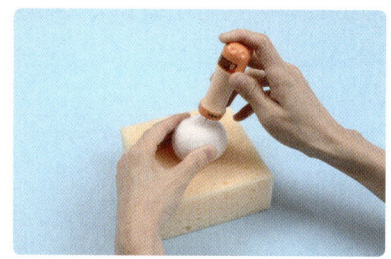

31 강아지 머리를 만든 것과 같은 방법으로 흰색(C001) 양모로 도안의 크기대로 몸통을 만들어 줍니다.

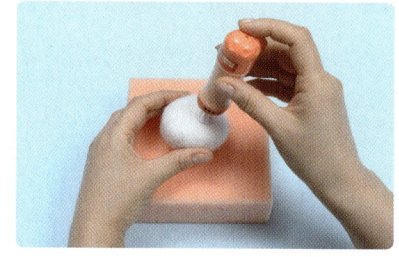

32 5구 바늘을 이용해 배 부분을 다져줍니다.

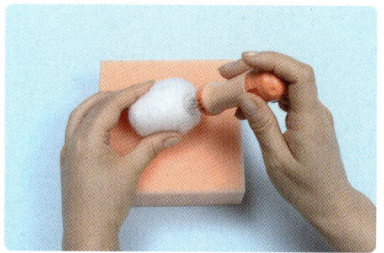

33 강아지 몸통은 전체적으로 목 부분은 슬림하게, 배 부분은 통통하게 원추형 모양으로 다듬어 줍니다.

34 강아지 인형의 엎드릴 모습을 고려해서 배 부분을 평평하게 다져줍니다.

❋ 강아지 다리 만들고 몸통에 연결하기

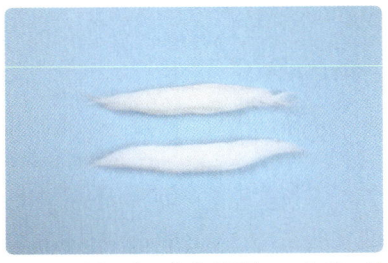

35 도안을 참고하여 흰색(C001) 양모를 적당량 떼어 펼쳐 줍니다.

36 강아지 다리를 만들기 위해 흰색 양모를 약 4㎝ 길이로 비벼 말아줍니다.

37 비벼서 말아놓은 양모를 넓게 펴서 위아래로 한 번씩 접고 5구 바늘이나 3구 바늘을 이용하여 가볍게 양모를 한 번 다져줍니다.

38 가볍게 다진 양모를 3등분하여 그대로 접어줍니다.

39 접은 양모를 1구 바늘이나 3구 바늘을 이용하여 원통 모양으로 단단하게 만들어줍니다.

40 1구 바늘을 이용하여 전체적으로 찔러 다리 모양을 만들어줍니다. 이때 몸통과 연결시킬 끝 부분은 찌르지 않습니다.

41 발이 될 다리의 앞 3분의 1지점을 뺀 나머지 부분은 1구 바늘을 이용하여 더 찔러줍니다.

42 발이 될 부분(다리의 앞 3분의 1부분)을 동그랗게 다듬어주세요.

43 나머지 다리도 완성시킵니다.

44 뒷다리도 같은 방법으로 완성시킵니다.

45 몸통과 연결될 다리 부분의 양모를 손으로 활짝 폅니다.

46 편 부분을 몸통에 대고 1구 바늘로 찔러가며 고정합니다.

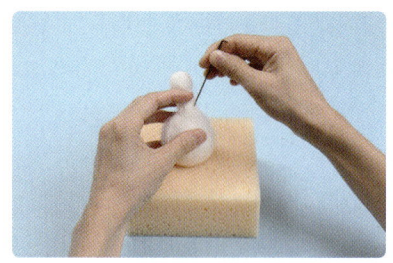

47 다리 부분과 몸통 부분을 사선 방향으로 깊게 찔러 단단히 고정합니다.

48 나머지 뒷다리도 같은 방법으로 고정합니다.

49 1구 바늘을 이용하여 다리의 허벅지 부분을 몸통에 깊게 찔러 단단히 고정합니다.

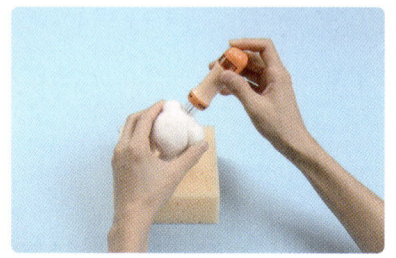

50 5구 바늘을 이용하여 전체적으로 찔러가며 표면을 다듬어 줍니다.

51 강아지 몸통을 완성하였습니다.

Tip

연결한 모양이 맘에 들지 않을 경우 양모 펴는 방법

다리 연결 부분의 양모가 자연스럽지 않게 뭉쳤다면 1구 바늘이나 송곳의 끝부분을 이용하여 살살 긁어 뭉친 양모를 펴서 다시 찔러주세요. 1구 바늘을 사용할 경우에는 부러질 수 있으니 주의하세요.

✳ 강아지 꼬리 만들기

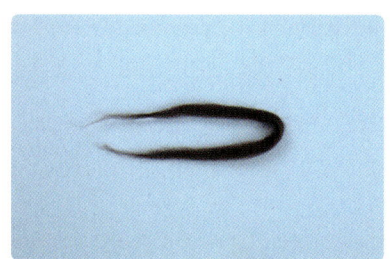

52 꼬리를 만드는데 사용할 적당한 양의 진한밤색(C031) 양모를 준비합니다.

53 꼬리 크기에 알맞게 적당한 크기의 타원 형태로 말아줍니다.

54 1구 바늘을 이용하여 양모가 풀리지 않도록 단단하게 찔러줍니다.

55 뭉친 양모를 손으로 돌돌 돌려가며 1구 바늘로 찔러 꼬리 모양을 만듭니다.

Tip

꼬리를 섬세하게 표현하는 방법

꼬리를 섬세하게 표현하고 싶다면 꼬리 끝부분에 물기를 살짝 묻혀 비벼주면 끝부분이 날카로운 꼬리 표현도 가능하고 꼬리에 굴곡을 주려면 꽃철사를 넣어 형태를 자유롭게 변형할 수 있습니다. 또는 1구 바늘로 꼬리를 섬세하게 표현해도 됩니다.

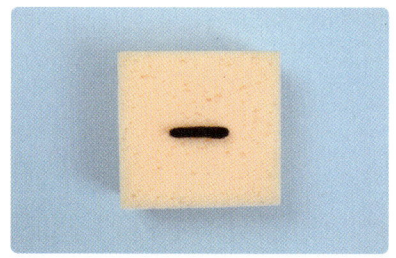

56 완성된 꼬리의 모양입니다.

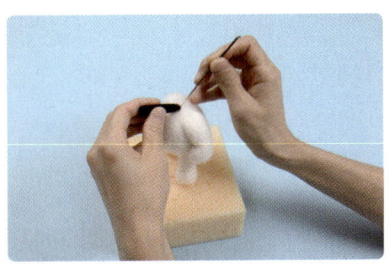

57 1구 바늘을 이용하여 만들어놓은 꼬리를 엉덩이 부분에 놓고 깊숙이 찔러 연결합니다.

58 강아지의 머리와 몸통을 완성하였습니다.

✷ 실과 바늘로 머리와 몸통 연결하기

59 머리와 몸통을 단단하게 연결하기 위해 바늘에 실을 연결하여 강아지 몸통의 배 부분에서 등 쪽으로 가운데에서 대각선 방향으로 바늘을 찔러줍니다.

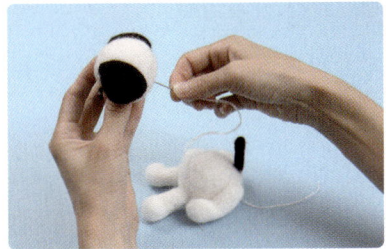

60 등 쪽으로 뺀 바늘을 머리와 연결시켜 머리 위쪽으로 바늘을 찔러줍니다.

61 다시 반대로 바늘이 나온 부분 머리의 바로 옆 부분을 다시 찔러 머리 아래쪽으로 뽑아줍니다.

Tip

바늘이 쉽게 빠져 나오지 않을 경우
머리 위쪽으로 나온 바늘이 잘 나오지 않을 때는 평집게(또는 펜치)를 이용하여 빼줍니다.

62 머리 밑으로 나온 바늘을 몸통 아래쪽으로 찔러줍니다.

63 처음 집어넣은 실과 나온 실을 힘을 주어 바짝 잡아당겨 줍니다.

64 두 실을 서로 묶어 매듭을 짓습니다.

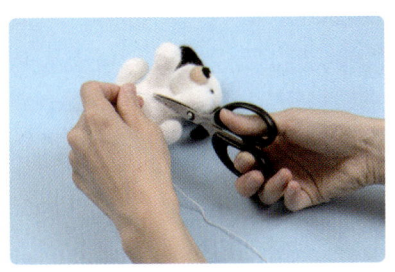

65 매듭을 짓고 남은 실은 가위로 잘라줍니다.

66 실이 보이는 강아지의 배 부분을 다듬어주기 위해 흰색 양모를 손으로 얇게 펴줍니다.

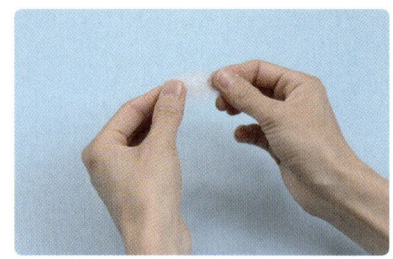

67 얇게 편 양모를 조그맣게 만듭니다.

68 매듭이 있는 곳에 얇게 편 양모를 덮고 1구 바늘을 이용하여 찔러줍니다.

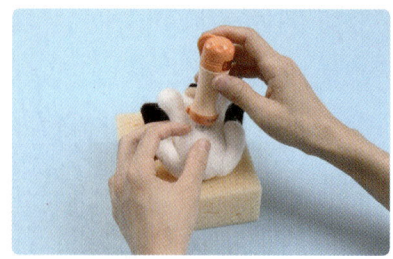

69 5구 바늘을 이용하여 강아지의 배 부분을 다듬어 줍니다.

70 같은 방법(66번~69번)으로 흰색 양모를 덧대어 강아지 머리의 실 연결 부분을 1구 바늘로 찔러 감춰줍니다.

71 5구 바늘을 이용하여 전체적으로 다듬어 줍니다.

72 귀여운 강아지 인형이 완성되었습니다.

여러 동물 인형을 만들어 보세요!
흰둥 강아지 만들기 방법을 응용하면 여러 가지 동물 인형을 만들 수 있습니다. 자신의 취향대로 귀여운 인형들을 만들어 보세요.

응용작품

조감도

흰둥 강아지 실물 도안

측면도

저면도

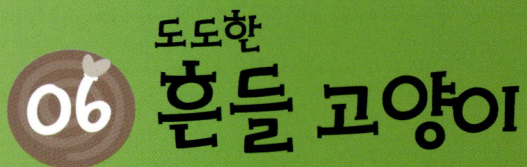

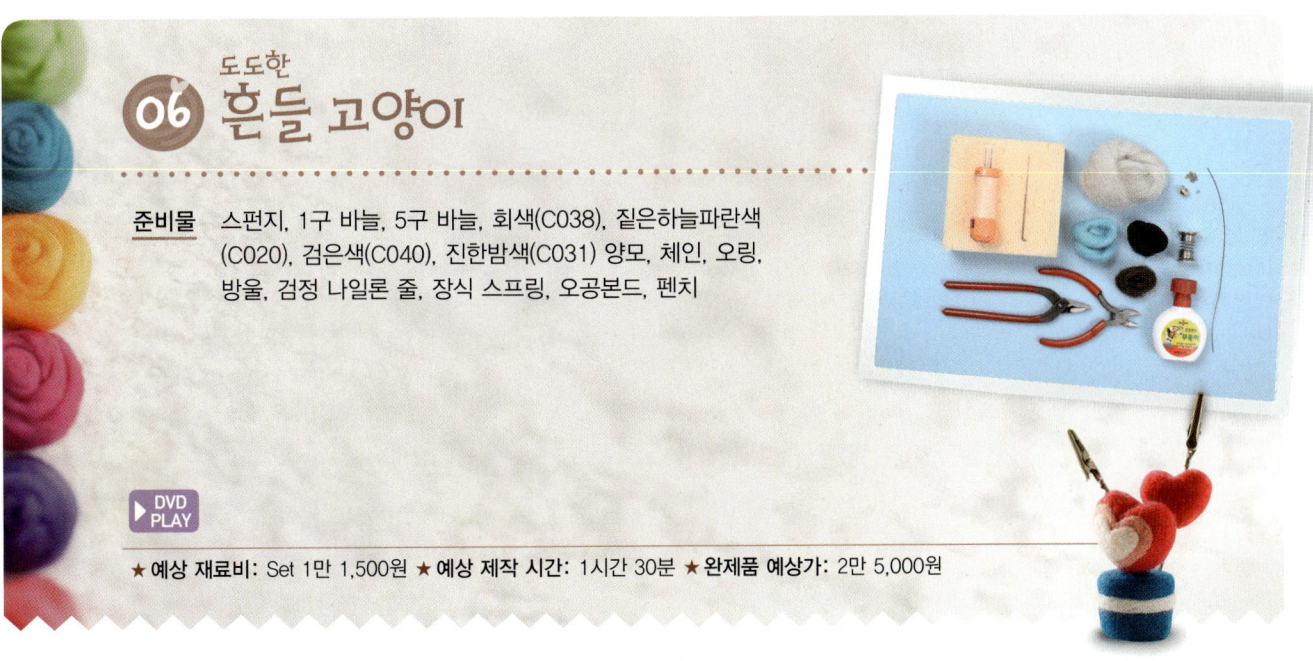

06 도도한 흔들 고양이

준비물 스펀지, 1구 바늘, 5구 바늘, 회색(C038), 짙은하늘파란색(C020), 검은색(C040), 진한밤색(C031) 양모, 체인, 오링, 방울, 검정 나일론 줄, 장식 스프링, 오공본드, 펜치

▶ DVD PLAY

★ 예상 재료비: Set 1만 1,500원 ★ 예상 제작 시간: 1시간 30분 ★ 완제품 예상가: 2만 5,000원

✽ 고양이 머리 만들기

01 몸통, 머리, 꼬리, 두 귀에 사용할 각각의 회색(C038) 양모를 필요한 양만큼 미리 뜯어놓습니다.

> **Tip**
>
> 양모를 미리 뜯어놓는 이유?
> 몸의 각 부분에 들어갈 양모의 양을 정확히 예상하여 미리 뜯어놓으면 각 부분을 연결해도 균형 있는 작품을 만들 수 있습니다.

02 회색 양모를 몸통보다 약간 작게 타원형이 되도록 둥글게 말아줍니다.

03 1구 바늘을 이용하여 고정시키고 굴리면서 골고루 찔러줍니다.

04 둥근 모양이 생각보다 작다면 양모를 추가해 붙여주면 됩니다.

05 추가한 양모로 둘러 감싸줍니다.

06 1구 바늘(또는 3구 바늘)로 찔러 굴려
주며 고정시킵니다.

07 타원형의 고양이 머리 부분을 완성하
였습니다.

✽ 고양이 몸통 만들기

08 몸통으로 뽑아놓은 회색(CO38) 양모
를 도안을 참고하여 몸통의 길이만큼
말아줍니다.

09 몸통의 윗부분에서 아랫부분으로 갈수
록 굵어지도록 원추형으로 만듭니다.

10 1구 바늘로 찔러가며 고정시키고 형
태를 잡습니다.

11 5구 바늘로 골고루 찔러 단단하게 해
줍니다.

12 몸통이 어느 정도 완성되면 밑바닥 부
분이 평평해지도록 5구 바늘로 찔러줍
니다.

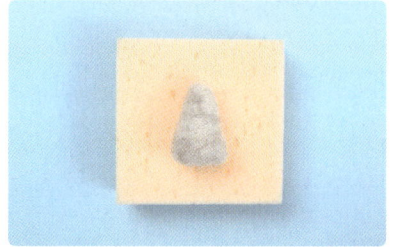

13 고깔 모양의 몸통을 만들어 줍니다.

14 고양이 몸통처럼 보이도록 허리 부분
을 1구 바늘로 찔러 허리 라인을 잡
아줍니다.

15 고양이 몸통이 완성되었습니다.

❀ 고양이 귀 만들기

16 귀에 사용할 회색(C038) 양모를 같은 양으로 두 무더기 뽑아서 삼각형 모양으로 접어줍니다.

17 1구 바늘로 접어준 양모를 고정시킵니다.

18 삼각형 모양의 귀를 1구 바늘로 다듬어줍니다. 도안과 같은 2개의 귀를 완성합니다.

❀ 꼬리 만들기

19 고양이의 꼬리를 만들기 위해 회색(C038) 양모를 길게 말아줍니다.

20 1구 바늘로 찔러 꼬리 형태를 잡습니다.

21 꼬리 끝부분을 1구 바늘로 많이 찔러 둥글게 만듭니다.

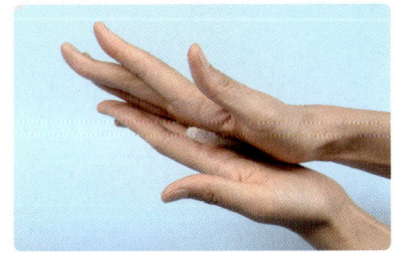

22 꼬리 모양을 만든 후 손바닥으로 비벼주면 부슬거림이 가라앉습니다.

23 꼬리를 완성하였습니다.

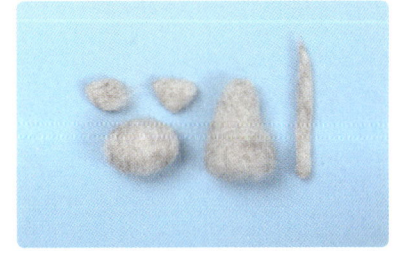

24 몸통, 머리, 꼬리, 두 귀 등 각각의 형태들을 완성한 모습입니다.

❀ 얼굴에 코와 입 문양 넣기

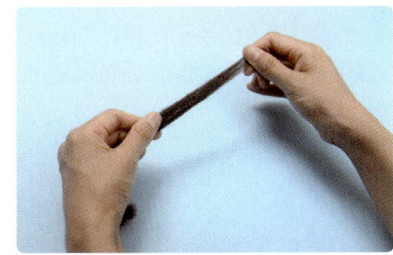

25 손으로 진한밤색(C031) 양모를 조금 뜯어냅니다.

26 얼굴 가운데에 코와 입 위치에 진한 밤색 양모를 얹듯이 1구 바늘로 가볍게 고정합니다.

27 5구 바늘로 살살 찔러 가볍게 모양을 고정시킵니다.

081 | Part 3 DVD 보고 따라하는 니들펠트 DIY

✽ 귀 부분에 검은 문양 넣기

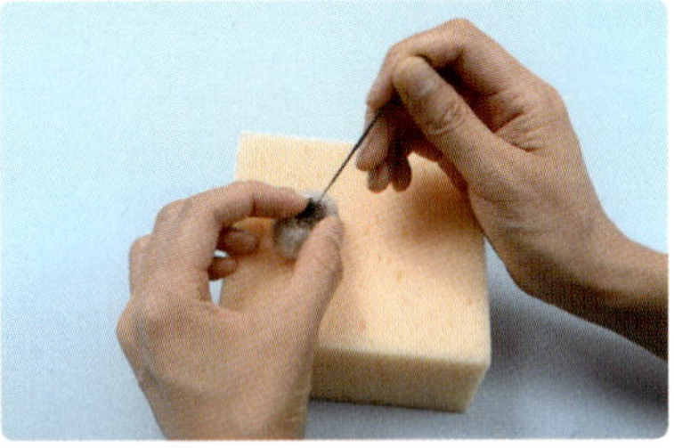

28 1구 바늘을 이용해 모양을 둥그렇게 다듬으면서 코와 입의 위치를 고정시킵니다.

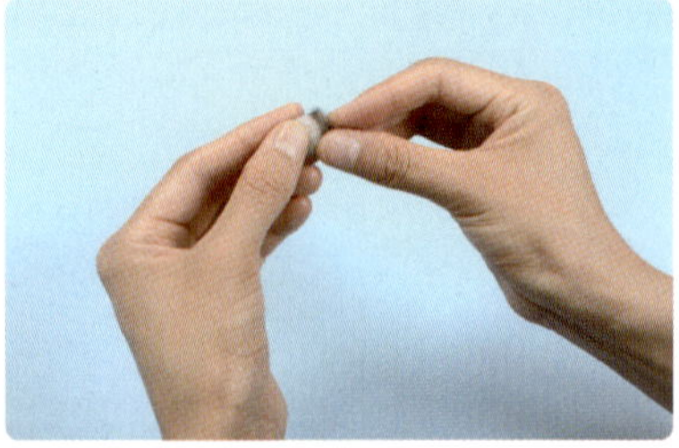

29 진한밤색(C031) 양모를 살짝 뜯어 귀의 끝부분을 감싸줍니다.

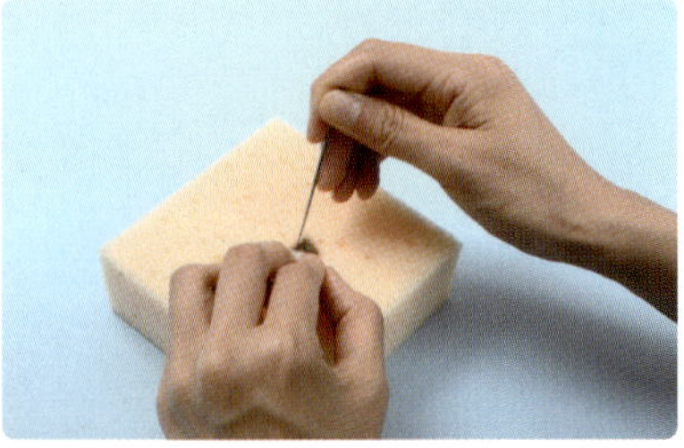

30 1구 바늘로 고정시켜 귀에도 그러데이션 효과를 줍니다.

✽ 몸통에 검은 문양 넣기

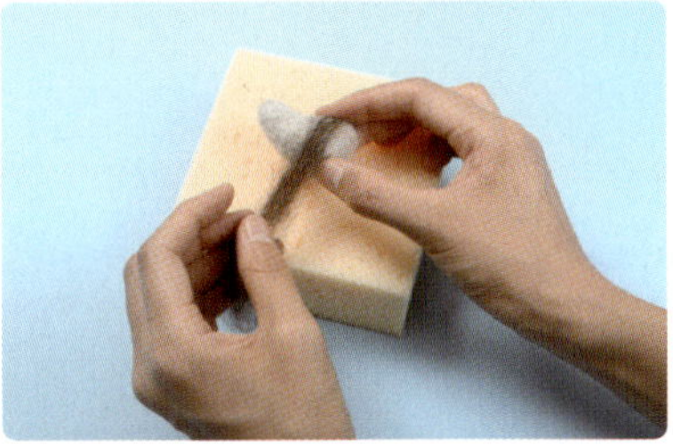

31 몸통의 아랫부분을 진한밤색(C031) 양모로 감쌉니다.

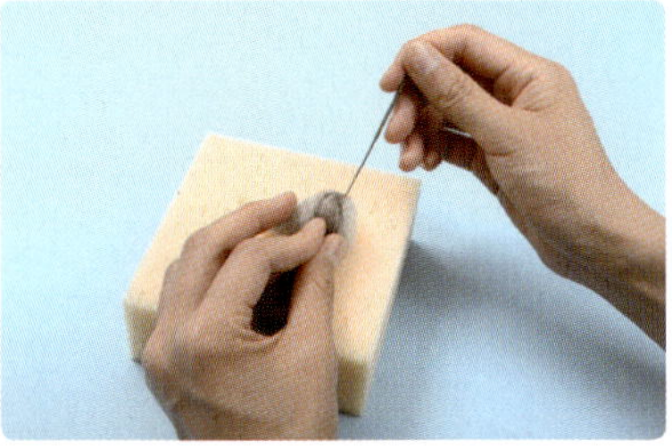

32 1구 바늘로 살짝 고정시켜 몸통에도 그러데이션 효과를 줍니다.

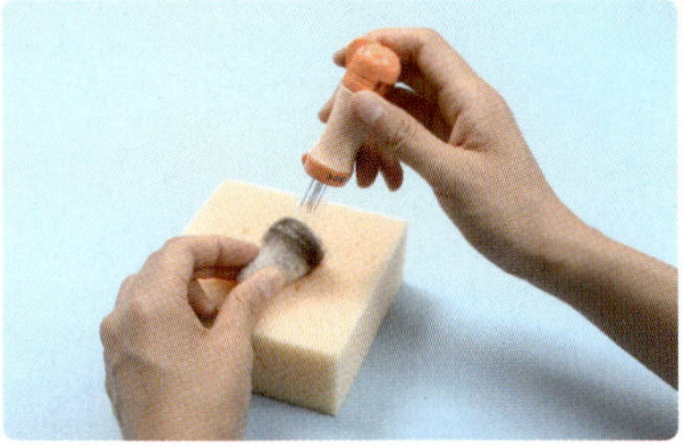

33 5구 바늘로 넓게 퍼지도록 골고루 찔러주면 자연스러운 그러데이션 효과를 줄 수 있습니다.

✽ 꼬리에 검은 문양 넣기

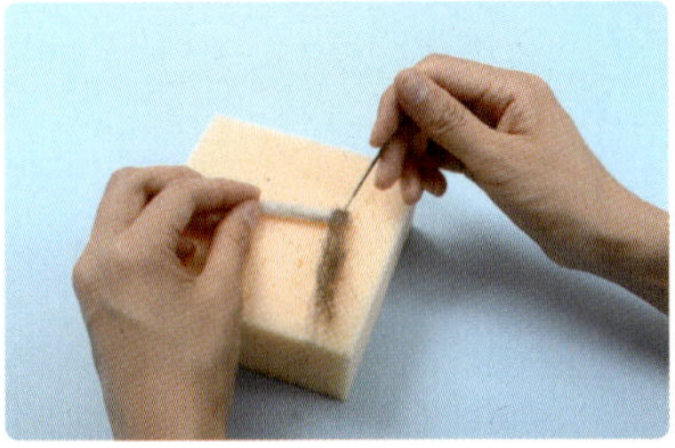

34 꼬리 끝부분도 진한밤색(C031) 양모로 감아 그러데이션 효과를 줍니다.

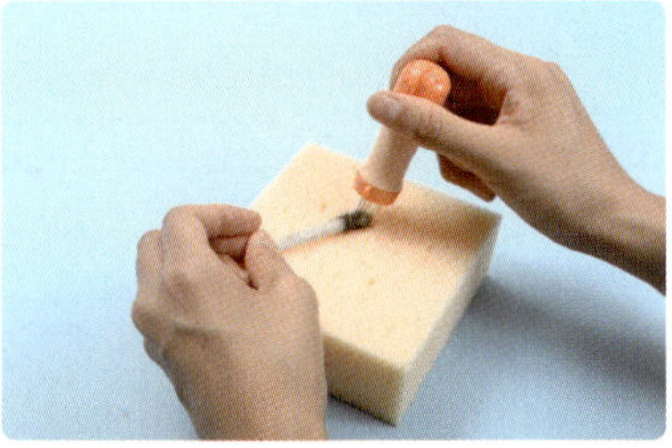

35 5구 바늘로 돌려가며 질러 고정해줍니다.

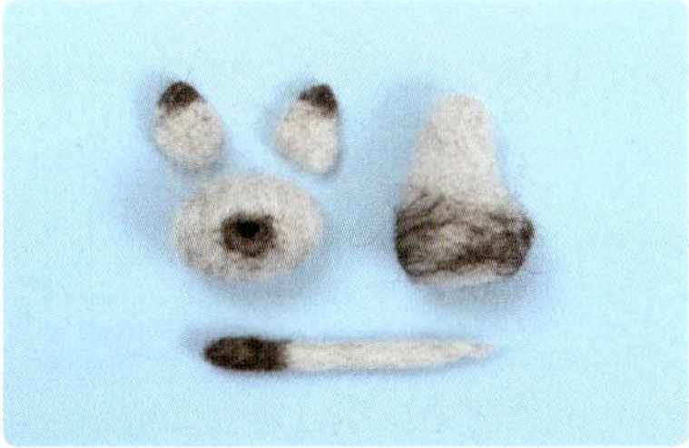

36 이렇게 해서 귀와 얼굴, 몸통, 꼬리에 그러데이션 효과를 완성했습니다.

✽ 귀 연결하기

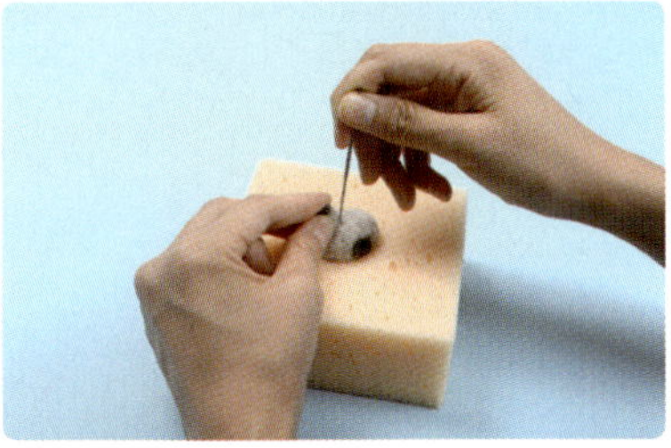

37 귀의 위치를 잡은 후 머리에 올려놓고 1구 바늘로 깊이 찔러 연결합니다.

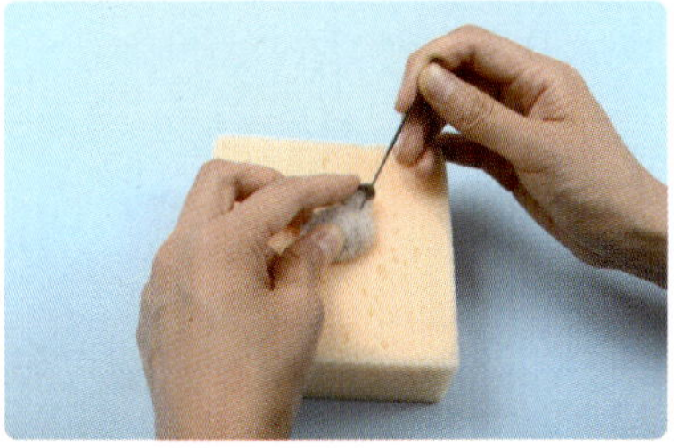

38 귀의 앞뒤를 꼼꼼하고 깊숙이 찔러줘야 튼튼하게 고정됩니다.

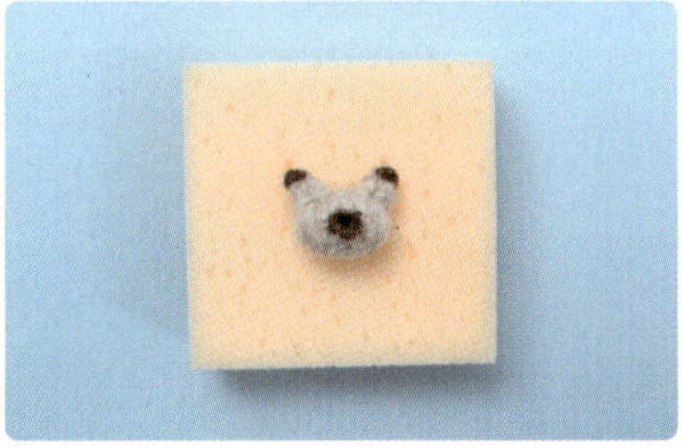

39 귀를 연결한 후 두 귀가 달랑거리지 않을 정도로 여러 번 찔러 단단히 고정합니다. 하지만 너무 깊숙이 힘 있게 찔러주면 형태가 변하기 때문에 힘 조절에 주의하셔야 합니다.

❋ 눈 표현하기

40 고양이 눈에 사용할 짙은하늘파란색 (C020) 양모를 뜯어 동그랗게 뭉쳐줍 니다.

41 1구 바늘로 찔러 같은 크기의 동그란 눈을 2개 만들어 놓습니다.

42 고양이 머리에 눈의 위치를 잡고 1구 바늘로 고정시키며 눈 모양을 잡아줍 니다.

43 고양이의 눈을 고정시킨 모습입니다.

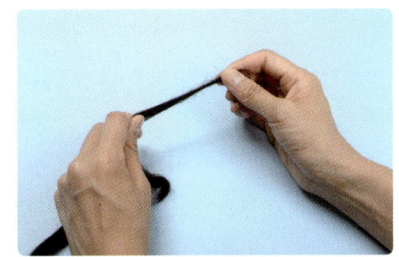

44 아이라인을 만들기 위해 검은색 (C040) 양모를 가늘게 뽑아냅니다.

45 고양이 눈 밑에 들어갈 아이라인 길 이만큼 접어줍니다.

❋ 코와 입 만들기

46 아이라인을 1구 바늘로 고정하여 눈 을 완성합니다

47 코를 만들기 위해 검은색(C040) 양모 를 조금 뜯어줍니다.

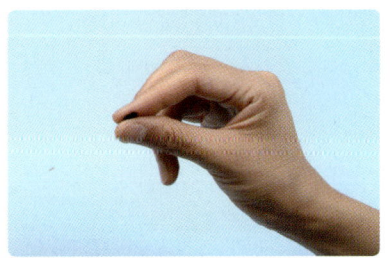

48 두 손가락으로 말아주면서 아주 작은 삼각형을 만듭니다.

49 1구 바늘을 이용해 고양이의 코 위치 에 밤톨 형태로 고정시켜 코를 만들어 줍니다. 코를 고정시킨 후에는 1구 바 늘을 이용해 코의 아랫부분에 'ㅅ' 모 양으로 입술라인을 만들어 줍니다.

50 고양이 머리를 완성합니다.

✽ 몸통 연결하기

51 고양이 머리와 몸통을 연결할 위치를 잡아준 후, 1구 바늘로 머리와 목 부분을 찔러 연결합니다.

52 목둘레를 전체적으로 돌려가며 꼼꼼히 찔러 단단하게 붙여줍니다.

53 몸통을 연결한 고양이의 모습입니다.

✽ 꼬리 연결하기

54 꼬리의 위치를 잡고 깊숙이 찔러 몸통과 꼬리를 연결합니다.

55 손으로 꼬리에 곡선을 주어 자연스러운 꼬리 모양을 표현합니다.

56 1구 바늘로 허리 밑 부분까지 찔러 연결합니다.

57 꼬리가 휘어지길 바라는 부분을 집중적으로 찔러주면 모양이 더 예쁘게 잡힙니다.

58 고양이를 완성하였습니다.

✽ 방울 달기

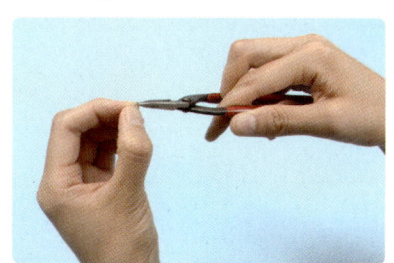

59 오링을 벌려줍니다.

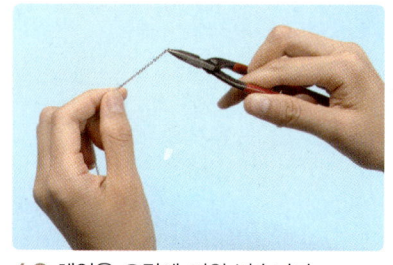

60 체인을 오링에 끼워 넣습니다.

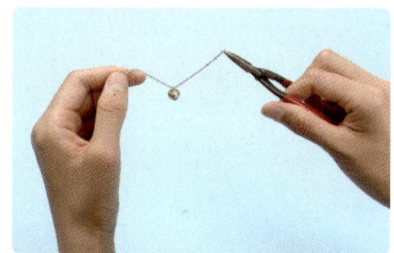

61 방울을 체인에 넣습니다.

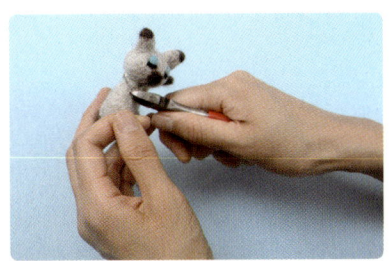

62 체인을 고양이 목에 걸어 오링으로 연결합니다.

63 벌려진 오링을 오므려줍니다.

64 남은 체인은 펜치로 잘라줍니다.

❋ 수염 달기

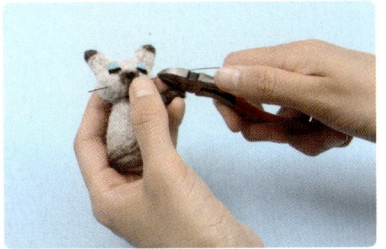

65 수염이 될 부분을 1구 바늘로 깊숙하게 찔러 구멍을 내 수염이 통과할 수 있도록 합니다.

66 검정 나일론 줄을 구멍에 집어넣습니다.

67 펜치로 남은 수염을 잘라줍니다.

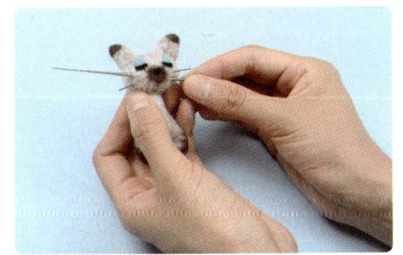

68 X자 모양으로 1구 바늘을 깊숙하게 찔러 수염 구멍을 하나 더 만듭니다.

69 검정 나일론 줄을 넣고 필요한 길이로 잘라줍니다.

70 수염을 넣느라 생긴 구멍은 1구 바늘로 찔러 구멍을 막아주면 고양이가 완성됩니다.

❋ 스프링 장식 붙여두기

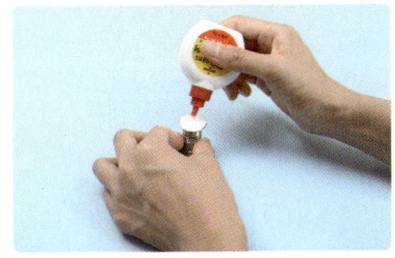

좀더 빠르고 단단하게 고정시키려면?
좀더 빠르고 단단하게 고정을 시키고 싶을 때는 글루건을 사용하는 것도 좋습니다.

71 스프링 장식에 완성한 고양이를 붙이기 위해 오공본드를 스프링 장식에 발라줍니다.

72 고양이와 스프링 장식을 붙여줍니다.

Tip

고양이 수염도 본드로 고정해주면 좋아요.
고양이 수염이 쉽게 빠질 수도 있으니 본드로 고정해주면 더욱 튼
튼하답니다. 이 경우에는 수염을 네 가닥으로
잘라 끝부분에 본드를 묻힌 후 X자 모양
으로 고정합니다.

73 흔들 고양이를 완성하였습니다.

다양한 고양이를 만들어 보세요!
고양이의 색을 바꾸어 주거나 표정을 바꿔주면 다양한 모습의 고양이를
만들 수 있답니다.

응용작품

흔들 고양이 닐물 도안

정면도

1	2	3
4	5	6

주사위 각 면도

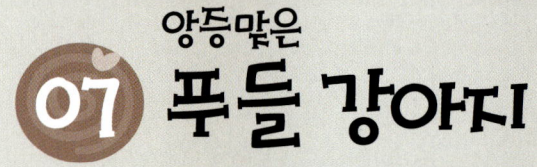

07 양증맞은 푸들 강아지

준비물 스펀지, 1구 바늘, 3구 바늘, 5구 바늘, 검은색(C040),
노란갈색(CO34) 양모, 꽃철사, 체인, 비즈

▶ DVD PLAY

★ 예상 재료비 : 3,000원   ★ 예상 제작 시간 : 2시간   ★ 완제품 예상가 : 2만 원

❋ 몸통 뼈대와 얼굴 만들기

01 철사를 이용하여 뼈대를 만들어 줍니다(응용기법 철사로 뼈대만들기 참조). 이때 철사를 뼈대에 둘러 감아 요철을 만들어 양모가 잘 감기도록 합니다.

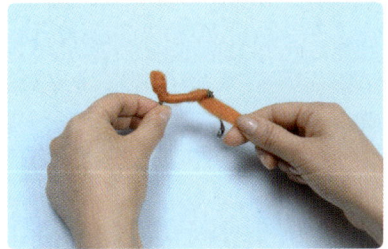

02 노란갈색(CO34) 양모를 얇고 길게 뜯어서 손바닥으로 비벼줍니다. 그리고 비벼준 양모를 뼈대에 단단하게 감아줍니다.

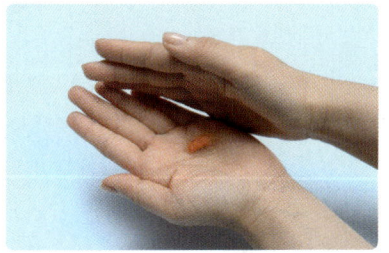

03 두안을 참고하여 적당량의 노란갈색 양모를 순비해 강아시 열굴 부뒤에 고정시켜 줍니다.

❋ 몸통에 털 꼬아 고정니키기

04 노란갈색 양모를 몸통에 더 감아주면서 1구 바늘로 찔러줍니다. 앞에서 고정시킨 얼굴과 주둥이도 세밀하게 더 다듬어 줍니다.

05 3구 바늘을 이용하여 단단하게 찔러 양모를 고정시켜 줍니다.

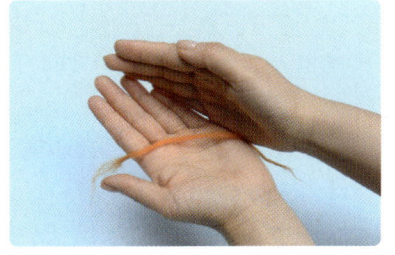

06 노란갈색 양모를 얇게 뽑아 손으로 비벼줍니다.

07 비빈 양모를 손가락을 이용해 서로 반대쪽으로 꼬아 줍니다.

08 1구 바늘을 이용하여 꽈놓은 털을 찔러줍니다.

09 이런 방법으로 꼬은 털을 몸통 전체 필요한 곳에 찔러 고정시켜 줍니다.

❋ 눈, 코, 귀, 꼬리 고정시키기

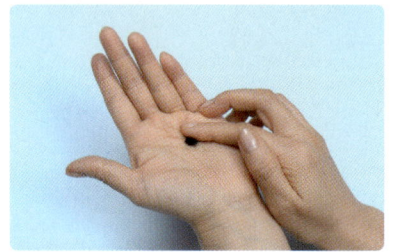

10 검은색(C040) 양모를 조금 뜯어 손으로 비벼줍니다.

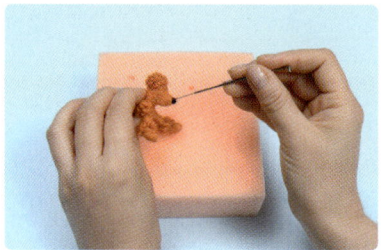

11 비벼놓은 검은색 양모를 강아지 코 부분에 1구 바늘로 찔러줍니다.

12 강아지 눈은 검은색 비즈를 이용하여 실로 달아 줍니다.

13 노란갈색(C034) 양모를 조금 뜯어 1구 바늘을 이용하여 동그란 모양의 귀를 만듭니다. 2개를 만들어 줍니다.

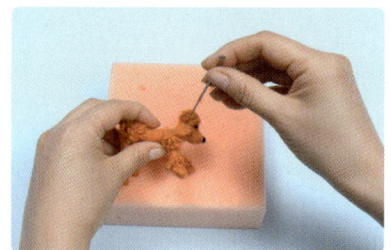

14 강아지 양쪽 귀 부분에 1구 바늘을 이용하여 양쪽 귀를 달아줍니다.

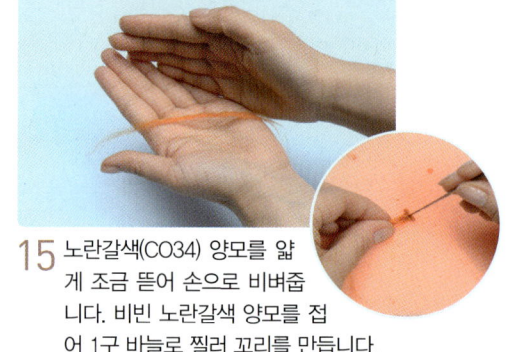

15 노란갈색(C034) 양모를 얇게 조금 뜯어 손으로 비벼줍니다. 비빈 노란갈색 양모를 접어 1구 바늘로 찔러 꼬리를 만듭니다.

❋ 체인 채워 완성하기

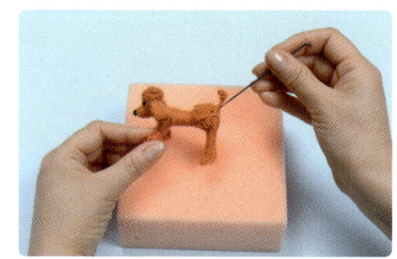

16 1구 바늘을 이용하여 꼬리를 달아줍니다.

17 강아지 목에 체인을 채워 장식합니다.

18 귀여운 푸들 강아지가 완성되었습니다.

 강아지 만들기 기법을 응용해 보세요!

응용작품 푸들 강아지 만들기 기법을 응용하여 시추나 불독, 도베르만 같은 귀여운 강아지들을 만들어 보세요.
책상 위에 귀여운 친구를 둘 수 있답니다.

푸들 강아지 싣물 도안

정면도    측면도    정면도 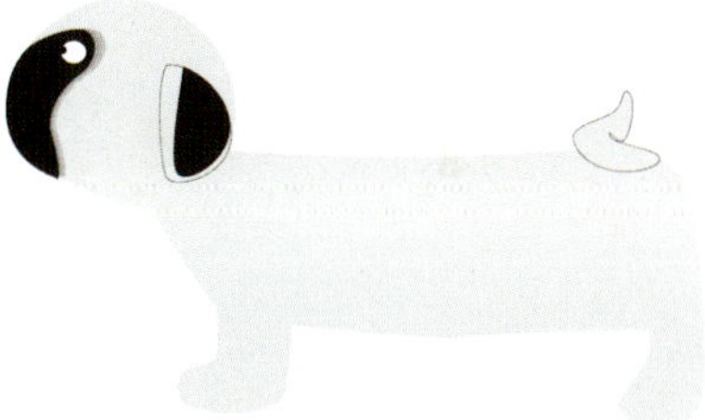   측면도

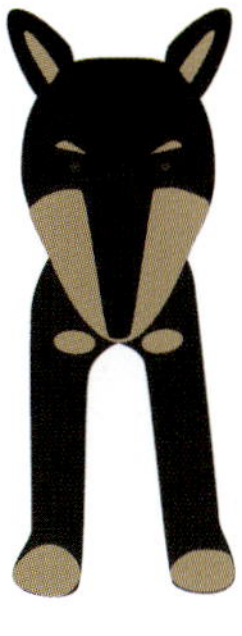

정면도 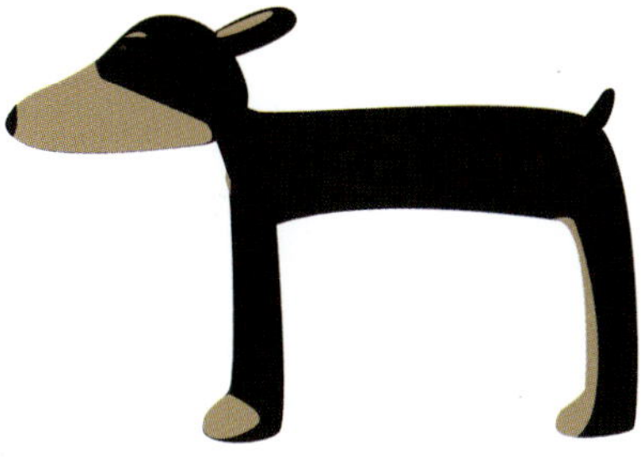   측면도    정면도    측면도

Part 4

니들펠트로 만드는
우리 아이 장난감

08 친화성을 기르는 울놀이 세트

준비물 연갈색(C035), 밤색(C032) 양모, 1구 바늘, 5구 바늘, 스펀지, 베이지색 2mm 펠트지, 기화성펜, 가위, 갈색·초록·연초록·연보라·분홍 하드펠트지, 오공본드, 실, 바늘

★ **예상 재료비:** Set 1만 2,000원 ★ **예상 제작 시간:** 2시간 ★ **완제품 예상가:** 2만 5,000원

울 만들기

❋ 양모 뽑기

01 연갈색(C035) 양모를 손 한 뼘 길이로 고르게 잡고 뽑아 계단식으로 쌓아줍니다.

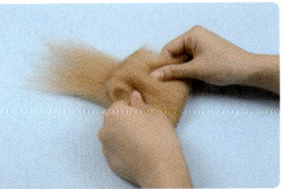

02 뽑은 양모를 손가락 길이만큼 접어줍니다.

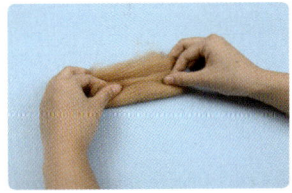

03 접은 양모의 양 옆을 안쪽으로 접어줍니다.

04 스펀지 위에 놓고 접어준 양모를 1구 바늘로 찔러 풀리지 않게 고정시킵니다.

05 1구 바늘로 찔러 어느 정도 고정이 되면 5구 바늘로 울을 전체적으로 찔러 둥글둥글 원통 모양으로 만들어 줍니다.

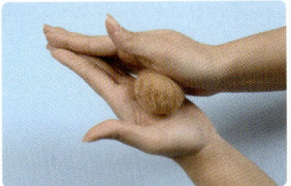

06 어느 정도 모양이 갖추어지면 손 위에 놓고 납작하게 눌러줍니다. 울의 바닥을 만들어 울이 앞뒤로 잘 뒤집어지게 하기 위해서 눌러주는 작업입니다.

07 양옆을 둥글게 하기위해서 1구 바늘로 모양을 만들면서 찔러줍니다. 이때 바닥의 평평한 부분의 끝을 각이 지게 만들어 줍니다.

08 4개의 울을 위와 같은 방법으로 만들어 줍니다.

같은 모양을 여러 개 만들려면?
같은 모양을 여러 개 만들 때는 크기에 맞게 양모의 양을 일정하게 맞춰주세요. 그래야 비대칭이 안 되기 때문에 미리 나눠 놓고 하는 것이 좋습니다. 작품을 만들기 전에 베이지색 양모를 같은 양으로 4등분을 해줍니다.

✽ 윷 무늬 넣기

09 밤색(C032) 양모를 손끝으로 잡고 조금만 뽑아줍니다.

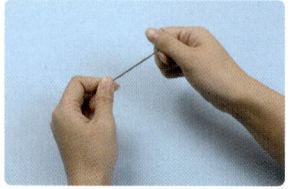

10 뽑아준 양모를 손끝으로 꼬아 끈처럼 만들어 줍니다.

11 윷 윗면에 꽈놓은 양모를 놓고 'X'자 모양으로 놓고 끝부분을 1구 바늘로 찔러 고정합니다.

12 'X' 모양으로 나머지 반대쪽도 찔러줍니다.

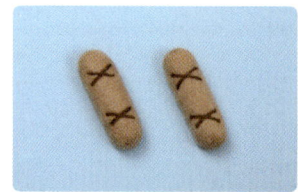

13 나머지 윷도 같은 방법으로 만들어 완성합니다.

✽ 발바닥 문양 빽도 무늬 넣기

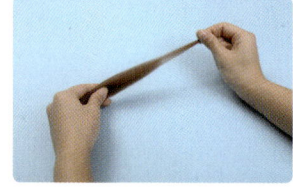

14 밤색 양모를 조금 더 뽑아 줍니다.

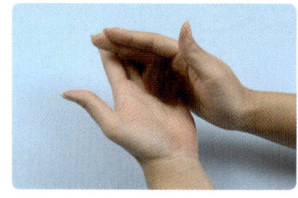

15 양모를 손바닥으로 살살 비벼 뭉쳐줍니다.

16 뭉친 양모를 윷 위에 놓고 1구 바늘로 찔러, 발바닥 모양의 빽(Back)도 표시를 만듭니다.

17 양모를 1구 바늘로 찔러 자리가 잡히면 5구 바늘로도 찔러 다듬어 줍니다.

18 나머지 발바닥 무늬도 같은 방법으로 찔러줍니다.

19 빽도 무늬를 완성한 모습입니다. 발바닥 모양이 튀어나오지 않도록 잘 다듬어 주세요.

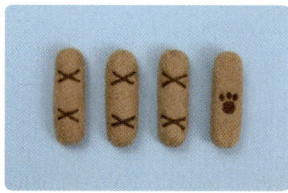

20 윷이 완성된 모습입니다.

✿ 윷판 오리기

21 정사각형 모양의 베이지색 2mm 펠트지의 모서리 부분을 기화성펜으로 둥글게 표시합니다.

22 모서리를 가위로 둥글게 잘라줍니다.

✿ 윷판에원 고정시키기

23 윷판 모서리에 들어갈 둥근 모양을 갈색 펠트지 위에 기화성펜으로 그린 후 가위로 잘라줍니다.(도안 참고)

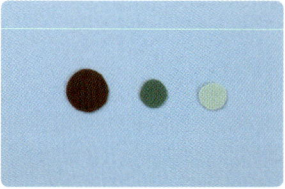

24 갈색 원 5개, 초록색 원 16개, 연초록색 원 8개를 잘라줍니다.

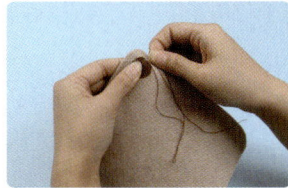

25 2mm 펠트지 위에 큰 원을 놓고 감침질을 해줍니다.

26 나머지 원도 위치에 놓고 감침질을 하고 마무리 해줍니다.

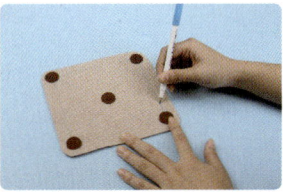

27 원과 원 사이에 기화성펜으로 선을 그려줍니다.

28 처음 시작점 위치를 기화성펜으로 그려 표시합니다.

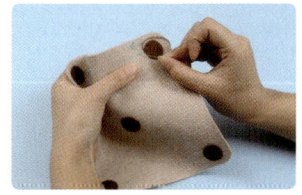

29 그려준 선을 따라 박음질로 바느질합니다.

30 박음질을 할 때는 빈 공간이 생기지 않게 합니다.

31 박음실을 어느 성노 신행한 모습입니다. 이와 같은 방법으로 윷판의 모서리 원을 끝까지 박음질을 해줍니다.

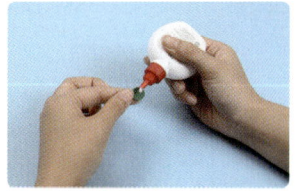

32 윷판을 상식할 원형 부늬를 오공본드를 발라 펠트지에 붙여줍니다.

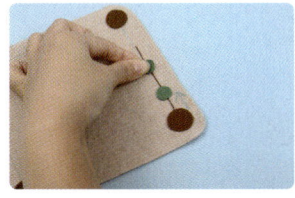

33 바깥쪽 초록 원 16개, 안쪽 민트 원 8개를 풀칠해 윷판용 펠트지에 붙여줍니다.

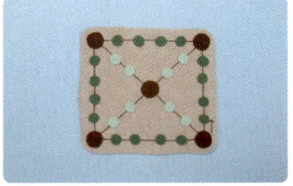

34 윷놀이 판을 완성한 모습입니다.

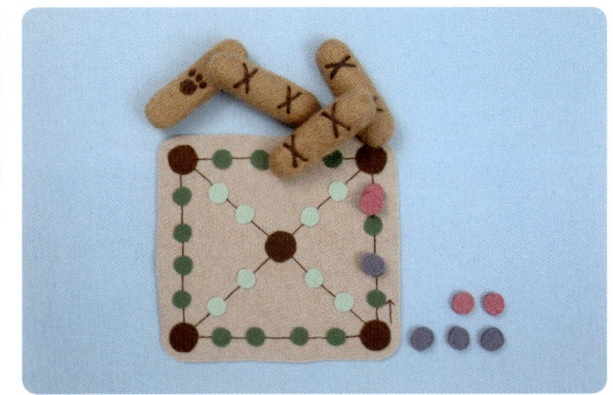

35 이렇게 해서 윷과 윷놀이 판을 모두 완성하였습니다.
※윷 실물 도안은 103쪽에 있습니다.

09 음감을 키우는

분홍 곰 딸랑이

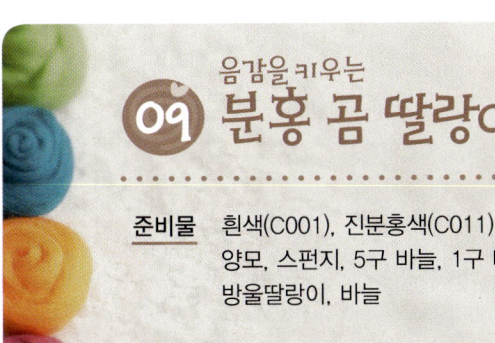

09 음감을 키우는
분홍 곰 딸랑이

준비물 흰색(C001), 진분홍색(C011), 분홍색(C013), 검은색(C040) 양모, 스펀지, 5구 바늘, 1구 바늘, 가위, 투명 실, 레이스, 방울딸랑이, 바늘

★ 예상 재료비: 6,000원 ★ 예상 제작 시간: 1시간 30분 ★ 완제품 예상가: 1만 5,000원

✽ 얼굴 만들기

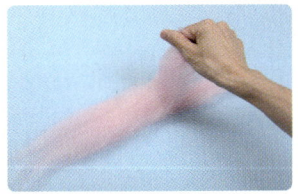

01 적당량의 분홍색(C013) 양모를 뽑아 계단식으로 쌓아줍니다.

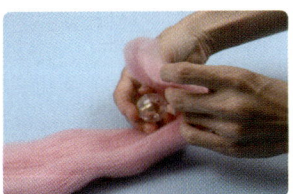

02 방울딸랑이를 양모 안에 넣고 양모를 돌돌 말아줍니다

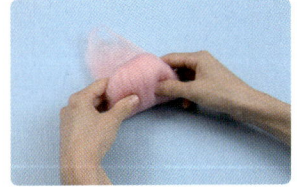

03 양모를 돌돌 말아줄 때 힘 있게 잡아당기면서 단단하게 뭉쳐주면 좀 더 빠르고 쉽게 양모를 뭉칠 수 있어요.

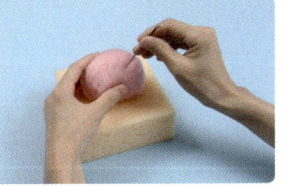

04 말아놓은 양모를 스펀지 위에 놓고 1구 바늘을 이용하여 말아놓은 양모가 풀리지 않도록 바늘로 찔러 고정시킵니다. 이때 바늘이 부러질 수 있으니 주의해서 살살 찔러주세요.

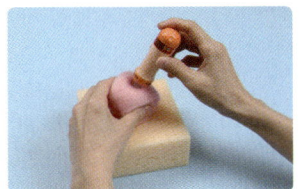

05 5구 바늘을 이용하여 양모를 굴려가며 찔러줍니다.

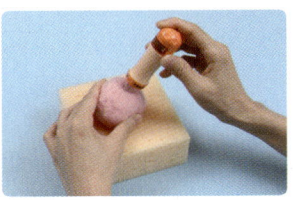

06 손으로 눌러도 들어가지 않을 정도로 단단한 공 모양이 되도록 양모를 굴려가며 모양을 잡아줍니다.

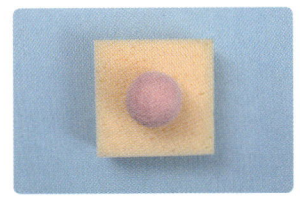

07 공 모양을 완성하였습니다.

❋ 귀 만들기

08 귀 부분에 사용할 적당량의 진분홍색(C011) 양모를 원 모양으로 말아줍니다.

09 말아 놓은 양모를 스펀지 위에 놓고 끝부분을 1구 바늘로 찔러 풀리지 않도록 고정합니다.

10 1구 바늘을 이용하여 골고루 찔러가며 반원 모양을 만들어 줍니다.

11 반대쪽 귀 부분도 같은 방법으로 만들어 줍니다.

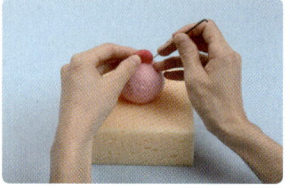

12 귀가 달릴 위치에, 만들어 놓은 귀를 1구 바늘로 깊게 찔러가며 고정시킵니다.

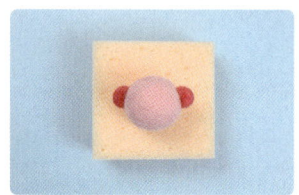

13 나머지 귀도 달아줍니다.

❋ 입과 코 표현하기

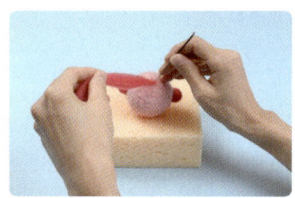

14 입을 표현하기 위해 진분홍색(C011) 양모를 뽑아 귀와 귀 사이의 얼굴 정면에 바늘을 이용해 고정합니다.

15 입체감이 살아나도록 직경 2cm, 높이 1.2cm 정도로 볼록하게 튀어나오도록 고정시켜 줍니다.

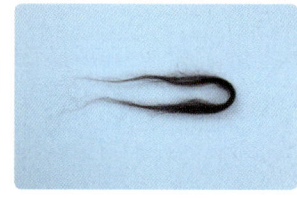

16 검은색(C040) 양모를 얇게 뽑습니다.

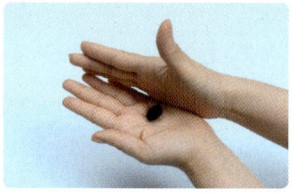

17 얇게 뽑은 검은색 양모를 손바닥에 올린 후 공 모양으로 비벼줍니다.

18 비벼준 양모를 1구 바늘로 찔러 반원 모양의 코를 만들어 고정시켜줍니다.

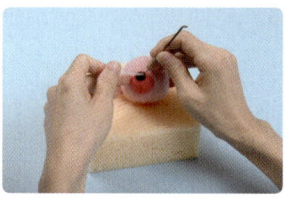

19 완성된 코의 오른쪽에 흰색(C001) 양모를 얇게 뽑아 1구 바늘로 고정시킵니다.

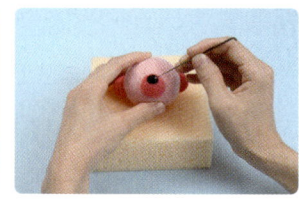

20 콧망울을 완성시킵니다.

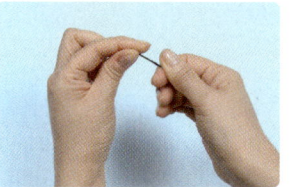

21 검은색(C040) 양모를 얇게 뽑아 손으로 비벼 입 모양을 표현할 라인을 만들어 줍니다.

22 왼쪽 부분에 1구 바늘을 이용하여 고정한 후 입 모양을 표현합니다.

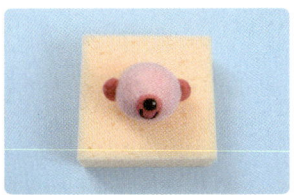

23 입 모양이 완성되었습니다.

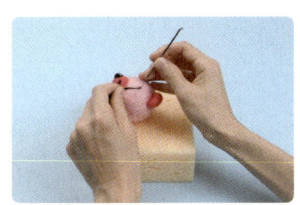

24 검은색(C040) 양모를 얇게 뽑아 눈이 될 부분에 놓고 1구 바늘로 찔러 눈을 만들어 줍니다.

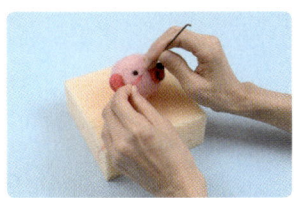

25 진분홍색(C011) 양모를 얇게 뽑아 눈 아랫부분에 고정시킵니다.

26 1구 바늘을 이용하여 볼터치 부분을 완성합니다.

27 얼굴 모양을 완성하였습니다.

✽ 손잡이 만들기

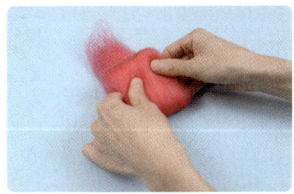

28 진분홍색(C011) 양모를 약 10㎝ 길이로 말아 뭉치기 쉽도록 가로 세로로 접어 줍니다.

29 말아놓은 양모의 끝부분을 1구 바늘을 이용하여 풀리지 않도록 찔러 고정시킵니다.

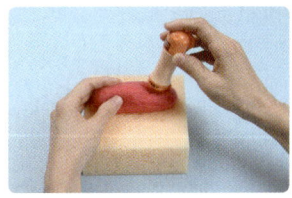

30 5구 바늘을 이용하여 양모 넝어리를 손으로 돌려가며 찔러 단단하게 만듭니다.

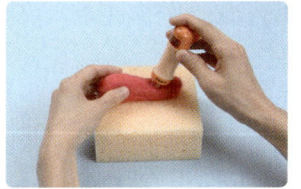

31 적당히 단단해지면 길이의 반 정누 부분을 더 찔러 두께를 더 얇게 만들어 줍니다.

✽ 손잡이와 얼굴 연결하기

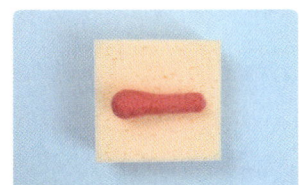

32 방망이 모양의 손잡이가 완성되었습니다.

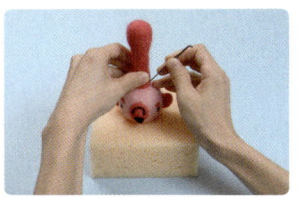

33 머리 아랫부분에 손잡이 부분의 가장자리를 돌려가며 1구 바늘로 깊이 찔러 고정시킵니다.

34 딸랑이의 손잡이와 머리가 연결되었습니다.

35 손잡이 연결 부분에 레이스를 겹치도록 둘러 끝부분을 잘라줍니다.

33 투명 실을 바늘에 꿰어 레이스를 꿰매줍니다.

34 매듭을 짓고 가위로 잘라 줍니다.

35 딸랑이가 완성되었습니다.

다른 딸랑이를 만들어 보세요!
색과 얼굴 모습을 달리하면 여러 가지 모양의 동물 딸랑이를 만들 수 있습니다.

응용작품

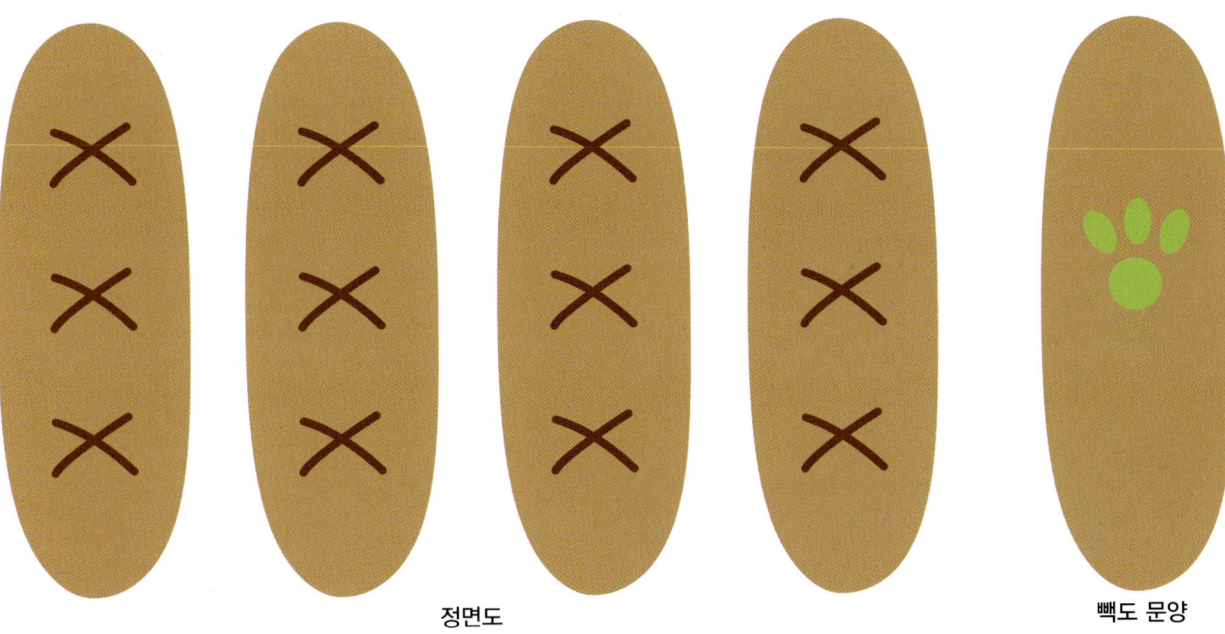

정면도   뺙도 문양

정면도   측면도

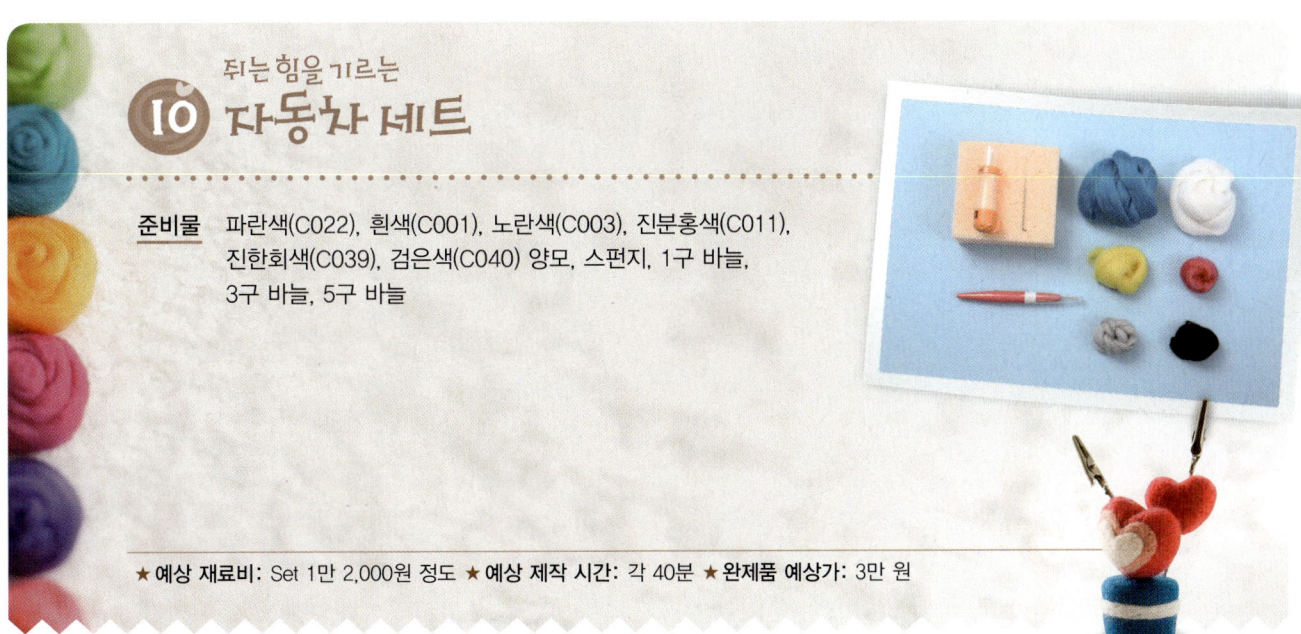

준비물 파란색(C022), 흰색(C001), 노란색(C003), 진분홍색(C011),
진한회색(C039), 검은색(C040) 양모, 스펀지, 1구 바늘,
3구 바늘, 5구 바늘

★ **예상 재료비:** Set 1만 2,000원 정도 ★ **예상 제작 시간:** 각 40분 ★ **완제품 예상가:** 3만 원

✳ 자동차 본체 만들기

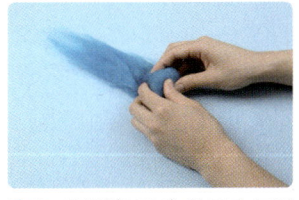

01 파란색(C022) 양모를 도안의 자동차 크기에 맞게 준비하여 손으로 뜯어 계단식으로 올려준 후 둥글게 말아줍니다.

02 한 손은 둥글게 말아준 양모를 잡고, 남은 한 손으로 1구 바늘을 사용해서 양모를 찔러 공 모양으로 고정시켜 줍니다.

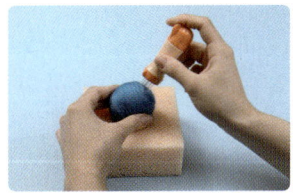

03 1구 바늘로 찔러 어느 정도 공 모양이 만들어지면 5구 바늘로 표면을 고르게 정리해 줍니다.

04 3구 바늘을 사용해서 도안대로 자동차의 모양을 둥글게 잡아줍니다.

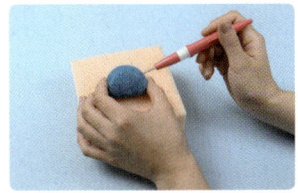

05 3구 바늘을 이용해 모양을 단단히 잡아줍니다.

06 1구 바늘을 사용해서 꼼꼼하게 형태를 잡아줍니다.

07 도안을 참고하여 자동차의 형태를 완성합니다.

✿ 자동차 창문 만들기

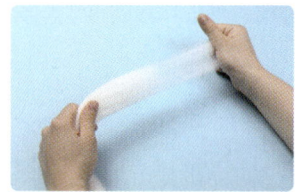

08 창문을 만들 수 있도록 적당량의 흰색(C001) 양모를 창문 도안의 넓이보다 조금 크게 뜯어줍니다.

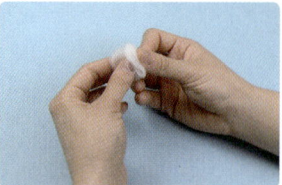

09 양모를 창틀에 붙이기 좋게 네모난 모양으로 접어 뭉쳐줍니다.

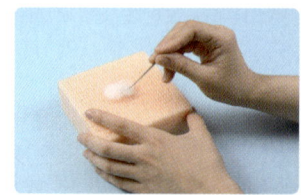

10 1구 바늘로 양모를 찔러 창문의 네모난 형태로 만듭니다.

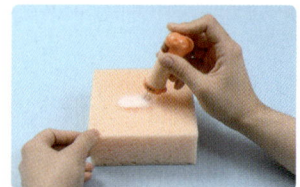

11 창문에 붙일 모양이 어느 정도 완성되면 5구 바늘을 사용해서 표면을 고르게 정리해 줍니다.

12 1구 바늘로 창의 모양을 잡아준 흰색 양모를 자동차 앞쪽 유리창을 만들 곳에 고정시켜 줍니다.

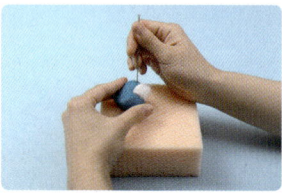

13 어느 정도 고정이 되면 1구 바늘을 사용해서 모양을 잡아줍니다.

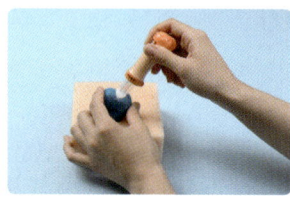

14 5구 바늘로 고르게 면을 마무리한 후 뒤쪽 창도 같은 방법으로 만들어 줍니다.

15 흰색 양모를 삼각형 형태로 만들어 줍니다.

16 같은 사이즈로 4개를 만들어 줍니다.

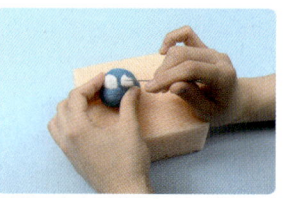

17 자동차 옆쪽에 창문 형태로 모양을 잡아줍니다.

18 1구 바늘을 사용해서 꼼꼼하게 창문 모양을 잡아줍니다. 반대편에도 창문을 고정시켜 줍니다.

✿ 자동차 바퀴와 범퍼 만들기

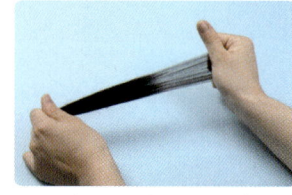

19 바퀴에 사용할 검은색(C040) 양모를 손으로 뜯어줍니다.

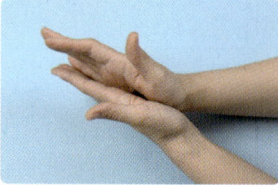

20 손바닥으로 비벼 동그랗게 뭉쳐줍니다. 같은 방법으로 같은 사이즈의 바퀴를 3개 더 비벼줍니다.

21 3구 바늘을 사용해서 바퀴의 원 형태를 잡아줍니다.

22 똑같은 크기로 모두 4개를 만들어 줍니다.

23 자동차의 앞 범퍼에 맞게 손으로 노란색(C003) 양모를 길게 뜯어 손으로 비벼 뭉칩니다.

24 3구 바늘로 골고루 찔러 길게 줄 모양으로 만듭니다.

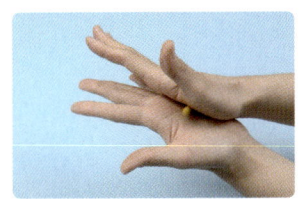

25 손바닥을 비벼 양모들이 뭉치도록 다시 한 번 형태를 정리해 줍니다.

26 자동차 앞뒤의 범퍼에 달수 있도록 같은 사이즈로 2개를 만듭니다.

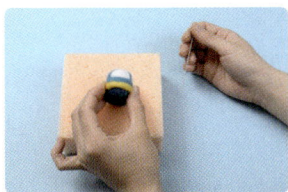

27 자동차 앞쪽 범퍼의 위치를 잡아줍니다.

28 1구 바늘을 사용해서 범퍼 자리에 고정하고 마무리 합니다.

29 앞뒤 범퍼의 위치에 똑같이 붙여 앞뒤 범퍼를 완성한 모습입니다.

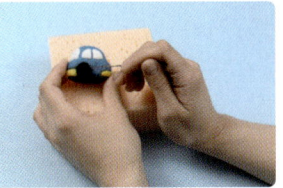

30 검은 양모를 둥글게 뭉쳐 바퀴를 붙일 위치를 잡아 1구로 찔러 바퀴 모양을 잡아줍니다.

31 모양이 예쁘게 나오도록 1구 바늘을 사용해서 꼼꼼하게 박아줍니다.

32 같은 방법으로 바퀴 4개를 고정시켜 줍니다.

33 타이어의 휠 모양을 표현하기 위해 진한회색(C039) 양모를 소량만 뜯어줍니다.

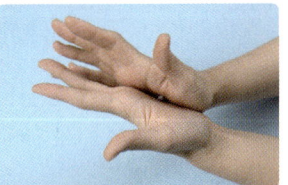

34 손바닥으로 비벼 모양을 잡아줍니다.

35 1구 바늘을 이용하여 검은 바퀴 안에 박아 휠의 모양을 고정시켜 줍니다.

36 같은 방법으로 양쪽의 휠을 모두 완성합니다.

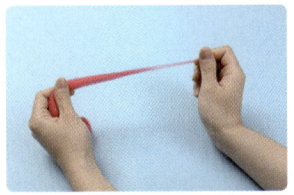

37 전조등을 표현할 진분홍색(C011) 양모를 소량 뜯어 손으로 비벼 공 모양으로 뭉쳐줍니다.

38 휠을 달아준 것과 같은 방법으로 앞쪽에 2개를 달아줍니다.

39 자동차를 완성하였습니다.

 **여러가지 자동차를 만들어 보세요!**
버스, 구급차, 소방차 등의 다양한 자동차를 만들어 보세요.

응용작품

측면도

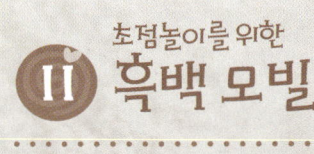

초점놀이를 위한
흑백 모빌

준비물 흰색(C001), 검은색(C040) 양모, 스펀지, 5구 바늘, 1구 바늘, 가위, 투명 실, 돗바늘, 모빌대, 모빌대걸이, 수성펜

★ **예상 재료비**: 1만 원 ★ **예상 제작 시간**: 3시간 ★ **완제품 예상가**: 3만 원

✽ 공 모양 모빌 만들기

01 공 모양을 만들기 위해 적당한 양의 흰색(C001) 양모를 뽑아 게딘식으로 쌓아줍니다.

02 양모를 동그랗게 말아줍니다.

03 동그랗게 말아놓은 양모를 스펀지 위에 놓고 1구 바늘을 이용히여 양고기 풀리지 않도록 고정시켜 줍니다.

04 5구 바늘을 이용하여 양모를 돌려가며 동그란 공 모양이 되도록 찔러줍니다.

05 동그란 공 모양이 완성되었습니다.

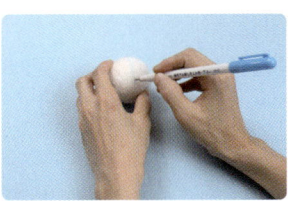

06 공 모양을 4등분하여 검정 양모를 덮기 편하게 수성펜으로 세로로 2등분한 선을 그려줍니다.

07 수성 펜으로 공을 가로로 2등분한 선도 그려줍니다.

08 1구 바늘로 십자로 그어진 수성 펜의 가운데 부분을 검은색(C040) 양모로 찔러줍니다.

09 검은색 양모를 1구 바늘로 찔러 흰색이 보이지 않게 나머지 면을 모두 메워줍니다.

10 십자로 그어진 맞은편 면도 같은 방법으로 검은색 양모로 덮어 메워줍니다.

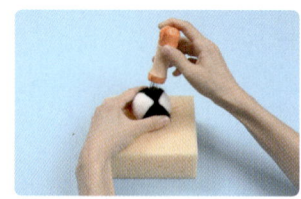

11 5구 바늘을 이용하여 좀 더 단단하게 찔러주어 흑백 모빌의 무늬를 다듬어 줍니다.

12 맞닿은 꼭지 부분을 검은색 양모를 얇게 뽑아 동그랗게 찔러 작은 원 모양의 무늬를 만들어 줍니다.

13 1구 바늘을 이용해 검은색 원 모양을 만들고 있습니다.

14 흰색 양모(C001)를 얇게 뽑아 원 모양 주변을 찔러가며 하얀 테두리를 만들어 줍니다.

15 흑백모빌 중 동그란 흰 공 모양이 완성되었습니다.

✽ 정사각형 모빌 만들기

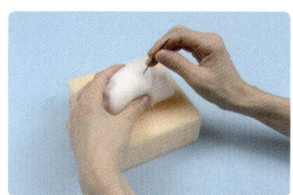

16 흰색(C001) 양모를 동그랗게 말아 스펀지 위에 놓고 1구 바늘을 이용하여 양모가 풀리지 않도록 고정시켜 줍니다.

17 1구 바늘을 이용하여 동그랗게 말아놓은 양모의 양쪽 옆을 반듯하게 찔러 원통 모양을 만들어 줍니다.

18 5구 바늘을 이용하여 양모를 돌려가며 좀 더 단단한 모양이 되도록 찔러줍니다.

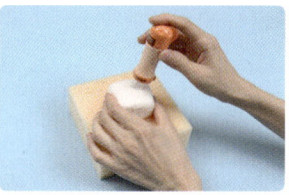

19 원통 모양이 정사각형이 되도록 5구 바늘을 이용하여 한쪽 면을 평평하게 모양을 잡아줍니다.

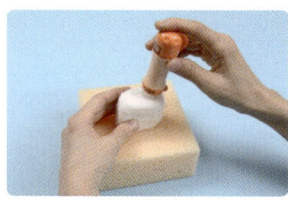

20 다른 면들도 5구 바늘을 이용하여 정사각형의 상자 모양이 되도록 모양을 잡아줍니다.

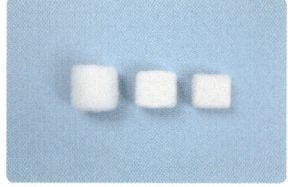

21 양모의 정사각형 모양이 단단해지면서 완성되어 가는 과정을 단계별로 보여주는 모습입니다.

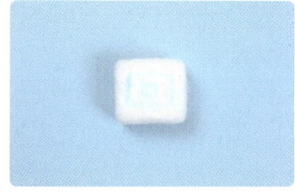

22 정사각형이 완성되면 기화성펜을 이용하여 사각형 면 안에 사각형을 '回'모양으로 그려줍니다.

23 1구 바늘로 사각형 중간 부분을 검은색 양모를 찔러 메워줍니다. 흑백모빌에 달아줄 흰색의 정사각형 모양이 완성되었습니다.

✽ 원형 모빌 만들기

24 흰색(C001) 양모를 동그랗게 말아줍니다.

25 동그랗게 말아놓은 양모를 스펀지 위에 놓고 1구 바늘을 이용하여 양모가 풀리지 않도록 고정시켜 줍니다.

26 5구 바늘을 이용하여 양모를 돌려가며 좀 더 단단한 모양이 되도록 찔러줍니다.

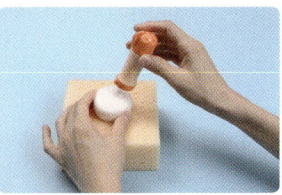

27 5구 바늘을 이용하여 원통 모양이 되도록 모양을 잡아줍니다. 윗부분이 평평하고 단단하게 되도록 5구 바늘로 찔러줍니다.

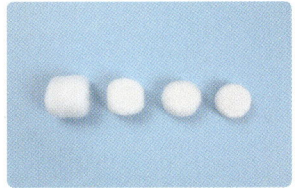

28 양모의 원 모양을 만드는 과정 모습입니다. 원통 모양에서 조금씩 단단해진 원을 만든 후 윗부분을 평평하게 만들면 됩니다.

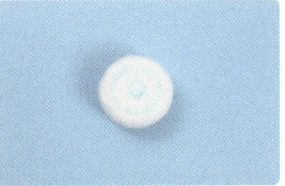

29 수성 펜을 이용하여 동그란 원을 두 개 그려 검은색의 띠를 올려줍니다.

30 1구 바늘로 그려진 원의 중간 부분을 검은색(C040) 양모를 찔러 메워줍니다.

31 검은색 양모를 얇게 뽑아 1구 바늘을 이용하여 가운데 부분에 작은 점을 하나 만들어 줍니다. 흑백모빌의 흰색 원 모양이 완성되었습니다.

✽ 마름모 모빌 만들기

32 검은색 양모(C040)를 동그랗게 말아줍니다.

33 동그랗게 말아놓은 양모를 스펀지 위에 놓고 1구 바늘을 이용하여 양모가 풀리지 않도록 고정시켜 줍니다.

34 5구 바늘을 이용하여 양모를 돌려가며 납작한 네모 모양이 되도록 찔러줍니다.

35 1구 바늘로 네모 모양의 옆선 부분이 평평하게 되도록 찔러 모양을 잡아줍니다.

36 윗면이 평평하고 단단하게 되도록 5구 바늘로 찔러줍니다.

37 좀 더 단단한 마름모 모양을 만들어 줍니다.

38 마름모 모양으로 만드는 과정입니다.

39 흰색(C001) 양모를 얇게 뽑아 1구 바늘을 이용하여 평평한 면 위에 작은 마름모 모양의 무늬를 만들어 줍니다.

40 하얀 마름모 모양을 1구 바늘로 깨끗하게 다듬어줍니다.

41 1구 바늘을 이용하여 나머지 작은 하얀 마름모 모양의 무늬도 만들어 줍니다.

42 흰색 양모를 얇게 뽑아 1구 바늘을 이용하여 사진처럼 하얀 점을 만들어 줍니다.

43 반대쪽도 하얀 점을 만들어주어 흑백모빌의 검은색의 마름모 모양의 무늬를 완성시킵니다.

✽ 삼각형 모빌 만들기

44 검은색(C040) 양모를 동그랗게 말아줍니다.

45 동그랗게 말아놓은 양모를 스펀지 위에 놓고 1구 바늘을 이용하여 양모가 풀리지 않도록 고정시켜 줍니다.

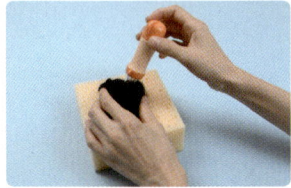

46 5구 바늘을 이용하여 양모를 돌려가며 단단한 모양이 되도록 찔러줍니다.

47 삼각형 모양이 되도록 모양을 잡아주면서 5구 바늘로 찔러 모양을 잡아줍니다.

48 모양을 세워 옆선 부분도 평평하고 단단하게 되도록 5구 바늘로 찔러줍니다.

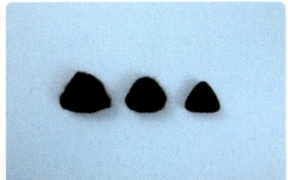

49 검은색 양모가 단단해지면서 세모 모양으로 만들어지는 과정입니다.

50 흰색(C001) 양모를 얇게 뽑아 1구 바늘을 이용하여 평평한 면 위에 작은 삼각형 모양의 무늬를 만들어 줍니다.

51 흰 삼각형을 완성하였습니다.

52 흰 삼각형의 무늬 안에 검은색 양모를 얇게 뽑아 작은 삼각형의 무늬를 만들어 줍니다.

53 흑백 모빌의 삼각형 모양이 완성되었습니다.

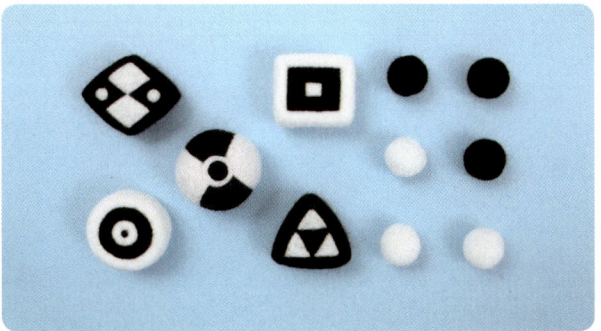

54 흑백 모빌은 5가지 모양과 흰색 공 6개, 검은색 공 6개가 필요합니다.

✳ 모빌 달아 완성하기

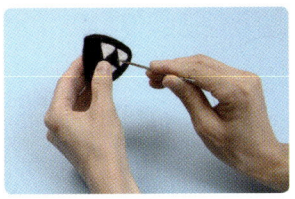

55 돗바늘에 투명 실을 끼워 매듭을 묶고 완성된 모빌의 각 모양과 공을 연결합니다.

55 실로 연결한 모빌들을 모빌대에 매달아 모빌을 완성시킵니다.

흑백 모빌 실물 도안

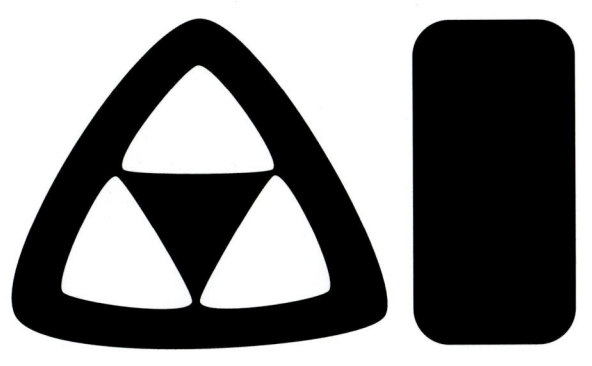

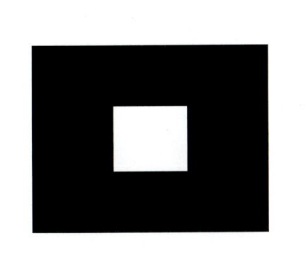

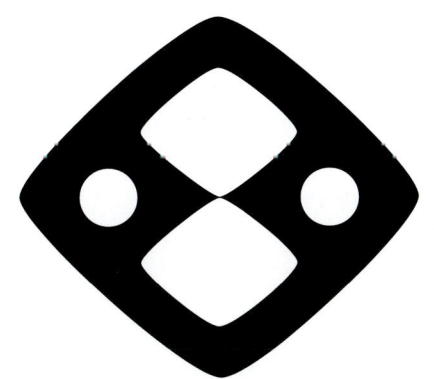

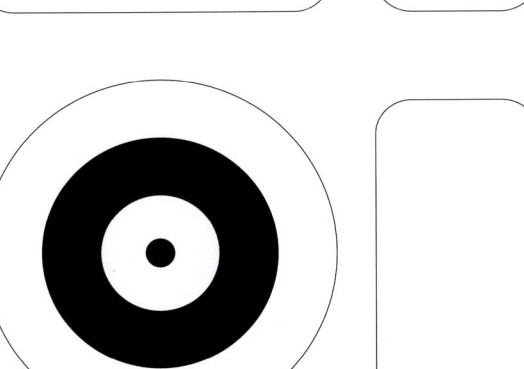

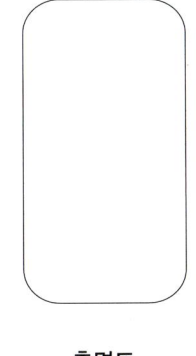

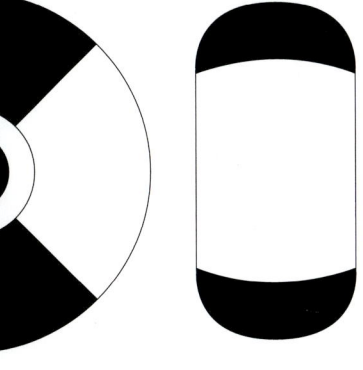

정면도　　　　측면도　　　　정면도　　　　측면도

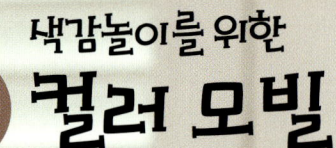

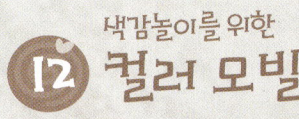
색감놀이를 위한
12 컬러 모빌

준비물 짙은하늘파란색(C020), 연두색(C028), 빨간색(C007), 노란색(C003), 밤색(C032), 흰색(C001), 밝은주황색(C005) 양모, 스펀지, 5구 바늘, 1구 바늘, 가위, 투명 실, 돗바늘, 원형 리스 틀, 마끈

★ 예상 재료비: 1만 2,000원 ★ 예상 제작 시간: 3시간 ★ 완제품 예상가: 3만 5,000원

✳ 오리 모양 모빌 만들기

01 적당량의 노란색(C003) 양모를 뽑아줍니다.

02 양모를 동그랗게 말아줍니다.

03 동그랗게 말아놓은 양모를 스펀지 위에 놓고 1구 바늘을 이용하여 양모가 풀리지 않도록 고정시켜 줍니다.

04 5구 바늘을 이용하여 양모를 돌려가며 찔러줍니다.

05 동그란 공 모양이 되도록 찔러줍니다.

06 동그란 공 모양이 완성되었습니다.

07 밤색(C032) 양모를 얇게 뽑아 눈 위에 놓고 1구 바늘로 고정시켜줍니다.

08 1구 바늘로 찔러가며 눈 모양을 만들어 줍니다.

09 나머지 눈도 만들어 줍니다.

10 입 부분의 밝은주황색(C005) 양모 양입니다.

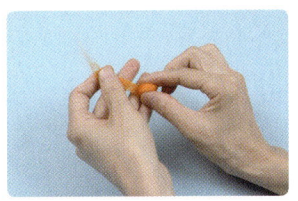
11 밝은주황색 양모를 약 1cm 길이로 동그랗게 말아 줍니다.

12 말아놓은 양모를 스펀지 위에 놓고 1구 바늘로 찔러줍니다.

13 1구 바늘로 찔러가며 오리의 입 모양을 만들어 줍니다.

14 완성된 오리의 입 모양입니다.

15 만들어진 오리의 입을 1구 바늘을 이용해 얼굴 부분에 연결시켜줍니다.

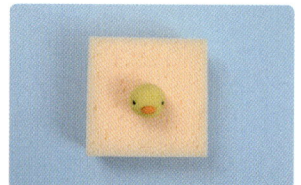

16 완성된 오리의 얼굴입니다.

17 1번에서 6번과 같은 방법으로 동그란 공을 1개 더 만든 후 윗부분을 5구 바늘을 이용하여 평평하게 더 찔러줍니다.

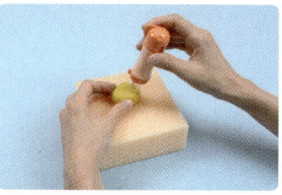

18 반원 모양이 되도록 찔러 줍니다.

19 오리의 몸통 부분 완성입니다.

20 도안을 참고하여 적당한 분량의 노란색 양모를 동그랗게 말아줍니다.

21 1구 바늘을 이용하여 동그랗게 굴려가며 골고루 찔러줍니다.

22 단단하게 될 때까지 1구 바늘로 찔러주며 모양을 만들어 줍니다.

23 노란색 양모 공을 완성하였습니다. 나머지 색깔의 공도 완성시킵니다.

24 노란색 양모 공 2개, 밝은 주황색 양모 공 1개, 오리 얼굴과 몸통의 완성 사진입니다.

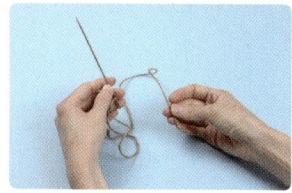

25 마 끈을 약 30~40㎝ 길이로 잘라 돗바늘에 꿰어 매듭을 짓습니다.

26 오리 몸통의 평평한 부분부터 바늘에 꿰어줍니다.

27 오리의 머리도 몸통에 붙게 바짝 마 끈을 꿰어줍니다.

28 노란색 양모 공, 밝은주황색 양모 공, 노란색 양모 공의 순서로 마 끈에 꿰어줍니다.

✽ 구름 모빌 만들기

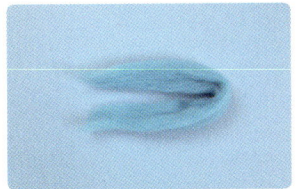

29 구름을 만들 적당한 양의 짙은하늘파란색(C020) 양모를 준비합니다.

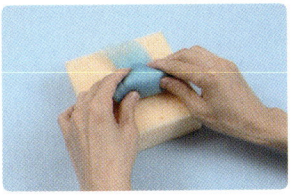

30 양모를 동그랗게 말아줍니다.

31 동그랗게 말아놓은 양모를 스펀지 위에 놓고 1구 바늘을 이용하여 양모가 풀리지 않도록 고정시켜 줍니다.

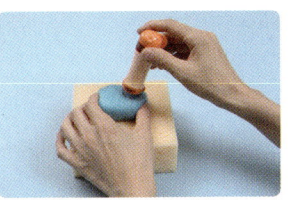

32 5구 바늘을 이용하여 양모를 타원형으로 만들어 가면서 골고루 찔러줍니다.

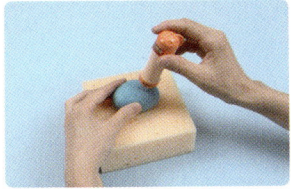

33 단단해질 때까지 5구 바늘을 이용해 찔러줍니다.

34 타원형의 구름 모양처럼 도안대로 3분의 1지점에 1구 바늘을 이용하여 깊게 찔러줍니다.

35 같은 방법으로 1구 바늘을 이용하여 깊게 찔러 구름 모양을 잡아갑니다.

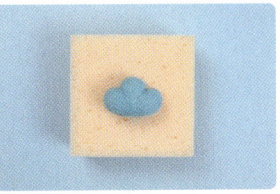

36 구름의 볼록한 부분을 동그란 모양이 되도록 1구 바늘로 다듬어 구름 모양을 완성합니다.

37 도안의 크기를 참고하여 짙은하늘파란색 양모를 동그랗게 말아줍니다.

38 1구 바늘을 이용하여 동그랗게 굴려가며 단단하게 될 때까지 골고루 찔러줍니다.

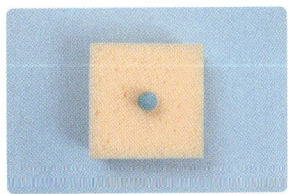

39 짙은하늘파란색 양모 공을 완성하였습니다.

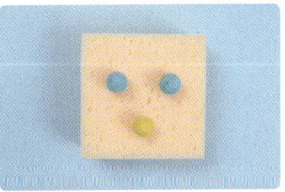

40 같은 방법으로 짙은하늘파란색 양모 공 2개, 노란색 양모 공 1개를 완성합니다.

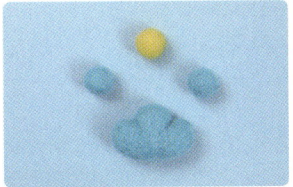

41 짙은하늘파란색 양모 공 2개, 노란색 양모 공 1개, 짙은하늘파란색 구름을 완성하였습니다.

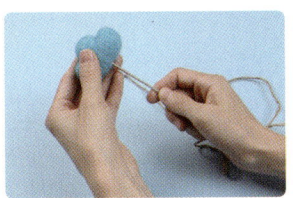

42 마 끈을 약 30~40㎝ 길이로 잘라 돗바늘에 꿰어 매듭을 짓고 구름을 꿰어줍니다.

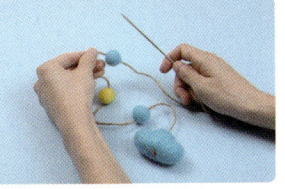

43 구름, 짙은하늘파란색 양모 공, 노란색 양모 공, 짙은하늘파란색 양모 공의 순서로 마 끈에 꿰어줍니다.

✿ 집 모빌 만들기

44 도안을 참고하여 적당한 분량의 흰색(C001) 양모를 동그랗게 말아줍니다.

45 동그랗게 말아놓은 양모를 스펀지 위에 놓고 1구 바늘을 이용하여 양모가 풀리지 않도록 고정시켜 줍니다.

46 5구 바늘을 이용하여 원통형으로 만들면서 골고루 찔러줍니다.

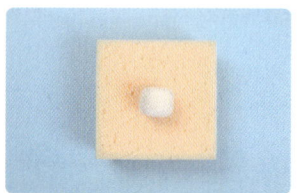

47 단단해질 때까지 찔러 원통 모양을 완성합니다.

48 연두색(C028) 양모를 얇게 뽑아 문을 만들 위치에 놓고 1구 바늘로 고정시킵니다.

49 도안을 참고하여 1구 바늘로 찔러 문 모양을 만듭니다.

50 문 모양의 가장자리 부분을 1구 바늘로 깊게 찔러가며 다듬어 집의 아랫부분을 완성합니다.

51 도안을 참고하여 빨간색(C007) 양모를 동그랗게 말아줍니다.

52 동그랗게 말아놓은 양모를 스펀지 위에 놓고 1구 바늘을 이용하여 양모가 풀리지 않도록 고정시켜 줍니다.

53 5구 바늘을 이용하여 양모를 돌려가며 원통형이 되도록 골고루 찔러줍니다.

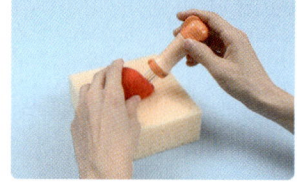

54 양모를 돌려가며 한쪽 부분을 계속 찔러주면서 삼각뿔 모양을 만들어 줍니다.

55 1구 바늘을 이용하여 표면을 좀 더 매끈하게 다듬어 줍니다.

56 모양이 점점 단단해지면서 변형되는 과정입니다.

57 각각의 모습을 완성하였습니다.

58 1구 바늘을 이용하여 연결 부위를 깊숙이 찔러 지붕을 연결시켜 줍니다.

59 완성된 집의 모습입니다.

60 도안을 참고하여 빨간색 (C007) 양모 공에 알맞은 양모를 준비하여 동그랗게 말아줍니다.

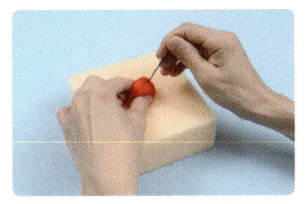

61 1구 바늘을 이용하여 동그랗게 굴려가며 골고루 찔러줍니다.

62 같은 방법으로 빨간색 양모 공 2개, 연두색 양모 공 1개를 완성시킵니다.

63 빨간색 양모 공 2개, 연두색 양모 공 1개, 집 모양을 완성하였습니다.

64 마 끈을 약 30~40㎝ 길이로 잘라 돗바늘에 꿰어 매듭을 진 후 집 모양을 꿰어줍니다.

65 집 모양, 빨간색 양모 공, 연두색 양모 공, 빨간색 양모 공의 순서로 마 끈에 꿰어줍니다.

❋ 나무 모빌 만들기

66 나무 크기에 맞는 양의 연두색(C028) 양모를 동그랗게 말아줍니다.

67 동그랗게 말아놓은 양모를 스펀지 위에 놓고 1구 바늘을 이용하여 양모가 풀리지 않도록 고정시킨 후 가로 넓이의 3분의 1 정도를 접습니다.

68 나머지 3분의 1도 접어줍니다.

69 1구 바늘로 양모가 풀리지 않도록 찔러서 고정시켜줍니다.

70 5구 바늘을 이용하여 양모를 돌려가며 골고루 찔러줍니다.

71 나무의 꼭지 부분을 손으로 꼬아 뾰족하게 모양을 잡아줍니다.

72 풍성한 가지의 모습을 원추형 모양으로 표현해 줍니다.

73 나무 기둥 분량의 밤색(C032) 양모를 준비하여 동그랗게 말아줍니다.

74 1구 바늘로 양모가 풀리지 않도록 찔러서 고정시켜 줍니다.

75 1구 바늘로 양모 덩어리를 굴려가며 나무 기둥 모양을 만들어 줍니다.

76 나무의 줄기를 두껍게, 가늘게 등 여러 가지 모습으로 표현해 줍니다.

77 1구 바늘을 이용하여 완성된 나무의 기둥과 잎 부분을 깊숙이 찔러가며 고정시킵니다.

78 밤색(C032) 양모를 얇게 뽑아줍니다.

79 1구 바늘을 이용하여 얇게 뽑은 밤색 양모를 꼬아가면서 나뭇가지 모양을 만들어 줍니다.

80 나무 모양이 완성되었습니다.

81 공 만드는 방법을 이용하여 연두색 양모 공 2개, 밝은주황색 양모 공 1개도 더 만들어 나무 모양을 완성한 모습입니다.

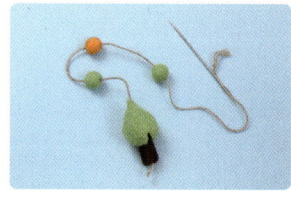

82 마 끈을 약 30~40㎝ 길이로 잘라 돗바늘에 꿰어 매듭을 진 후, 나무를 먼저 꿰고 연두색 양모 공, 밝은 주황색 양모 공, 연두색 양모 공의 순서로 마 끈에 꿰어줍니다.

❋ 모빌 완성하기

83 완성된 각각의 오리, 나무, 구름, 집모양 모빌입니다.

84 각각의 모빌을 리스에 매달아 완성시킵니다.

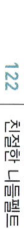

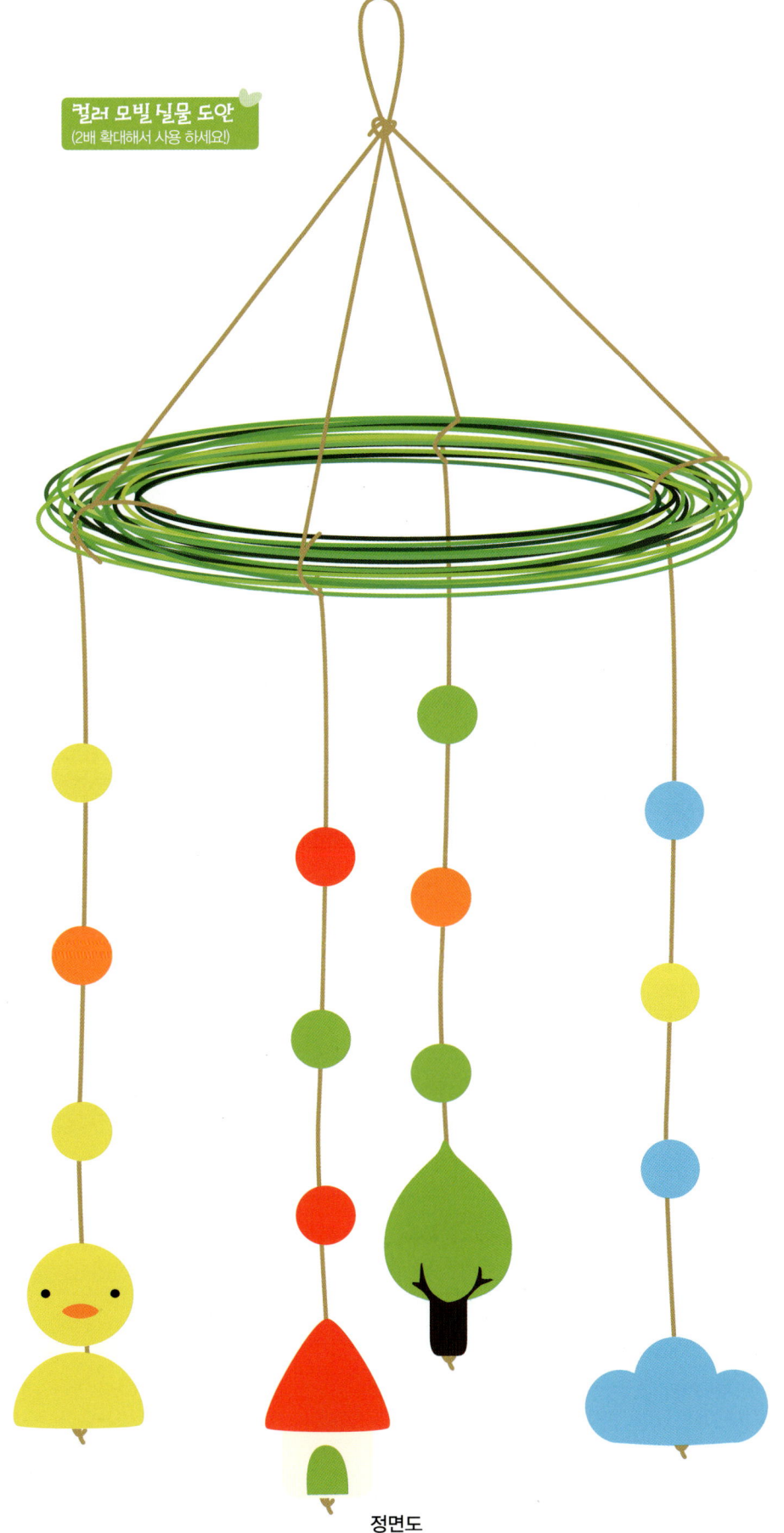

정면도

촉감을 키우는
13 공 네트

준비물 흰색(C001), 진한밤색(C031), 청록색(C025), 연두색(C028),
연노란색(CO02), 밝은주황색(CO05), 빨간색(CO07), 분홍색(CO13),
짙은하늘파란색(CO20), 짙은파란색(CO23), 초록색(CO27),
노란갈색(CO34), 검은색(CO40) 양모, 스펀지, 1구 바늘,
3구 바늘, 5구 바늘, 가위, 빨간색 펠트 실

★ 예상 재료비: 9,000원 ★ 예상 제작 시간: 2시간 30분 ★ 완제품 예상가: 3만 원

✽ 기본 공 모양 만들기

01 흰색(C001) 양모를 손으로 동그랗게 말아 뭉칩니다.

02 1구 바늘을 사용해서 굴려가며 공 형태를 만들어 줍니다.

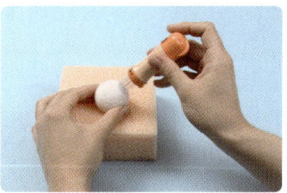

03 공이 어느 정도 단단해지면 5구 바늘로 표면을 매끄럽게 정리해주고 단단한 원을 만들어 줍니다.

04 단단한 흰색 공을 만들어 줍니다. 같은 방법으로 흰색 공(야구공, 축구공, 비치볼)을 3개 만들고, 밝은주황색 공(농구공)을 하나 더 만들어 줍니다.

✽ 농구공 만들기

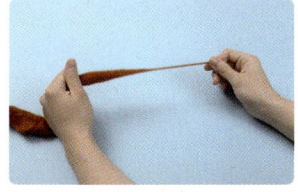

05 농구공의 띠에 사용할 노란갈색(C034) 양모를 손으로 잡아당겨 얇게 뽑아줍니다.

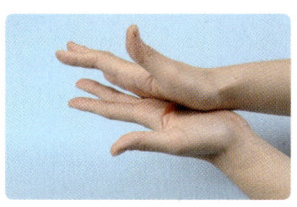

06 뭉쳐지도록 손바닥을 이용해서 비벼줍니다.

Tip

손바닥으로 비벼도 잘 뭉쳐지지 않을 경우?
건조해서 잘 비벼지지 않을 때는 분무기로 물을 살짝 뿌려주면 훨씬 잘 뭉쳐집니다.

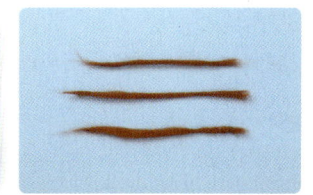

07 같은 방법으로 모두 3줄을 손바닥으로 뭉쳐 준비합니다.

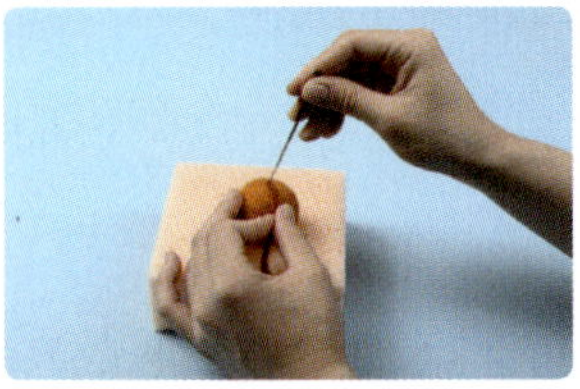

08 1구 바늘을 이용해서 밝은 주황색 공에 비벼놓은 양모를 빙 둘러 감아가면서 고정해 줍니다.

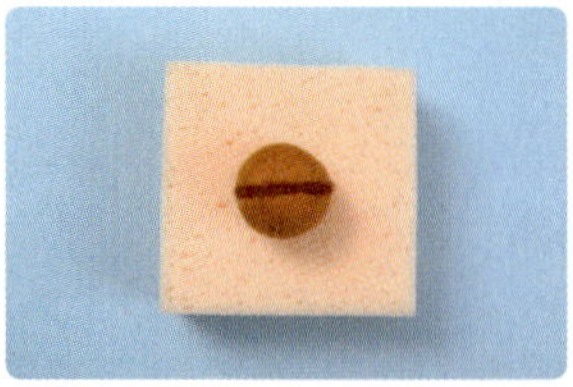

09 한 줄을 완성하였습니다.

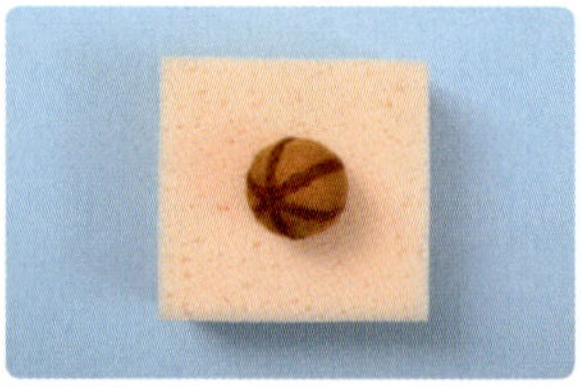

10 나머지 줄도 같은 방법으로 3줄을 모두 고정해주면 농구공 모양이 완성됩니다.

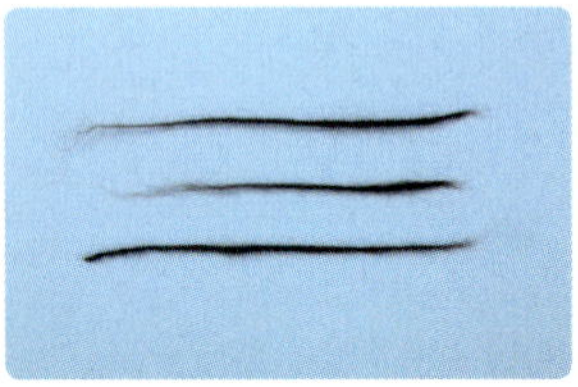

11 진한밤색(C031) 양모를 위와 같은 방법으로 얇게 만들어 줍니다.

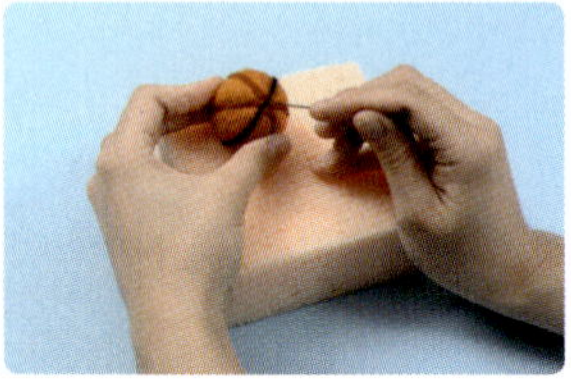

12 1구 바늘을 이용해서 노란 갈색 띠 위에 고정시켜 줍니다.

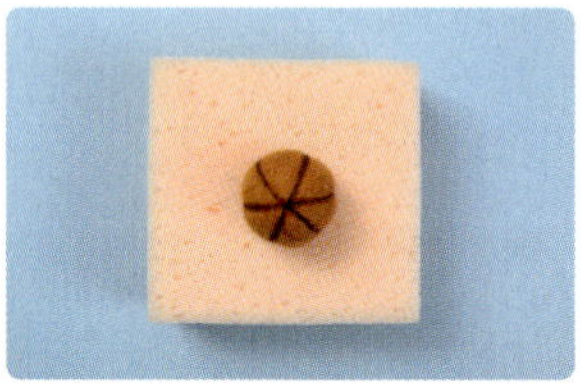

13 1구 바늘로 농구공의 줄 부분을 잘 다듬어 농구공을 완성합니다.

✻ 야구공 만들기

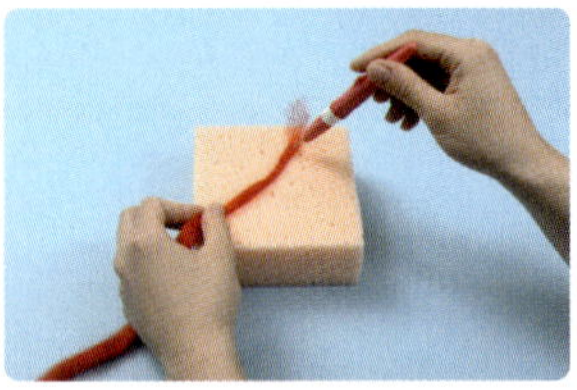

14 빨간색(C007) 양모를 길게 뜯어 3구 바늘을 이용해서 고정시켜 줍니다.

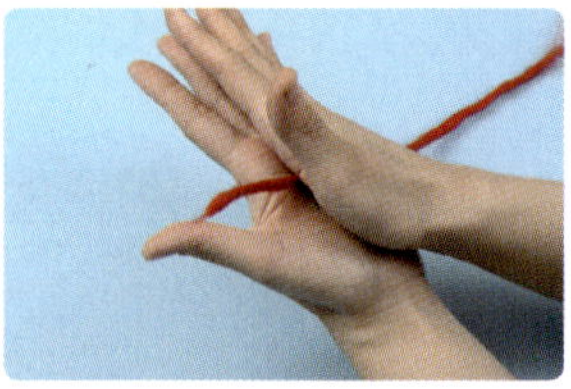

15 손바닥을 이용해서 띠로 만들어 줍니다.

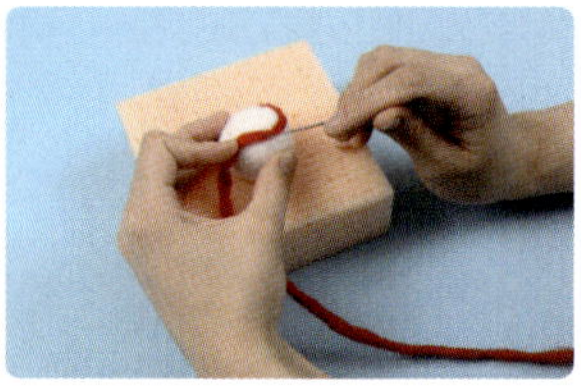

16 만들어 놓은 흰색 공 위에 1구 바늘을 이용해 고정시켜 줍니다.

Tip

야구공의 띠 모양을 예쁘게 표현하려면?

공에 띠 모양을 도안대로 수성펜으로 그려준 후, 스티치하면 야구공의 띠를 원하는 모양으로 예쁘게 표현할 수 있습니다.

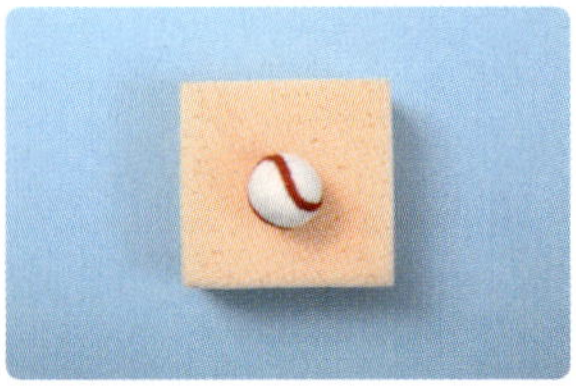

17 도안대로 야구공의 빨간 띠를 완성하였습니다.

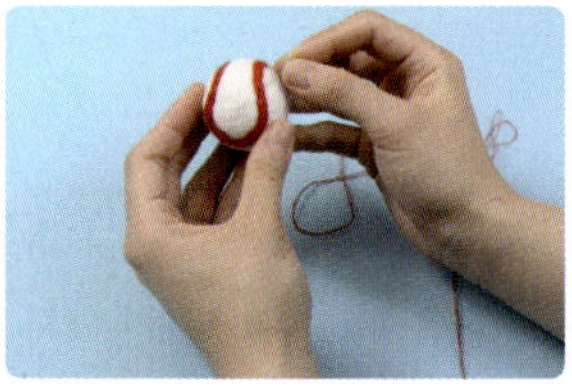

18 스티치를 시작하는 지점에서 바늘을 사선으로 찔러 약간 떨어진 곳으로 보냅니다.

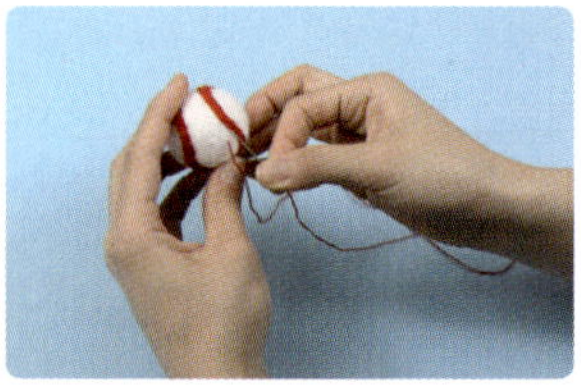

19 바늘을 빼고 다시 시작한 부분으로 되돌아가 바늘을 찔러줍니다.

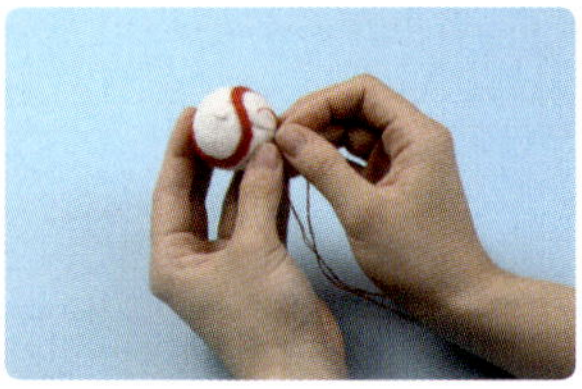

20 다시 반대편의 사선으로 바늘을 찔러줍니다.

21 야구공 느낌이 나도록 스티치를 반복해 줍니다.

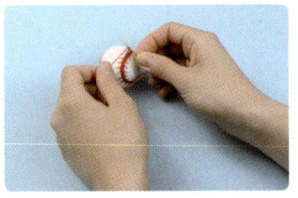

22 매듭을 짓기 위해 한 번 감아 걸어 줍니다.

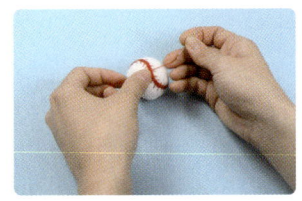

23 매듭을 묶어준 후 실을 당깁니다.

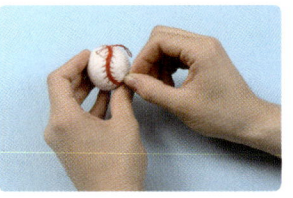

24 다시 한 번 옆으로 찔러 줍니다.

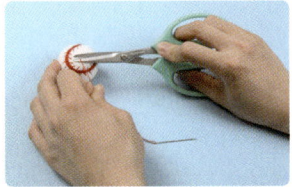

25 실을 당겨주면서 가위로 잘라줍니다.

26 야구공을 완성하였습니다.

Tip

가위로 실을 자를 때 당겨주는 이유

실을 당겨주면서 가위로 잘라주면 실이 공 안으로 들어가 매듭을 깔끔하게 처리할 수 있습니다.

✽ 비치볼 만들기

27 분홍색(C013) 양모를 약간만 뜯어 줍니다.

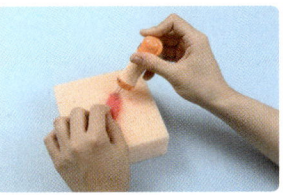

28 5구 바늘을 사용해서 유선형 모양을 잡아줍니다.

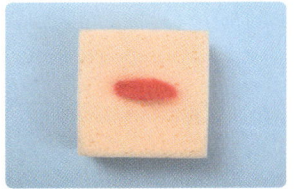

29 도안을 참고하여 비치볼 색띠를 완성합니다.

30 똑같은 방법으로 색상별로 만들어 줍니다.

31 1구 바늘을 사용해서 만들어 놓은 흰색 공 위에 색띠를 고정시키고 3구 바늘로 표면을 고르게 정리해 줍니다.

32 색상별로 돌아가면서 고정해줍니다.

33 비치볼의 색 띠를 완성하였습니다.

34 소량의 흰색 양모로 작은 원형 모양을 만들어 줍니다.

35 앞뒤에 붙일 2개를 만들어 줍니다.

36 색 띠 위에 깔끔하게 앞뒤로 고정해줍니다.

37 비치볼을 완성하였습니다.

✱ 축구공 만들기

38 검은색(C040) 양모를 소량 만 뜯어 3구 바늘을 이용해서 5각형 형태로 잡아줍니다.

39 5각형을 완성하였습니다. 만들어 놓은 5각형과 같은 크기의 5각형을 공의 크기에 맞춰 여러 개 만들어 줍니다.

40 1구 바늘을 사용해서 흰색 공 위에 고정시켜 줍니다.

41 검은색 양모를 얇게 뽑아 축구공의 5각형과 5각형을 이어주는 선을 만듭니다.

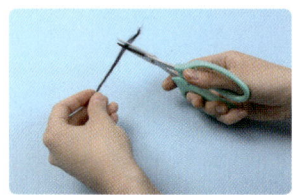

42 가위로 알맞은 길이로 잘라줍니다.

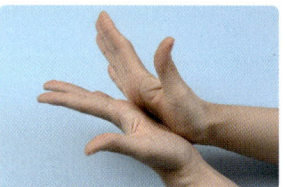

43 손바닥으로 비벼 뭉쳐줍니다.

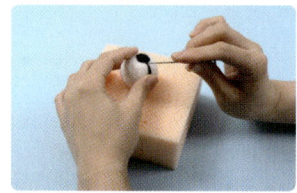

44 5각형의 모서리에 고정시켜 줍니다.

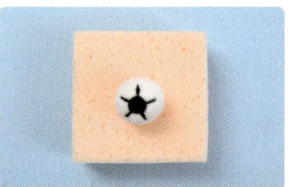

45 5각형에 각각의 연결선을 고정해준 모습입니다.

46 연결선에 다시 다른 5각형을 고정시켜 줍니다.

47 돌아가면서 연결선을 고정하는 작업을 반복해 줍니다.

Tip

5각형을 연결선에 고정할 경우 간격을 잘 맞추려면?
수성 펜으로 도안을 그려 넣은 후 5각형과 연결선을 고정하는 작업을 해줍니다. 그렇지 않고 작업을 하다보면 전체적인 비례가 맞지 않아 문양이 원하는 대로 나오지 않을 수 있답니다. 축구공은 5각형의 모양이 제대로 맞아야 예쁜 모양이 나옵니다.

48 축구공을 완성하였습니다.

49 공 세트를 완성한 모습입니다.

축구공

농구공

비치볼

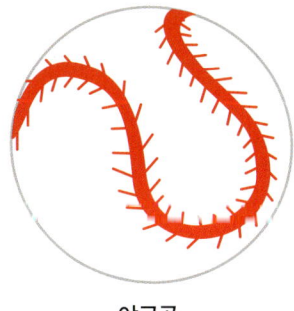

야구공

집중력이 쑥쑥!
14 낚시놀이 세트

준비물 진노란색(C004), 청록색(C025), 진분홍색(C011), 분홍색(C013),
밝은주황색(C005), 초록색(C027), 연두색(C028), 살구색(C037)
양모, 1구 바늘, 5구 바늘, 오링, 평펜치, 글루건, 자석, 인형눈

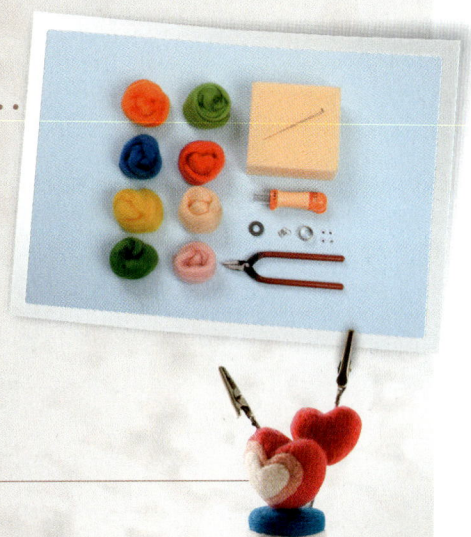

★ 예상 재료비: 1만 3,000원 ★ 예상 제작 시간: 3시간 ★ 완제품 예상가: 3만 원

✿ 불가사리 만들기

01 밝은주황색(C005) 양모를 뜯어 같은 분량의 양모로 5개의 밭을 준비합니다.

02 불가사리의 팔이 될 5개의 양모를 합쳐 1구 바늘을 이용해 가운데서 가볍게 엮어 줍니다.

03 불가사리의 가운데 부분을 덮어줄 양모를 뜯어 가운데 부분을 덧대어 줍니다.

04 모서리가 진 부분을 부드럽게 가다듬어 줍니다.

05 기본 불가사리가 완성되었습니다.

06 이 기본 불가사리에 진분홍색(C011) 양모를 붙여 볼터치를 만들어 줍니다.

07 불가사리의 볼터치가 완성되었습니다.

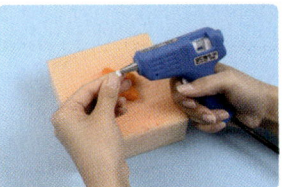

08 글루건을 이용해 불가사리의 볼터치 윗부분에 인형눈을 붙여 줍니다.

❋ 복어 만들기

09 청록색(C025) 양모를 뜯어 동그랗게 공 모양을 만들고 3구, 5구 바늘을 이용해 매끄럽게 표면을 만들어 줍니다.

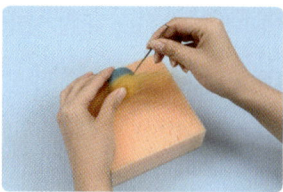

10 만들어진 청록색의 동그란 몸통에 진노란색(C004) 양모를 덧대어 펠팅을 해줍니다.

11 청록색 양모를 이용해 삼각형 모양으로 가슴지느러미를, 하트 모양으로 꼬리지느러미를, 밝은주황색으로 도톰한 입술을 만들어 줍니다.

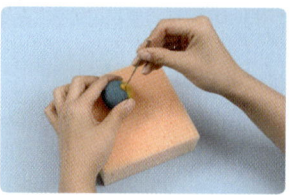

12 만들어 놓은 도톰한 입술을 몸통과 연결시켜 줍니다.

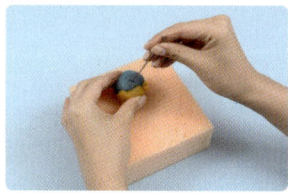

13 몸통 중간 부분에 가슴지느러미를 고정시켜 줍니다.

14 엉덩이 부분에 꼬리지느러미도 고정시켜 줍니다.

15 복어의 볼 부위에 진분홍색 양모를 덧대어 줍니다.

16 볼터치 위에 인형눈을 붙이고 복어의 머리 부분에 오링을 연결할 구멍을 뚫어줍니다.

17 평펜치를 이용해 오링을 끼워줍니다.

18 연결된 오링을 평펜치나 오링 반지를 이용해 닫아 줍니다.

19 오링을 연결해서 완성한 복어의 모습입니다.

응용작품

낚시놀이를 즐겨 보세요!

같은 방법으로 여러 가지 물고기를 만들고, 펠트천을 이용해서 낚싯대를 만들면 재미있는 낚시놀이 세트가 됩니다.

평면도

조감도

저면도

정면도

측면도

정면도

측면도

Part
니들펠트로 만드는
미니어처 음식

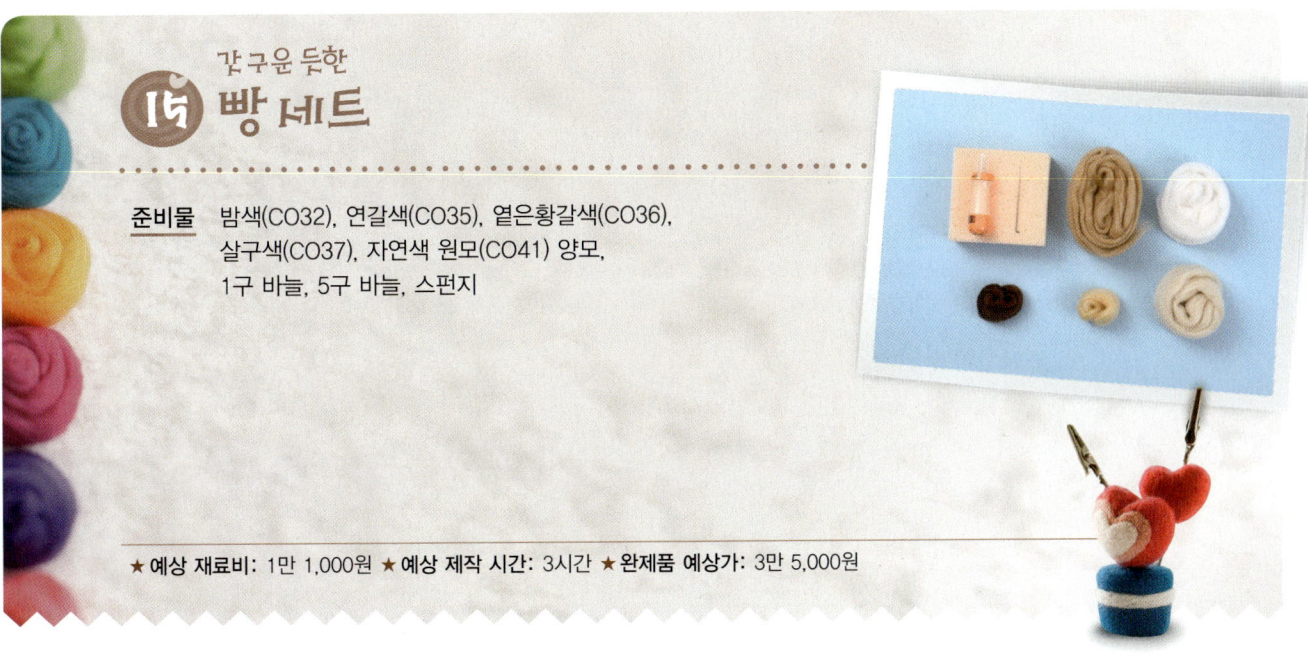

갓 구운 듯한

16 빵 네트

준비물 밤색(CO32), 연갈색(CO35), 옅은황갈색(CO36),
살구색(CO37), 자연색 원모(CO41) 양모,
1구 바늘, 5구 바늘, 스펀지

★ **예상 재료비:** 1만 1,000원 ★ **예상 제작 시간:** 3시간 ★ **완제품 예상가:** 3만 5,000원

❋ 바게트 빵 만들기

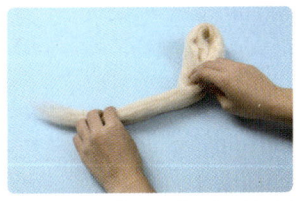

01 살구색(CO37) 양모를 뜯지 않고 접어줍니다.

02 만들려고하는 바게트보다 작은 크기로 말아서 1구 바늘로 찔러 고정합니다.

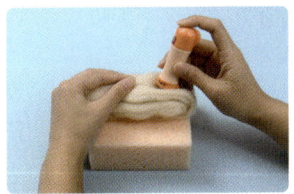

03 5구 바늘을 이용하여 단단하게 만듭니다.

04 바게트의 속 빵이 완성되었습니다.

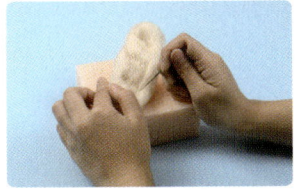

05 완성된 바게트 속 빵을 3등분하고, 비례에 맞춰 각 3등분한 부분의 중심 부위를 바늘로 찔러, 45도 각도로 기운 길쭉한 타원형의 바게트 무늬를 3개 만들어줍니다.

06 연갈색(CO35) 양모를 넓게 펴줍니다.

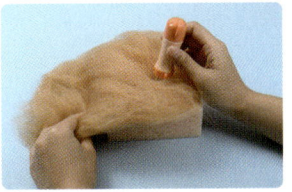

07 5구 바늘을 이용하여 단단하게 빵의 겉 부분을 만들어 줍니다.

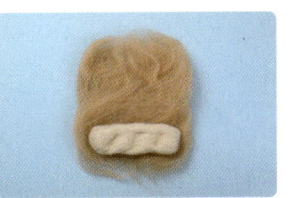

08 만들어 놓은 빵의 겉 부분에 속 빵 부분을 올려줍니다.

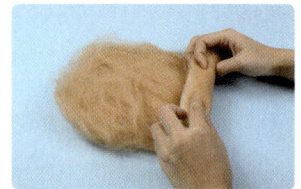

09 잘 감싸서 돌돌 말아줍니다.

10 5구 바늘을 이용하여 풀리지 않도록 살짝 찔러줍니다.

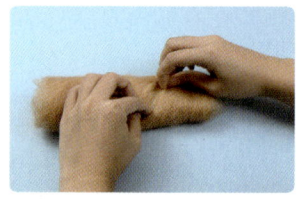

11 속 빵 바케트 무늬를 내 곳이 보이도록 겉 빵 표면을 손으로 가릅니다.

12 1구 바늘로 찔러 바게드 무늬가 잘 보이도록 만들어줍니다.

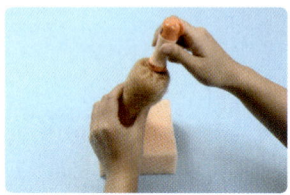

13 5구 바늘을 이용하여 바게트 양 끝을 찔러 속 빵이 보이지 않게 마무리 합니다.

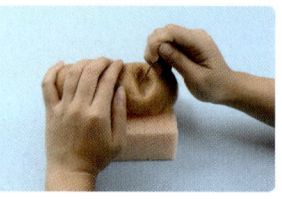

14 1구 바늘로 바게트 모양을 세밀하게 다듬어 줍니다.

15 구운 바게트 효과를 위해 밤색(CO35) 양모를 조금 뜯어 넓게 펼쳐줍니다.

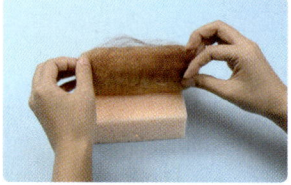

16 갈색 양모를 바게트 위에 올려주고 5구 바늘을 이용하여 듬성듬성 찔러줍니다.

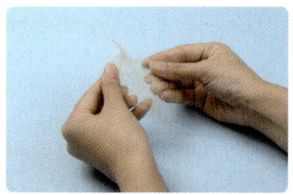

17 사실 효과를 위해 살구색(CO37) 양모를 조금 뜯어 줍니다.

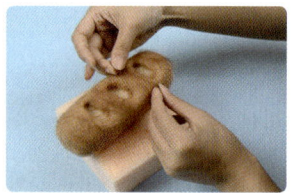

18 바게트에 올리고 5구 바늘을 이용하여 잘 다듬어 줍니다.

19 바게트가 완성되었습니다.

✽ 모카 빵 만들기

20 살구색(CO37) 양모를 계단식으로 뽑아 둥글게 말아줍니다.

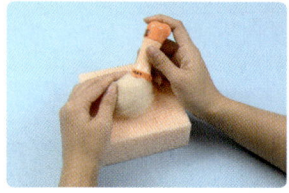

21 5구 바늘을 이용하여 단단하고 둥글게 속 빵을 만듭니다.

22 연갈색(CO35) 양모를 뜯어 넓게 펼쳐 줍니다.

23 만들어 놓은 살구색 속 빵을, 펼쳐 놓은 연갈색 양모 가운데 부분에 올려 줍니다.

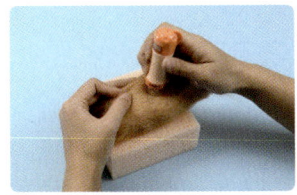

24 연갈색 양모로 속 빵을 잘 감싸서 5구 바늘로 찔러줍니다.

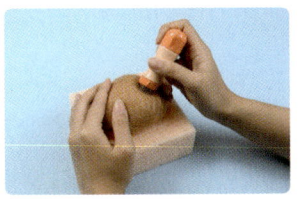

25 5구 바늘을 이용하여 단단하게 만듭니다.

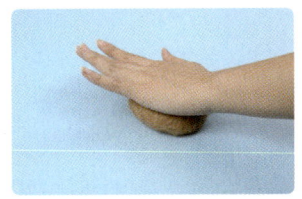

26 손으로 눌러 납작하게 만듭니다.

27 1구 바늘을 이용하여 빵의 겉면에 문양을 표현합니다.

28 옅은황갈색(CO36) 양모를 조금 뜯어줍니다.

29 빵 위에 넓게 펴서 올려줍니다.

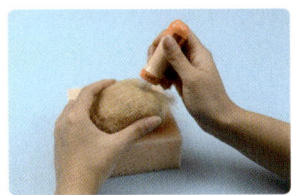

30 5구 바늘로 찔러 줍니다.

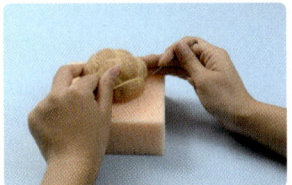

31 옅은황갈색 양모를 실처럼 꼬아 1구 바늘을 이용하여 빵 겉부분의 문양을 만듭니다.

32 자연색 원모(CO41)를 조금 뜯어줍니다.

33 빵 위에 넓게 펴서 올려 줍니다.

34 5구 바늘을 이용하여 찔러 줍니다.

35 모카빵이 완성되었습니다.

✳ 페스트리 빵 만들기

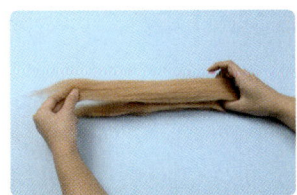

36 연갈색(CO35) 양모를 길게 준비합니다.

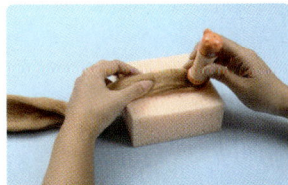

37 절반으로 접은 후에 5구 바늘로 찔러 긴 띠 형태를 만듭니다.

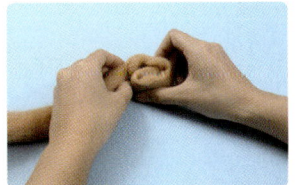

38 돌돌 말아줍니다.

39 1구 바늘로 풀어지지 않게 찔러줍니다.

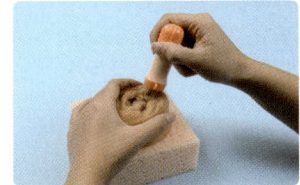

40 5구 바늘을 이용하여 단단하게 만듭니다.

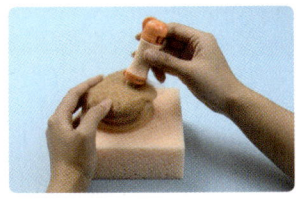

41 연갈색(CO35) 양모를 조금 뜯어 펼쳐서 빵 위에 놓고 5구 바늘로 찔러줍니다.

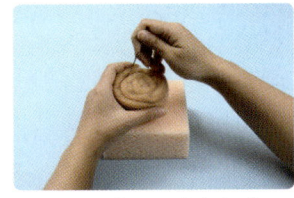

42 1구 바늘로 찔러서 페스트리 느낌이 나게 합니다.

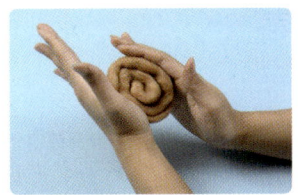

43 손으로 살살 돌려주면 빵의 부드러운 모양과 느낌을 표현할 수 있습니다.

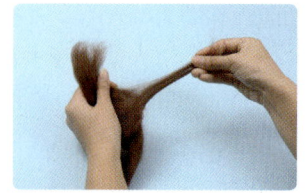

44 밤색(CO32) 양모를 얇고
길게 뜯어줍니다.

45 밤색 양모를 빵의 골진 부분
에 1구 바늘로 찔러줍니다.

46 장식 전의 빵이 완성되었
습니다.

47 자연색 원모(CO41)를 얇
고 길게 뜯어 손으로 꼬아
줍니다.

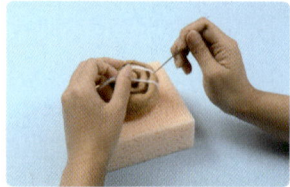

48 빵 위에 원모를 크림 모양
으로 올려 1구 바늘로 찔
러줍니다.

49 옅은황갈색(CO36), 살구색
(C037) 양모를 조금 뜯어
줍니다.

50 1구 바늘을 이용하여 각각
3개씩 둥글게 만듭니다.

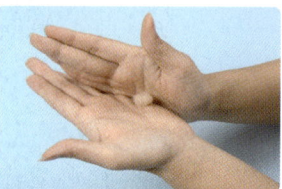

51 페스트리에 올라갈 장식입
니다.

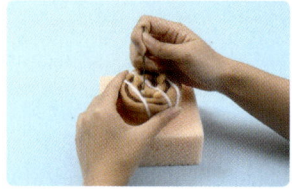

52 1구 바늘을 이용하여 장식
을 페스트리 위에 찔러줍
니다.

53 원모를 조금 뜯어 빵 위에
덮으면 페스트리가 완성됩
니다.

✽ 식빵 만들기

54 자연색 원모(CO41)을 넓
게 뜯어줍니다.

55 넓게 깔아놓은 원모를 손
바닥으로 누르면서 비벼서
마찰을 줍니다. 이것은 펠
팅을 시켜 양모가 뭉치게
하는 방법입니다.

56 5구 바늘을 이용하여 단단
하게 만들어줍니다.

57 1구 바늘을 이용하여 식빵
형태를 만듭니다.

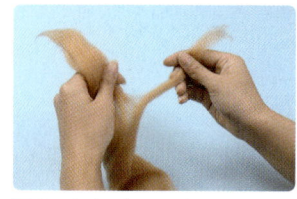

58 연갈색(CO35) 양모를 길
게 뜯어줍니다.

59 원모로 만들어놓은 식빵의
옆면에 1구 바늘을 이용하
여 찔러줍니다.

60 밤색(CO32) 양모를 조금
뜯어줍니다.

61 식빵의 연갈색 양모 위에 1
구 바늘을 이용하여 찔러 줍
니다.

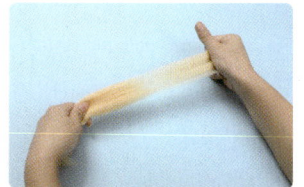

62 옅은황갈색(CO36) 양모를 조금 뜯어줍니다.

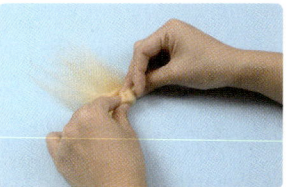

63 옅은황갈색 양모를 돌돌 말아줍니다.

64 5구 바늘을 이용하여 버터 모양으로 단단하게 만듭니다.

65 식빵 위에 버터를 올리고 1구 바늘을 이용하여 찔러 줍니다.

66 버터를 올린 식빵이 완성되었습니다.

 **바구니를 준비해 보세요!**

이 기법으로 여러 가지 빵을 만들어 바구니와 함께 꾸며보면 예쁜 장식품이 됩니다.

응용작품

※빵 세트 실물 도안은 167쪽에 있습니다.

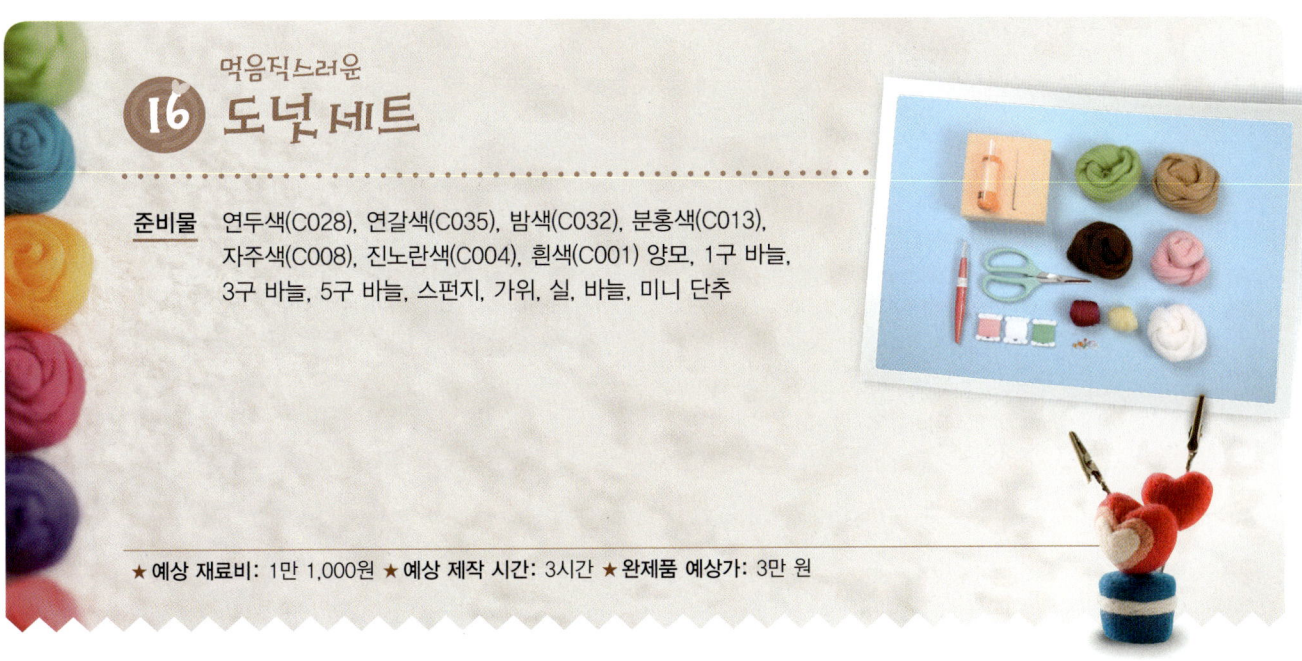

준비물 연두색(C028), 연갈색(C035), 밤색(C032), 분홍색(C013),
자주색(C008), 진노란색(C004), 흰색(C001) 양모, 1구 바늘,
3구 바늘, 5구 바늘, 스펀지, 가위, 실, 바늘, 미니 단추

★ 예상 재료비: 1만 1,000원 ★ 예상 제작 시간: 3시간 ★ 완제품 예상가: 3만 원

링도넛 만들기

❋ 도넛 원형
모양답기

01 밤색(C032) 양모를 30cm
정도 길이로 준비하여 절
반을 잡고 손으로 꼬아줍
니다.

02 꼬아준 양모를 1구 바늘과
3구 바늘로 찔러 고정시켜
줍니다.

03 양모를 손가락에 끼우고
동그랗게 말아 링 모양을
만들어 줍니다.

04 1구 바늘로 고정시키고 3
구 바늘로 도넛 안쪽까지
형태를 다듬어 줍니다.

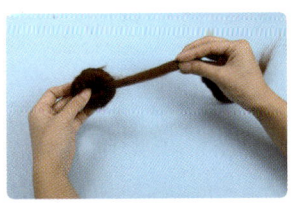

05 밤색 양모를 세로로 길게
뽑아서 도넛을 감싸면서
형태를 만들어 줍니다.

06 감아주는 과정에서 1구 바
늘과 3구 바늘을 번갈아
가면서 도넛 안쪽과 겉면
을 고르게 찔러줍니다.

07 도넛 모양으로 감아준 모
양입니다.

08 1구 바늘로 모양을 만든 도
넛을 5구 바늘을 이용하여
단단하게 만들어주고 도넛
모양을 다듬어 줍니다.

09 3구 바늘로 도넛의 모양을
정교하게 만들어 줍니다.

✳ 냉크림 만들어 토핑하기

10 흰색(C001) 양모를 뽑아 스펀지에 놓고 5구 바늘로 찔러 도넛이 덮일 정도의 크기를 만들어 줍니다.

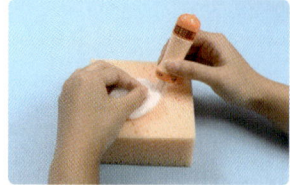

11 가장자리의 양모를 도넛 사이즈에 맞게 조금씩 안쪽으로 당겨 찔러줍니다.

12 만들어놓은 크림을 도넛 위에 올려줍니다.

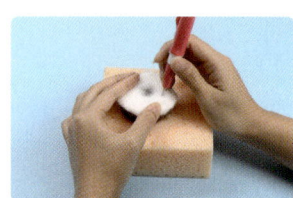

13 1구 바늘로 크림을 도넛에 고정시키고 3구 바늘과 5구 바늘을 이용해서 전체적으로 찔러 고정시켜 줍니다.

14 도넛 안쪽을 1구 바늘로 정리하면서 찔러주고 3구 바늘로 다듬어줍니다.

15 1구 바늘로 크림의 흐르는 부분을 표현합니다.

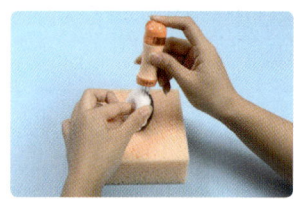

16 그리고 5구 바늘로 도넛의 표면을 매끈하게 다듬어 마무리합니다.

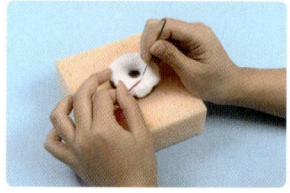

17 노랑, 연두, 분홍, 갈색 등의 양모를 크림 위에 놓고 1구 바늘로 찔러 토핑을 표현해 줍니다.

18 비즈와 단추를 바느질하여 도넛 장식을 꾸며주어 도넛을 완성합니다.

딸기 도넛 만들기 ♥
✳ 도넛 모양 만들기

19 연갈색(C035) 양모를 뽑아서 계단식으로 쌓아 1구 바늘로 찔러 도넛 형태를 만들어 줍니다.

20 5구 바늘을 사용하여 납작하면서도 단단하게 만들어 줍니다.

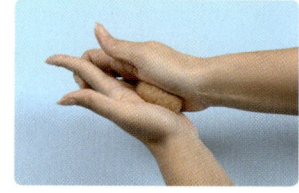

21 손바닥에 놓고 비비며 형태와 보풀을 정리해 줍니다.

✽ 딸기 크림 올려 완성하기

  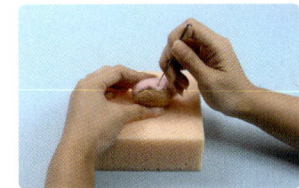 

22 양모를 뽑아 접어주고 1구 바늘로 원 모양을 만든 후 5구 바늘로 크림을 납작하게 만들어 줍니다.

23 도넛 위에 크림을 올려 1구 바늘로 위치를 고정시키고 5구 바늘로 윗 부분을 단단하게 고정해 줍니다.

24 1구 바늘로 크림의 흐르는 부분을 표현해 줍니다.

25 5구 바늘로 도넛을 마무리합니다. 토핑 비즈와 단추를 달아주고 마무리하여 딸기 도넛을 완성합니다.

녹차 츄이스티 만들기

✽ 원형의 공 만들기

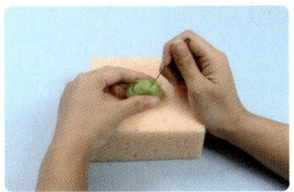   

26 연두색(C028) 양모를 똑같은 양으로 7개를 뽑아서 각각 손으로 말아 1구 바늘로 찔러 공을 만듭니다.

27 동그랗게 만든 공을 5구 바늘로 깔끔하게 정리합니다.

28 같은 방법, 같은 크기로 공 7개를 만들어줍니다.

29 바늘에 연두색 실을 끼우고 공의 3분의 1 정도 위쪽에 바늘을 통과시켜 줍니다.

30 두 번째 공도 같은 방법으로 실에 끼워줍니다.

31 공을 다 끼운 후 처음 끼웠던 공에 한 번 더 통과시킨 후 매듭지어 마무리합니다.

32 공과 공 사이는 1구 바늘로 살짝 고정시켜줍니다.

33 공과 공 사이를 살짝 이어준 모습입니다.

34 연두색 양모를 얇게 뽑아 공과 공 사이에 얹어 실로 연결해준 부분을 감싸줍니다.

35 양모를 전체적으로 감싸줍니다.

36 1구 바늘로 감싸준 부분을 찔러 양모가 흐트러지지 않게 한 후 3구 바늘로 츄이스티 모양을 만들어 가면서 찔러줍니다.

37 1구 바늘로 츄이스티 모양을 섬세하게 표현해 줍니다.

38 3구 바늘을 이용하여 전체적으로
마무리합니다.

39 녹차 츄이스티를 완성하였습니다.

응용작품 **여러 가지 토핑으로 장식해 보세요!**
초콜릿 토핑도 만들어 보세요. 흰크림 토핑 도넛, 딸기 토핑 도넛과
만드는 방법은 같고 토핑 색만 바꿔주면 됩니다.

초코크림 도넛

화이트크림 도넛

초코크림 빵

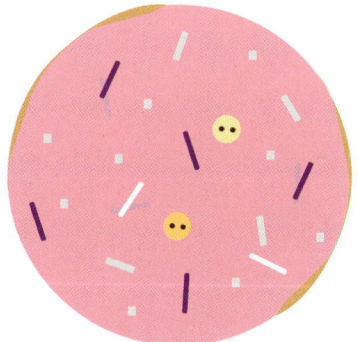

딸기 도넛

녹차 츄이스티

시원하고 달콤한
17 아이스크림

준비물 흰색(C001), 분홍색(C013), 밤색(C032), 연갈색(C035) 양모,
스펀지, 1구 바늘, 3구 바늘, 5구 바늘, 낚싯줄, 미니단추, 비즈

★ 예상 재료비: Set 1만 5,000원   ★ 예상 제작 시간: 2시간   ★ 완제품 예상가: 2만 5,000원

✽ 콘 만들기

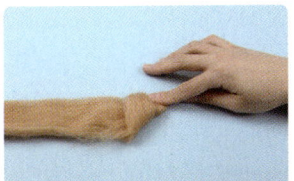

01 연갈색(C035) 양모를 길게 펴서 삼각형으로 접어 줍니다.

02 1구 바늘로 풀어지지 않게 고정시킵니다.

03 원뿔 형태로 모양을 만들며 단단하게 만들어 줍니다.

04 콘이 완성되었습니다.

✽ 크림 만들어 콘에 얹기

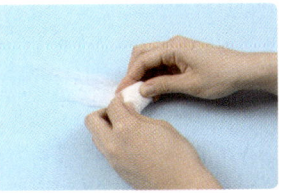

05 흰색(C001) 양모를 꼼꼼하게 돌돌 말아줍니다.

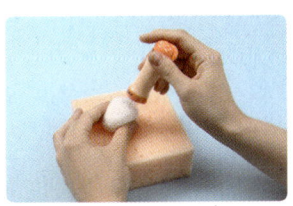

06 5구 바늘로 단단하고 동그랗게 만들어 줍니다.

07 콘 크기에 맞게 크림이 완성되었습니다.

08 원뿔 형태의 콘에 흰색 양모로 만든 크림을 올려줍니다.

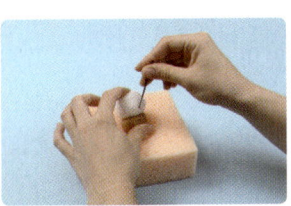

09 1구 바늘로 깊이 찔러 콘과 크림을 단단하게 고정합니다.

10 아이스크림을 돌려가며 콘과 크림이 떨어지지 않게 구석구석 고정시킵니다.

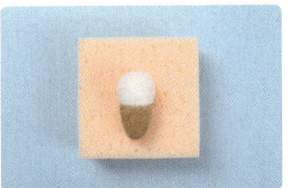

11 콘에 크림을 올려준 모습입니다.

✻ 크림 입체감 주기

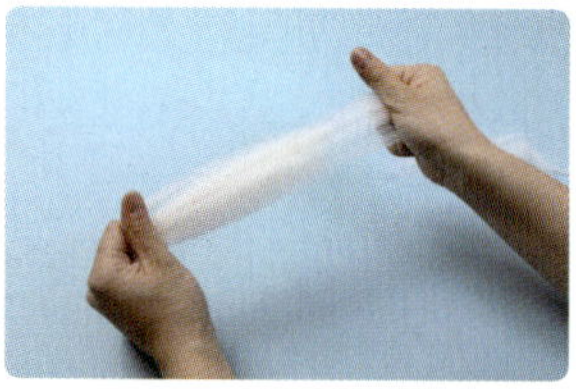

12 흰색(CO01) 양모를 뜯어 크림이 덮일 정도의 양모를 준비합니다.

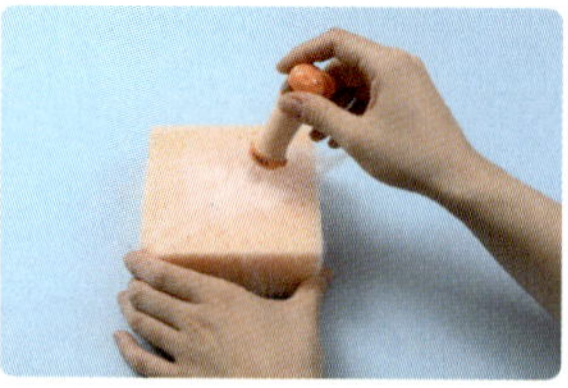

13 5구 바늘을 이용하여 평평하게 만듭니다.

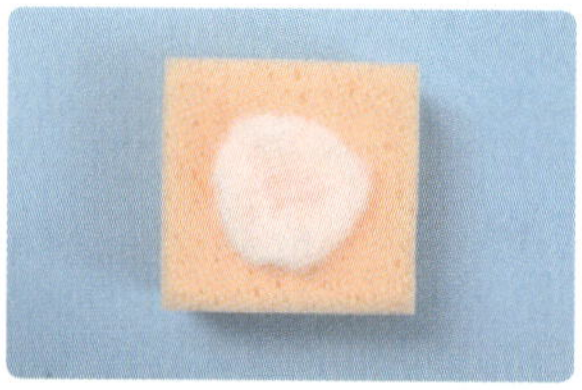

14 동그랗게 모양을 잡아줍니다.

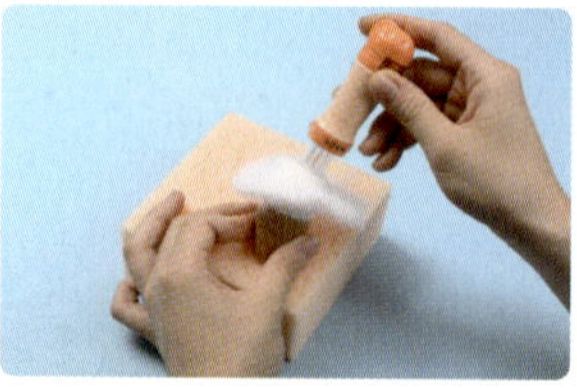

15 크림 위에 덮어 5구로 고정시킵니다.

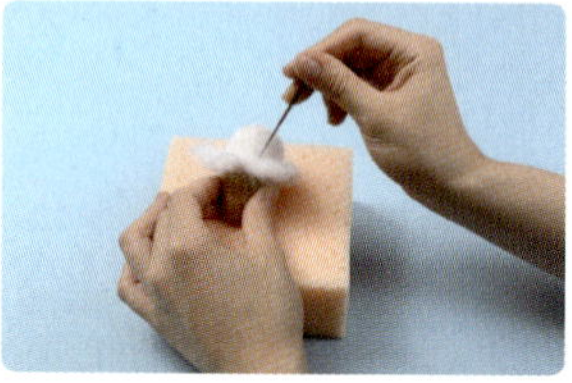

16 크림이 흐르는 듯한 모양을 1구 바늘로 만들어 줍니다.

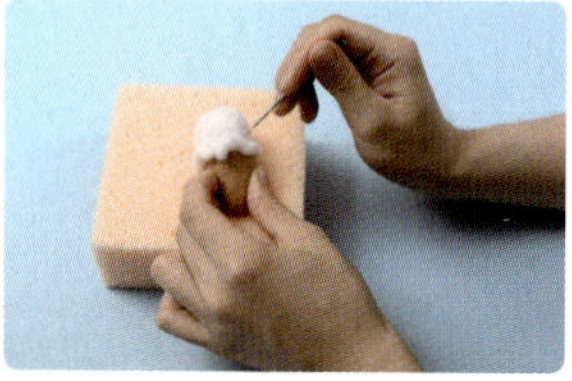

17 단단하고 예쁘게 크림의 모양을 만들어 줍니다.

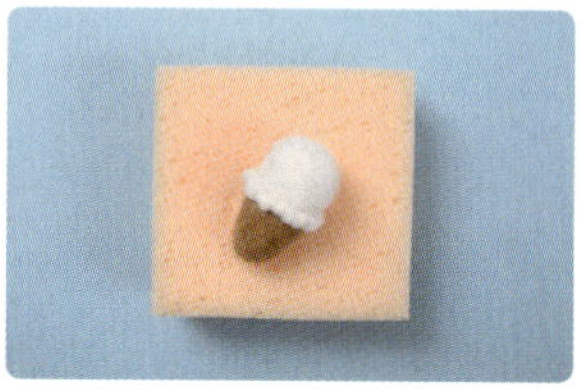

18 아이스크림이 완성되었습니다.

✻ 딸기 크림 얹기

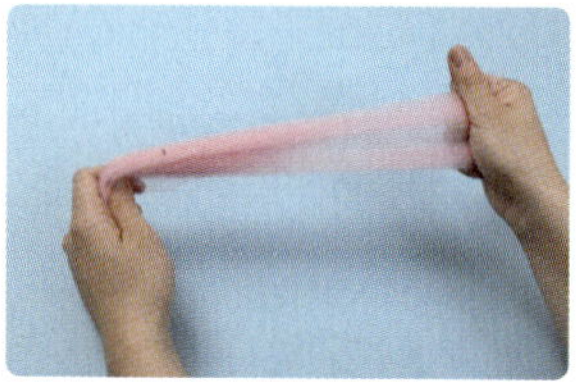

19 분홍색(CO13) 양모를 조금 뜯어 말아줍니다.

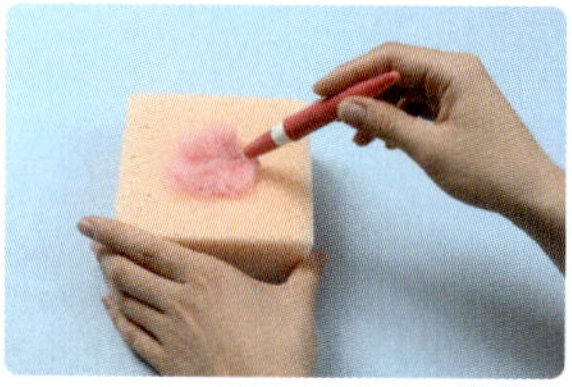

20 납작한 원 모양으로 만들어 줍니다.

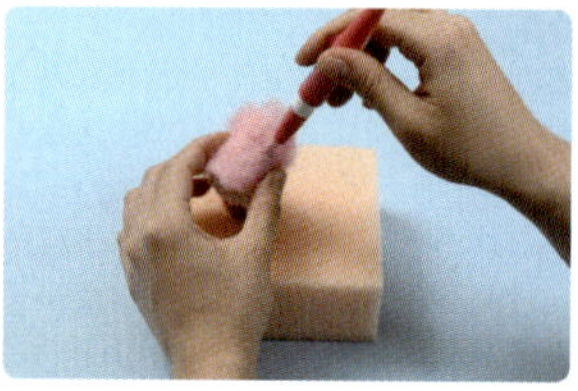

21 아이스크림 윗부분에 3구 바늘로 찔러줍니다.

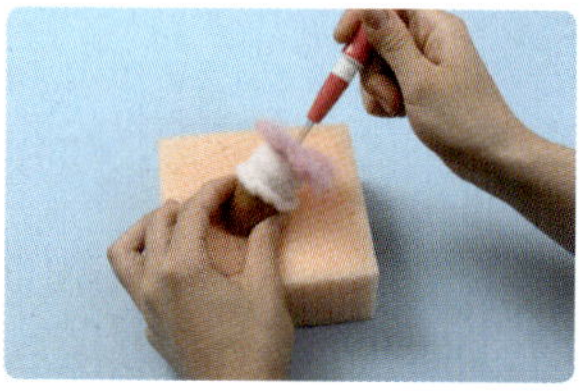

22 1구 바늘을 이용하여 크림 모양을 예쁘게 만들어 줍니다.

✻ 콘 장식하기

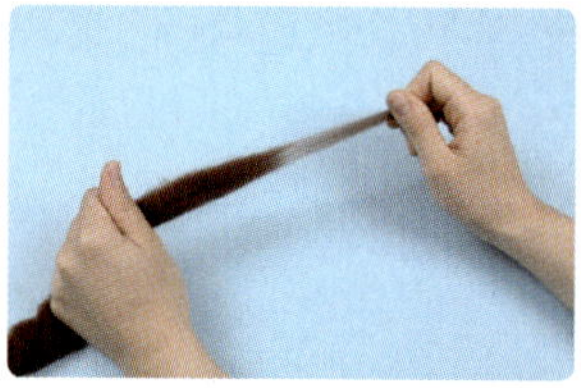

23 밤색(CO32) 양모를 소량만 뽑아줍니다.

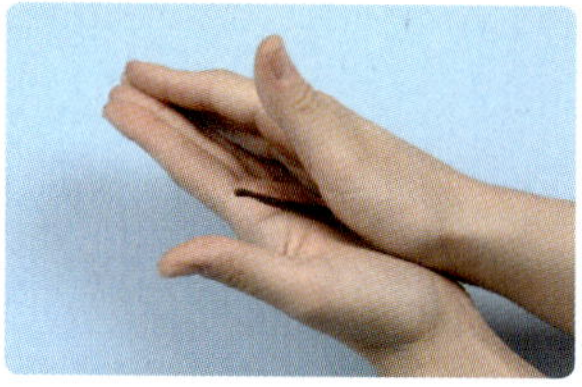

24 손바닥으로 양모를 비벼 실 모양으로 뭉쳐줍니다.

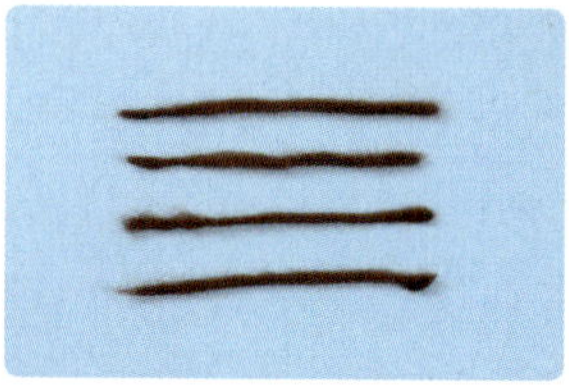

25 같은 방법으로 4개를 만들어 주세요.

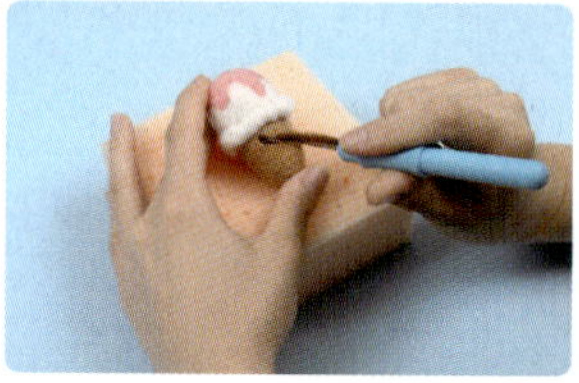

26 아이스크림콘에 1구 바늘을 사용해서 앞에서 만들어 놓은 밤색 양모를 고정시켜 줍니다.

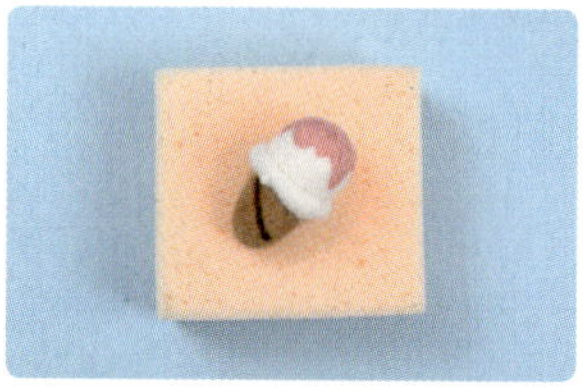

27 한 줄이 고정된 모습입니다. 이런 방법으로 네 줄의 무늬가 '井'자 무늬처럼 겹치게 고정시켜 줍니다.

✳ 토핑 얹어 완성하기

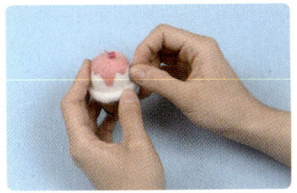 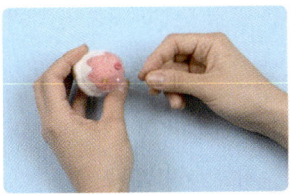

28 마치 아이스크림에 토핑을 뿌려놓은 것처럼 색색의 단추들과 비즈를 사용해서 토핑 효과를 줍니다.

29 군데군데 빠진 곳이 없게 끔 아이스크림의 주위를 꼼 꼼히 색색의 단추와 비즈로 꾸며줍니다.

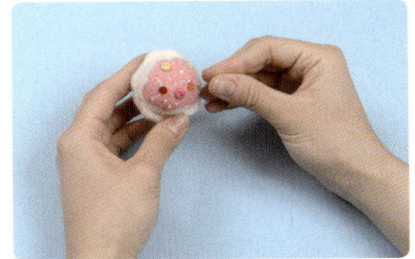

30 토핑을 얹어 아이스크림콘을 완성했습 니다.

아이스크림 실물 도안

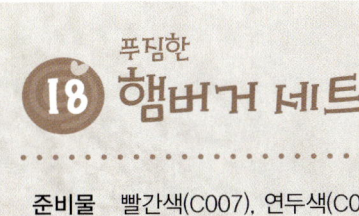

푸짐한
18 햄버거 네트

준비물 빨간색(C007), 연두색(C028), 검은색(C040), 흰색(C001), 밤색
(C032), 밝은주황색(C005), 연노란색(C002), 연갈색(C035) 양모,
스펀지, 5구 바늘, 1구 바늘, 가위

★ **예상 재료비:** 1만 5,000원 ★ **예상 제작 시간:** 3시간 30분 ★ **완제품 예상가:** 4만 원

햄버거 만들기

✽ 햄버거 빵 만들기

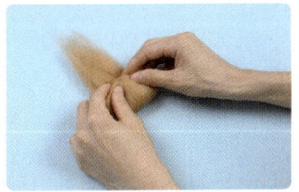

01 햄버거 빵을 만들기 위해
연갈색(C035) 양모를 적당
량 뽑아 동그랗게 말아줍
니다.

02 동그랗게 말아놓은 양모를
스펀지 위에 놓고 1구 바
늘을 이용하여 양모가 풀
리지 않도록 고정시켜 줍
니다.

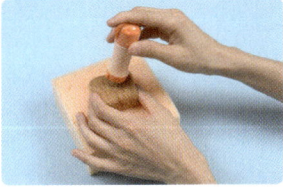

03 5구 바늘을 이용하여 찔러
가며 모양을 납작하게 만
들어 줍니다.

04 세로로 세워 옆 부분도 1구
바늘로 찔러 정리합니다.

05 네모난 모서리 부분은 1구
바늘로 찔러 둥그렇게 만
들어줍니다.

06 나머지 각진 모서리 부분을
1구 바늘을 이용하여 둥그
렇게 다듬어 줍니다.

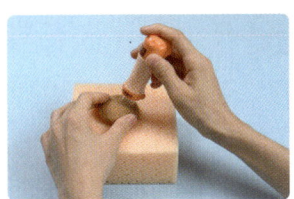

07 모양이 어느 정도 잡히면
5구 바늘을 이용하여 덩어
리를 단단하게 다듬어 빵
모양을 만들어 줍니다.

08 빵을 구운 질감을 위해 밤색
(C032) 양모를 가늘게 가릅
니다.

갈색 양모를 덧씌워주면 햄 버거 빵 표면의 질감이나 모 양을 좀 더 생생하게 표현할 수 있답니다.

09 가늘게 가른 밤색 양모를 손가락으로 얇게 펴줍니다.

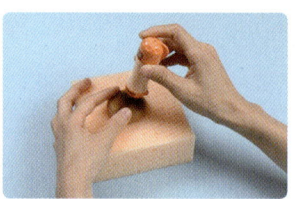

10 밤색 양모를 빵의 윗부분 에 놓고 5구 바늘로 찔러 햄버거 빵의 색깔을 만들 어줍니다.

11 약간 구운 질감이 나도록 5구 바늘로 찔러 정리해 줍니다.

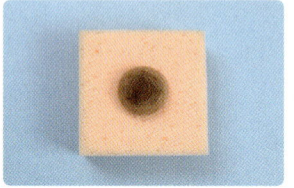

12 햄버거 빵의 윗부분을 완 성한 모습입니다.

13 같은 방법으로 햄버거 빵 의 아랫부분도 완성합니다.

✱ 햄버거 속 패티 만들기

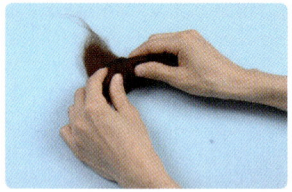

14 햄버거 속에 들어갈 패티로 사용할 밤색(C032) 양모를 적당량 뽑아 동그랗게 말아 줍니다.

15 동그랗게 말아놓은 양모를 스펀지 위에 놓고 1구 바 늘을 이용하여 양모가 풀 리지 않도록 고정시켜 줍 니다.

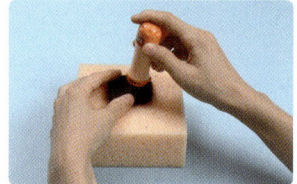

16 5구 바늘을 이용하여 찔러 가며 납작한 원을 만들어 줍니다.

17 네모난 모서리 부분은 1구 바늘로 찔러 둥그렇게 만 들어 줍니다.

18 나머지 각진 모서리 부분 을 1구 바늘을 이용하여 동그란 모양으로 다듬어 줍니다.

19 동그란 모양의 가운데 부 분을 가로 방향으로 1구 바늘로 깊게 찔러줍니다.

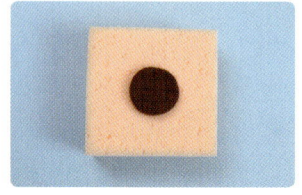

20 같은 방법으로 패티의 무 늬를 만들어 패티를 완성 합니다.

✽ 치즈 만들기

21 치즈를 만들 연노란색 (C002) 양모를 적당량 뽑아 동그랗게 말아주세요.

22 동그랗게 말아놓은 양모를 스펀지 위에 놓고 1구 바늘을 이용하여 양모가 풀리지 않도록 고정시켜 줍니다.

23 5구 바늘로 찔러가며 모양이 납작한 정사각형 모양을 만들어 줍니다.

24 1구 바늘을 이용하여 가장자리 부분도 깔끔하게 다듬어 줍니다. 치즈를 완성하였습니다.

✽ 토마토 만들기

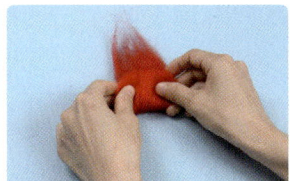

25 빨간색(C007) 양모를 적당량 뽑아 동그랗게 말아줍니다.

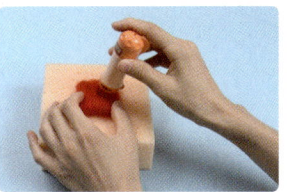

26 동그랗게 말아놓은 양모를 스펀지 위에 놓고 1구 바늘을 이용하여 양모가 풀리지 않도록 고정한 후 5구 바늘을 이용하여 모양을 납작하게 만들어 줍니다.

27 나머지 각진 모서리 부분을 1구 바늘을 이용하여 동그란 모양으로 다듬어 줍니다.

28 밝은주황색(C005) 양모를 얇게 뽑아 토마토 무늬를 넣을 부분에 1구 바늘을 이용하여 고정시켜 줍니다.

29 1구 바늘을 이용하여 토마토 무늬를 만들어 줍니다.

30 토마토를 완성합니다.

✽ 양상추 만들기

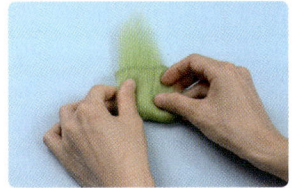

31 양상추를 만들 연두색 (C028) 양모를 적당량 뽑아 동그랗게 말아줍니다.

32 동그랗게 말아놓은 양모를 스펀지 위에 놓고 1구 바늘을 이용하여 양모가 풀리지 않도록 고정시켜 줍니다.

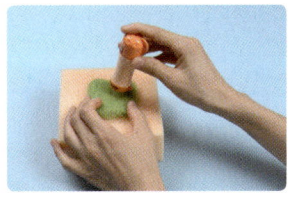

33 5구 바늘을 이용하여 찔러가며 모양을 납작하게 만들어 줍니다.

34 네모진 모서리 부분을 1구 바늘로 찔러 둥그렇게 만들어 줍니다.

35 나머지 각진 모서리 부분을 1구 바늘을 이용하여 동그란 모양으로 다듬어 줍니다.

36 1구 바늘로 가장자리 주변에 굴곡을 주며 꽃모양을 만들어 줍니다.

37 양상추를 완성하였습니다.

감자튀김 만들기

✽ 감자스틱 만들기

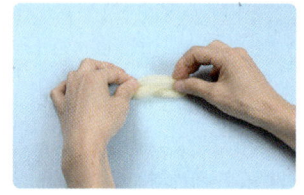

38 연노란색(C002) 양모를 얇게 뽑아 3등분으로 접어줍니다.

39 3등분으로 접은 양모를 스펀지 위에 놓고 1구 바늘을 이용하여 양모가 풀리지 않도록 고정시켜 줍니다.

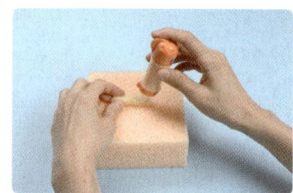

40 5구 바늘을 이용하여 찔러가며 모양을 단단하게 만들어 줍니다.

41 어느 정도 모양이 나오면 1구 바늘로 찌르면서 각을 만들어 감자튀김 모양을 완성시켜 줍니다.

✽ 감자튀김 봉투 만들기

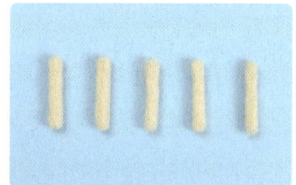

42 같은 방법으로 감자튀김 조각 5개를 만들어 놓습니다.

43 빨간색(C007) 양모를 적당량 뽑아 3등분으로 접어 줍니다.

44 3등분으로 접은 양모를 스펀지 위에 놓고 5구 바늘을 이용하여 표면이 고와지도록 찔러가며 표면을 다듬어 줍니다.

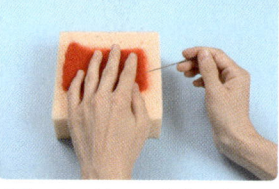

45 1구 바늘로 가장자리 부분도 다듬어 줍니다.

46 감자튀김 크기를 고려한 후 사각형 양모를 반 접습니다.

47 반을 접은 후 1구 바늘을 이용하여 좌측과 우측의 가장자리를 찔러 서로 붙여줍니다.

48 가위를 이용하여 양측의 붙인 부분을 잘라 다듬어 줍니다.

49 붙인 부분이 떨어지지 않도록 살살 조심스럽게 뒤집습니다.

50 1구 바늘로 가장자리 부분을 정돈합니다.

51 감자튀김 봉투를 완성하였습니다.

52 만들어 놓은 감자튀김을 봉투에 넣어줍니다.

콜라 만들기

✽ 빨대 만들기

53 흰색(C001) 양모를 얇게 뽑아 3등분으로 접어줍니다.

54 3등분으로 접은 양모를 스펀지 위에 놓고 1구 바늘을 이용하여 양모가 풀리지 않도록 고정한 후 5구 바늘을 모양을 단단하게 만들어 줍니다.

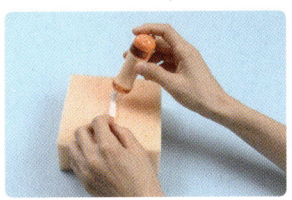

55 왼손으로 양모를 굴려가며 5구 바늘로 찔러 가늘고 단단하게 만들어줍니다.

56 1구 바늘로 찔러가며 표면을 다듬어 줍니다.

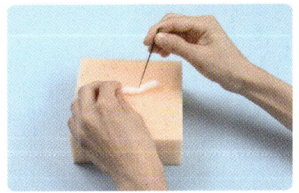

57 길이의 3분의 1 지점에서 1구 바늘로 찔러 꺾인 빨대 모양을 잡아줍니다.

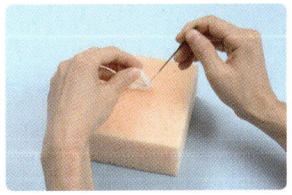

58 접힌 곳의 바깥쪽을 깊게 찔러 모양을 고정시켜 줍니다.

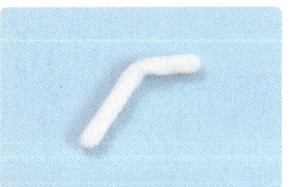

59 빨대가 완성되었습니다.

✽ 콜라컵 만들기

60 흰색(C001) 양모를 적당량 뽑아 동그랗게 말아주세요.

61 동그랗게 말아놓은 양모를 스펀지 위에 놓고 1구 바늘을 이용하여 양모가 풀리지 않도록 고정합니다.

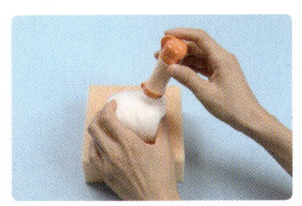

62 5구 바늘을 이용하여 찔러가며 원통 모양을 만들어 줍니다.

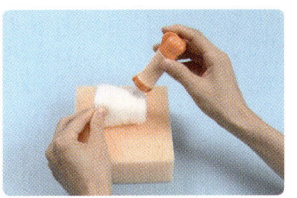

63 원통 모양의 한쪽 부분을 집중적으로 찔러 컵 아랫부분의 모양을 만들어 줍니다.

64 양모 덩어리를 세워 윗부분도 5구 바늘을 이용하여 찔러 다듬어 줍니다.

65 1구 바늘을 이용하여 찔러가며 컵의 홈을 만들어 줍니다.

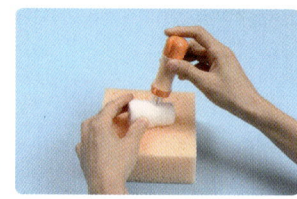

66 5구 바늘로 전체적으로 찔러주며 단단하게 만들어 줍니다.

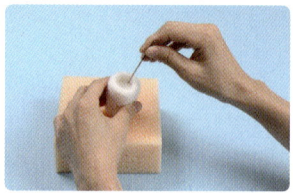

67 1구 바늘로 컵의 홈을 세밀하게 더 다듬어 줍니다.

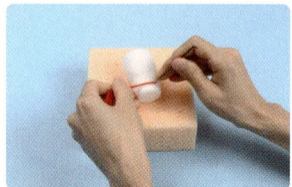

68 빨간색(C007) 양모를 얇게 뽑아 손바닥으로 비벼 꼬아 1구 바늘로 고정시킵니다.

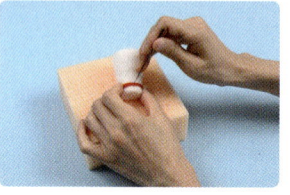

69 빨간색 양모를 꼬아가며 1구 바늘로 찔러 줄무늬를 만듭니다.

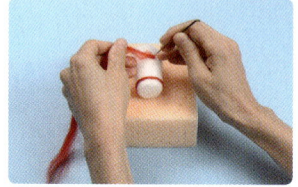

70 빨간색 양모로 컵의 가운데 부분에 무늬로 들어갈 타원의 가장자리를 만들어 주세요.

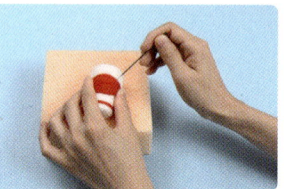

71 가장자리 부분에서 안쪽으로 면을 메워 동그란 빨간 타원을 만들어 줍니다.

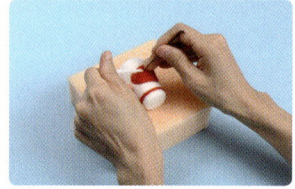

72 흰색(C001) 양모를 얇게 뽑아 꼬아가며 'Coke' 글씨를 새겨 줍니다.

73 Coke 글씨가 새겨진 콜라 컵을 완성하였습니다.

74 검은색(C040) 양모를 가늘게 뽑아 손가락으로 얇게 펼칩니다.

75 컵의 홈에 넣고 1구 바늘로 찔러 고정합니다.

76 컵 안쪽의 가장자리 부분은 1구 바늘로 깊숙이 찔러가며 다듬어줍니다.

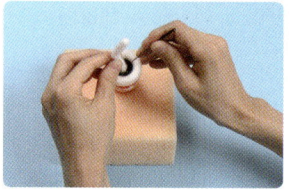

77 만들어 놓은 빨대를 1구 바늘로 찔러가며 고정합니다.

햄버거와 감자튀김 봉투, 콜라 컵 등으로 햄버거 세트를 완성한 모습입니다.

78 콜라 컵이 완성되었습니다.

콜라

Coke

정면도

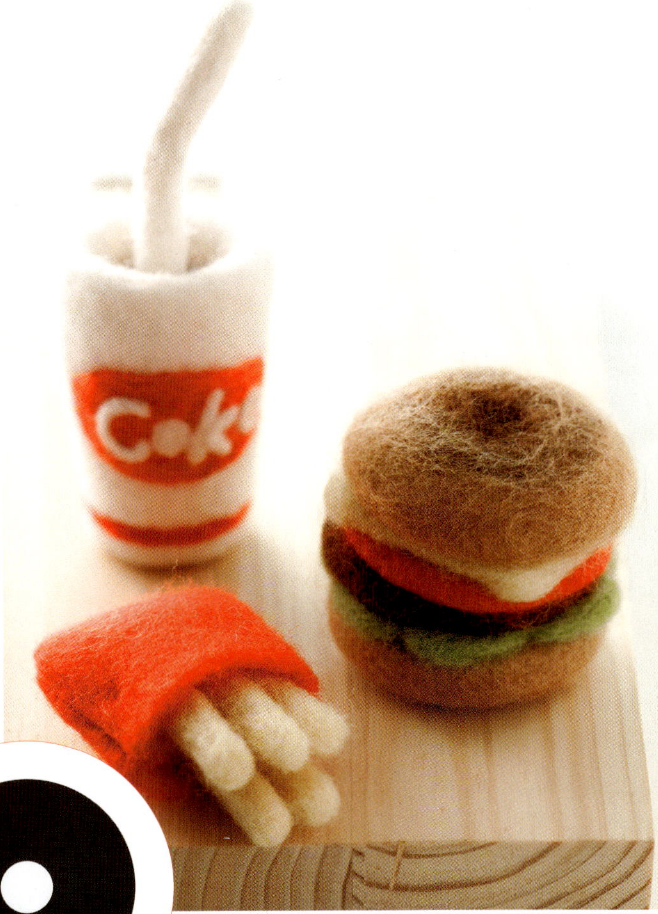

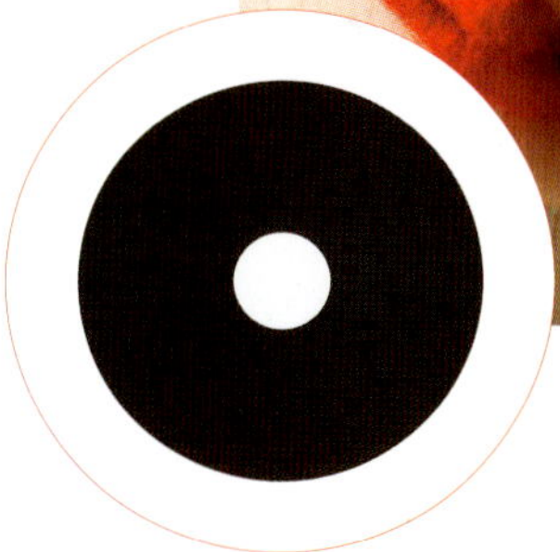

조감도

감자튀김

햄버거

정면도

정면도

19 부드럽고 달콤한
조각케이크 세트

준비물 분홍색(C013), 흰색(C001), 연두색(C028), 초록색(C027),
진분홍색(C011), 연갈색(C035), 옅은황갈색(C036),
진한밤색(C031), 빨간색(C007), 밝은주황색(C005), 밤색(C032),
둔한파란색(C017) 양모, 1구 바늘, 5구 바늘, 스펀지

★ **예상 재료비:** 1만 원 ★ **예상 제작 시간:** 2시간 ★ **완제품 예상가:** 2만 5,000원

딸기 무스 케이크 ❤

❋ 케이크 만들기

01 분홍색(C013) 양모를 잘
풀어서 뽑아줍니다.

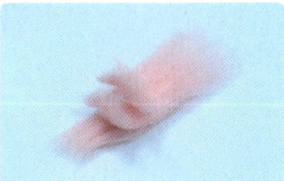

02 양모를 계단식으로 쌓아
줍니다.

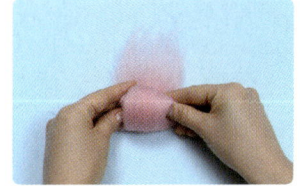

03 양모를 처음부터 꼼꼼하고
둥글게 말아줍니다.

04 1구 바늘로 고정시켜 양모
가 풀어지지 않게 찔러줍
니다.

❋ 장식하기

05 양모를 돌려가면서 5구 바
늘을 이용하여 동그랗고,
단단하게 찔러줍니다.

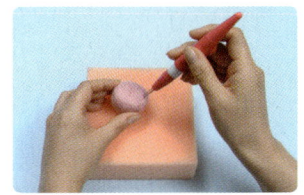

06 3구 바늘을 이용하여 한쪽
부분을 평평하게 만들어주
면서 경계선 부분도 다듬
어 줍니다.

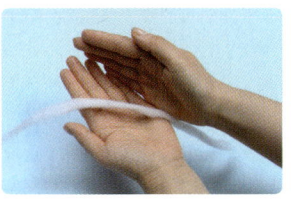

07 흰색(C001) 양모를 길게
뜯어 손바닥에 올려 비벼
줍니다.

08 길게 만들어진 양모를 반
으로 접어 꼬아줍니다.

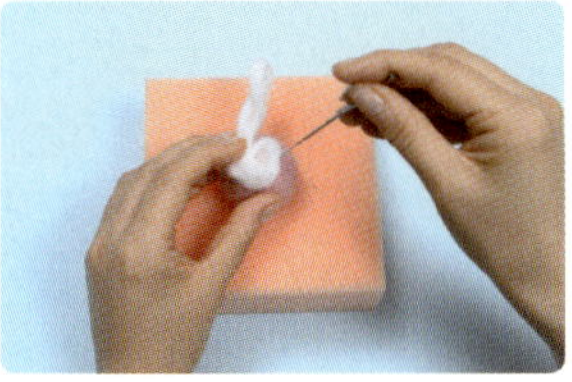

09 분홍 케이크 위에 꼬아진 양모를 올려 1구로 고정시켜 크림을 만듭니다.

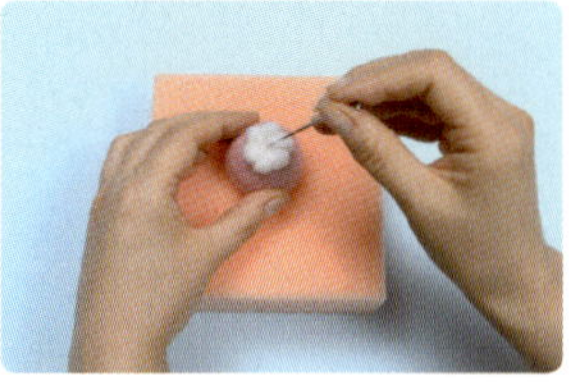

10 1구를 이용하여 크림부분을 예쁘게 다듬어 줍니다.

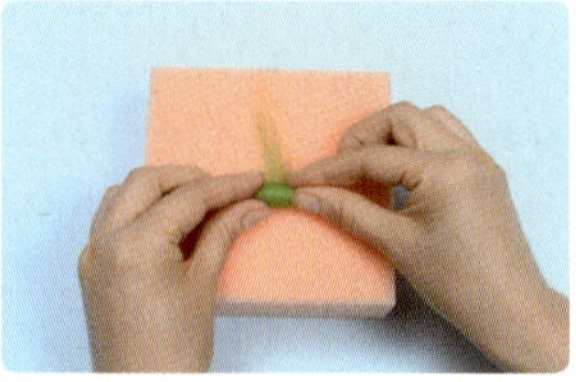

11 연두색(CO28) 양모를 조금 뽑아 동그랗게 말아줍니다.

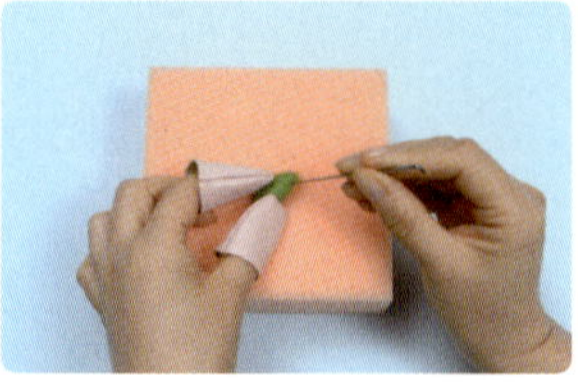

12 1구 바늘을 이용하여 잎사귀 모양을 만듭니다.

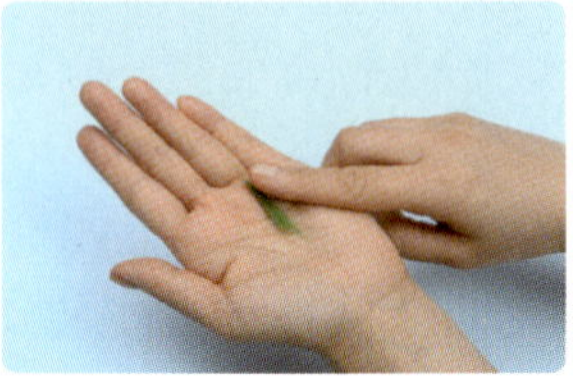

13 초록색(CO27) 양모를 조금 뽑아 손으로 비벼줍니다.

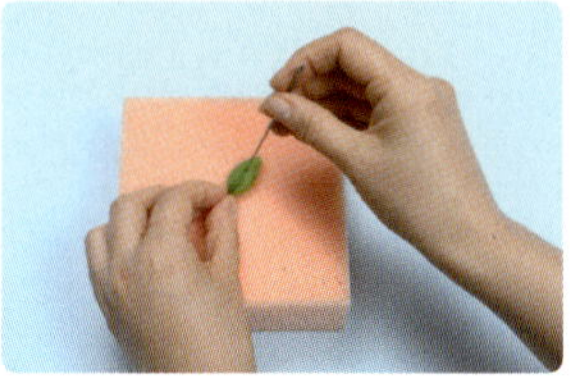

14 끝부분부터 잎사귀에 올려서 잎줄기를 바늘로 찔러서 표현합니다.

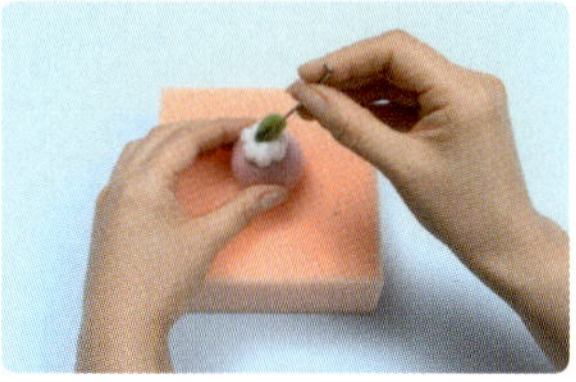

15 케이크 크림 가운데에 잎사귀를 올려놓고 1구 바늘로 고정시킵니다.

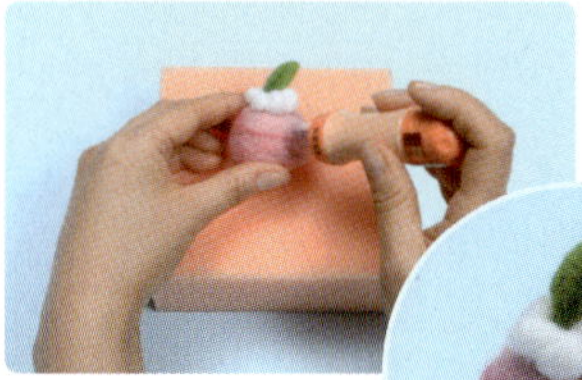

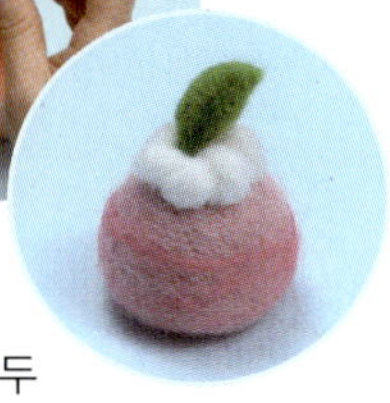

16 진분홍색(CO11) 양모를 조금 뽑아 케이크 옆에 두르고 5구 바늘로 찔러줍니다. 딸기 케이크가 완성되었습니다.

과일 생크림 케이크

케이크 빵 만들기

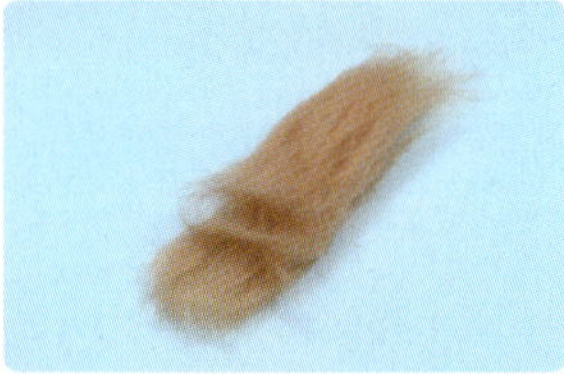

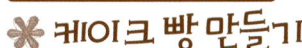

17 연갈색(CO35) 양모를 뽑아 계단식으로 쌓아 줍니다.

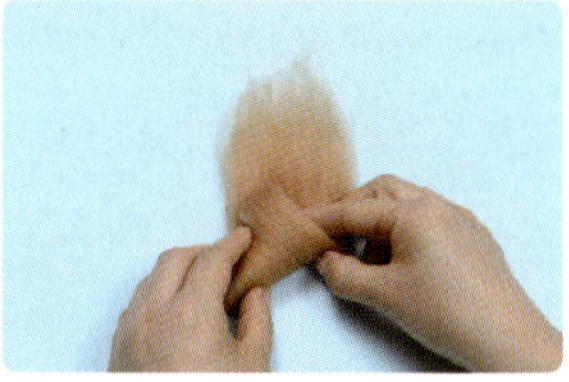

18 삼각형으로 꼼꼼하고 단단하게 말아줍니다.

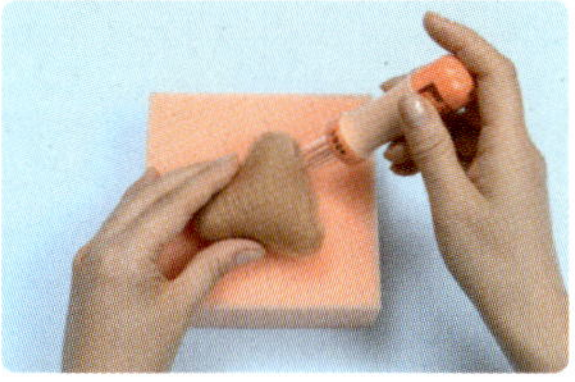

19 5구 바늘을 이용하여 전체적으로 단단하게 말아줍니다.

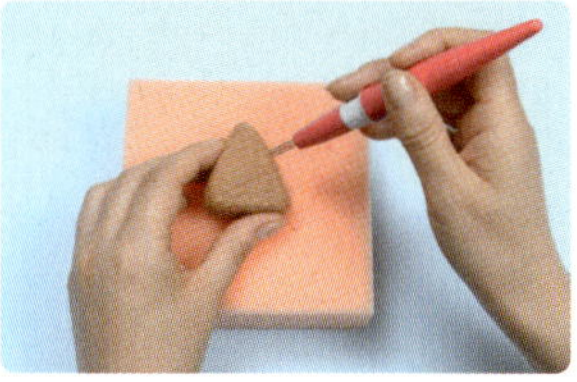

20 3구 바늘을 이용하여 삼각형의 빵 형태로 모양을 만듭니다.

케이크 빵에 생크림 얹기

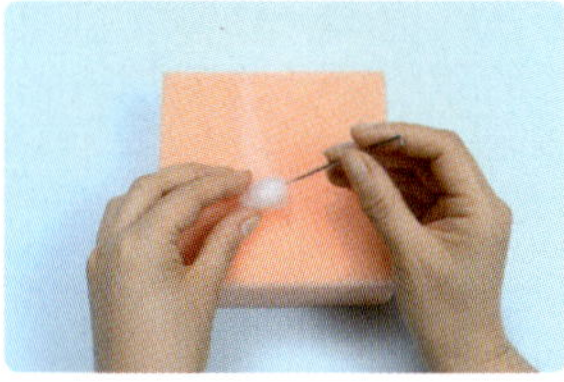

21 흰색 양모를 조금 뽑아 돌돌 말아 크림을 만들어 줍니다.

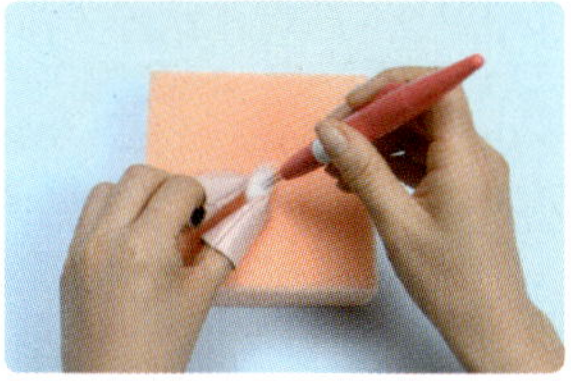

22 3구 바늘을 이용하여 크림을 단단하게 해주면서 부드러운 크림의 형태를 만듭니다. 이때 한쪽은 빵과 연결 할 부분이므로 바늘로 찌르지 않습니다.

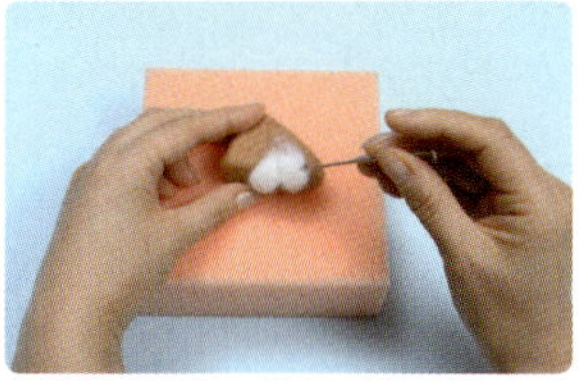

23 1구 바늘을 이용하여 빵에 크림을 올려 연결합니다.

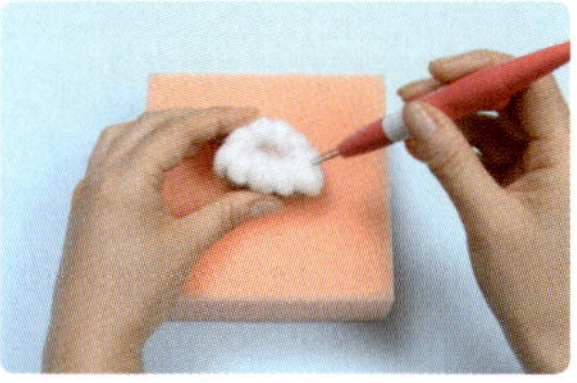

24 3구 바늘을 이용하여 빵 위에 올린 크림과 크림을 연결하여 주고 예쁘게 다듬어 줍니다.

25 빵의 윗부분을 흰색 양모를 펴서 크림 부분을 매끈하게 만들어 줍니다.

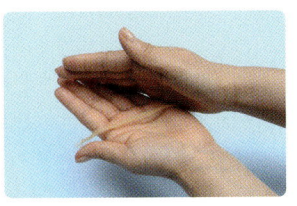

26 옅은황갈색(CO36) 양모를 가늘게 뽑아 손으로 비벼줍니다.

27 옅은황갈색 양모를 빵과 크림 사이에 고정시켜 장식 효과를 줍니다.

❋ 과일 장식 만들기

28 빨간색(C007) 양모를 조금 뽑아 돌돌 말아줍니다.

29 1구 바늘을 이용하여 끝을 뾰족하게 만들면서 딸기의 반쪽 모양을 만듭니다.

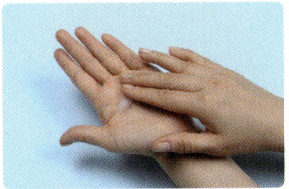

30 흰색(CO01)양모를 조금 뜯어 손으로 비벼줍니다.

31 딸기의 평평한 부분에 만들어 놓은 흰 양모를 1구 바늘로 찔러 딸기 속을 표현해 줍니다.

32 옅은황갈색(CO36) 양모를 조금 뽑아 둥글게 말아 줍니다.

33 1구 바늘로 고정하면서 오렌지 모양을 만들어 줍니다.

34 오렌지 속 모양을 예쁘게 만들어 줍니다.

35 밝은주황색(CO05) 양모를 조금 뽑아 납작하게 접어준 후 5구 바늘로 납작하게 찔러 오렌지 껍질 부분을 만들어줍니다.

36 옅은황갈색 양모로 만든 오렌지 속 모양에 오렌지 껍질 부분을 올려 1구 바늘로 찔러 줍니다.

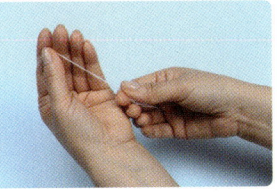

37 흰색(CO01) 양모를 가늘게 조금 뜯어 손으로 말아 줍니다.

38 말아 놓은 흰색 양모를 속과 껍질 사이에 놓고 1구 바늘로 찔러 줍니다.

39 둔한파란색(CO17) 양모를 조금 뽑아 동그랗게 말아 1구 바늘로 찔러줍니다.

40 3구 바늘을 이용해 단단하고 동그랗게 만들어 줍니다.

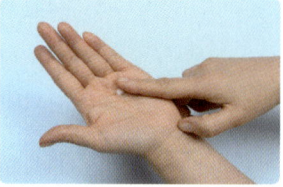

41 흰색(CO01) 양모를 조금 뽑아 손으로 비벼줍니다.

42 비벼놓은 흰색 양모를 동그랗게 만들어 놓은 둔한파란색 양모에 올려 1구 바늘로 찔러 블루베리 위쪽 부분에 포인트를 줍니다.

43 연두색(CO28) 양모를 조금 뽑아 손바닥에 놓고 비벼줍니다.

✳ 냉과일 조각 케이크 완성하기

44 1구 바늘을 이용하여 나뭇잎 모양으로 만들며 단단하게 찔러줍니다.

45 생크림 케이크와 여러 과일을 만들어 놓았습니다.

46 생크림 케이크 위에 1구 바늘을 이용하여 과일들을 장식합니다.

47 생크림 조각 케이크가 완성되었습니다.

✳ 머핀 컵 만들기

48 밤색(CO32) 양모를 계단식으로 쌓아줍니다.

49 둥글고 단단하게 말아 줍니다.

50 1구 바늘로 양모가 풀어지지 않게 찔러 줍니다.

51 3구 바늘을 이용하여 둥근 기둥 모양으로 만들어 줍니다.

52 밤색(CO32) 양모를 둥글고 납작하게 접어줍니다.

53 3구 바늘을 이용하여 둥글게 모양을 잡아줍니다.

54 만들어 놓았던 밤색 기둥에 올려 위에서 감싸게 한 후 1구 바늘로 찔러줍니다.

55 1구 바늘로 머핀 모양을 예쁘게 만들어 머핀 빵을 만들어 줍니다.

❋ 장식하기

56 흰색(C001) 양모를 조금 뽑아 돌돌 말아 줍니다.

57 3구 바늘로 납작하고 단단하게 만듭니다.

58 납작한 흰 양모를 머핀 위 약간 옆으로 쏠리게 올려 1구 바늘로 찔러 줍니다.

59 흰 양모를 1구 바늘로 예쁘게 모양을 만듭니다.

60 빨간색(C007) 양모를 조금 뽑아 돌돌 말아줍니다.

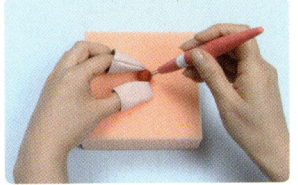

61 3구 바늘로 단단하고 동그랗게 체리를 만듭니다.

62 흰색(C001) 양모를 조금 뽑아 손으로 동그랗게 비벼 줍니다.

63 1구 바늘로 체리 위에 비벼 놓은 흰색 양모를 올려 포인트를 줍니다.

64 체리를 머핀 위 흰 양모에 올리고 1구 바늘로 고정 시킵니다.

65 밤색(C032)과 연갈색(C035) 양모를 조금씩 뽑아 손으로 비벼 뭉쳐 초코칩을 만들어 줍니다.

66 연갈색 양모의 초코칩을 머핀 위에 올려 1구 바늘로 장식합니다.

67 밤색 양모의 초코칩을 머핀 위에 올려 1구 바늘로 장식합니다.

68 초코 머핀을 완성한 사진 입니다.

생크림 조각 케이크(측면도)

초코머핀(측면도)

딸기 무스 케이크(측면도)

빵 네트 실물 도안

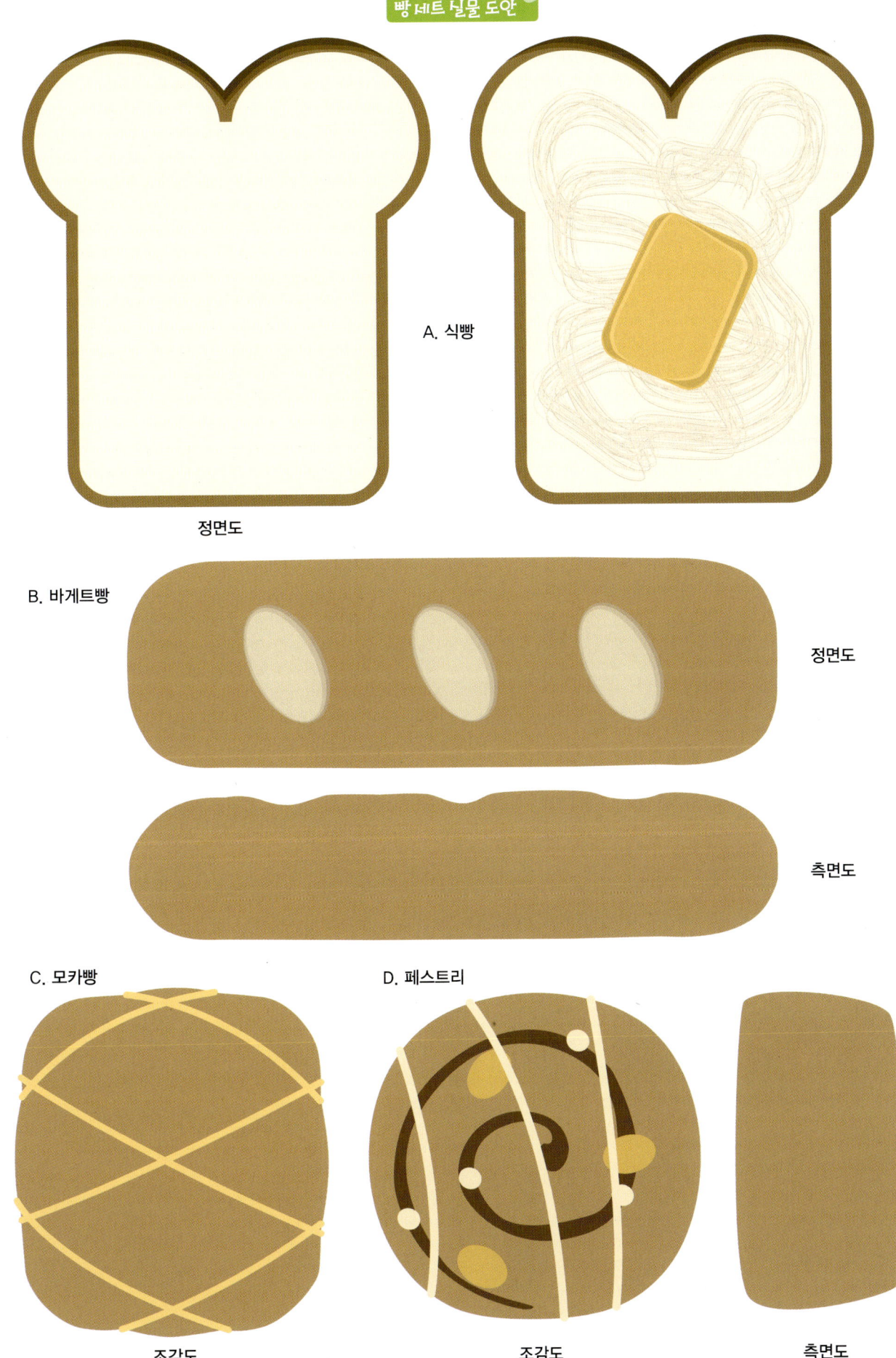

A. 식빵

정면도

B. 바게트빵

정면도

측면도

C. 모카빵   D. 페스트리

조감도   조감도   측면도

Part 6

니들펠트로 만드는
인테리어&생활소품

방안에 귀여운 친구
20 곰 시계

준비물 밝은주황색(C005), 노란색(C003), 하늘색(C019), 분홍색(C013), 검은색(C040), 연두색(C028), 빨간색(C007), 흰색(C001) 양모, 스펀지, 5구 바늘, 1구 바늘, 바늘, 면사, 수성펜 또는 초크펜, 가위, 송곳, 시계 장식, 시계 부속 세트(시침, 분침, 초침), 2mm 폴리펠트지CP-84번(가로 21cm, 세로 23cm), 곰돌이 도안

★ **예상 재료비:** 1만 3,000원 ★ **예상 제작 시간:** 2시간 30분 ★ **완제품 예상가:** 3만 원

✽ 시계 밑판 만들기

01 파란색 펠트지(2mm 폴리펠트지 CP-84번)에 도안을 대고 수성펜이나 초크펜을 이용하여 윤곽을 그린 후 앞판과 뒤판 2장(가로 21cm, 세로 23cm)을 오려줍니다.

02 곰시계 상세 부분의 도안을 오려낸 후 귀, 눈, 배, 손과 발 등의 위치를 잡아 배치합니다.

03 수성펜이나 초크펜을 이용하여 도안에 맞도록 각 부분의 위치를 고정시켜 그려줍니다.

04 먼저 흰색(C001) 양모를 적당량 뽑아 5구 바늘로 곰의 배 부분의 가장자리부터 안쪽으로 메워가며 5구 바늘로 찔러줍니다.

05 5구 바늘로 골고루 찔러 배 부분의 무늬를 완성합니다.

06 1구 바늘을 이용하여 흰색 양모로 귀 부분도 완성합니다.

07 노란색(C003) 양모와 1구 바늘을 이용하여 얼굴 부분을 완성합니다.

08 검은색(C040) 양모를 얇게 뽑아 1구 바늘로 코를 만들어 줍니다.

09 코를 만들고 난 검은색 양모를 1구 바늘을 이용해 '人' 모양으로 만들어 입을 표현해 줍니다.

10 검은색 양모와 1구 바늘로 눈을 만들어 줍니다.

11 분홍색(C013) 양모로 타원형으로 볼터치도 표현해 줍니다.

12 빨간색(C007) 양모로 나비넥타이를 만들어 줍니다.

13 하늘색(C019) 양모로 곰의 손을 만들어 줍니다.

14 검은색(C040) 양모로 얇게 뽑아 1구 바늘로 찔러 손 부분의 무늬도 넣어주세요.

15 하늘색(C019) 양모로 발을 표현해 줍니다.

16 연두색(C028) 양모로 12시와 6시 방향을 표시하고, 밝은주황색(C005) 양모로 3시와 9시 방향을 표시해 줍니다.

17 하얀색(C001) 양모로 콧잔등 부근에 콧망울을 만들어 주세요.

❋ 시계 부품 끼우기

18 송곳으로 시계 바늘을 끼울 위치를 뚫어줍니다.

19 시계 장식이 들어갈 구멍을 좀 더 크게 내기 위해 송곳으로 뚫은 구멍을 가위로 십자 모양을 내줍니다.

20 시계 부속 세트를 준비 합니다.

21 곰돌이 뒷부분에 시계 부속 세트를 끼워줍니다.

22 시계 부속 세트의 나사를
돌려 고정합니다.

23 시계 부속 세트를 달아준
뒷모습입니다.

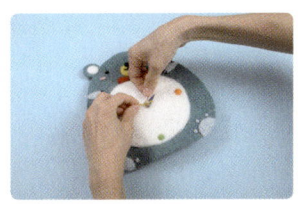
24 시침과 분침, 초침을 달아
줍니다.

25 시계를 연결하여 완성한
모습입니다.

✽ 버튼홀 스티치 하기

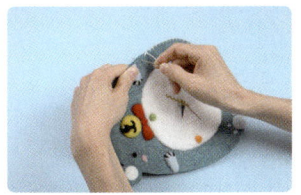
26 뒤판을 덧댄 후 바늘에 면
사를 끼우고 곰 시계의 가
장자리를 버튼홀 스티치
로 고정해 줍니다. 곰의 발
부분에서 시작해서 발 부
분까지의 아랫부분은 시계
장식의 탈부착과 건전지의
교체를 쉽게 하기 위해서
버튼홀 스티치를 하지 않
습니다.

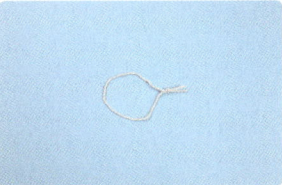
27 곰의 머리 부분에 들어갈
고리를 한번 묶어줍니다.

28 머리 가운데 부분에 고리를
끼워줍니다.

29 고리를 끼운 후 버튼홀 스
티치로 계속 가장자리를
꿰매줍니다.

30 곰돌이 모양의 시계가 완성되었습니다.

다른 디자인으로 만들어 보세요!
디자인을 바꿔서 만들어 보면 집안을 꾸미기가 훨씬 수월해 집니다.

응용작품 ※곰시계 실물 도안은 별지에 있습니다.

주차할 때 유용한
주차판

21 두차할때 유용한 주차판

준비물 짙은하늘파란색(C020), 흰색(C001), 빨간색(C007), 주황색(C005),
연두색(C028), 분홍색(C013), 노란색(C003), 진한초록색(C026),
푸른빛하늘색(C021), 짙은파란색(C023), 보라색(C010),
밤색(C032) 양모, 1구 바늘, 3구 바늘, 5구 바늘, 스펀지

★ 예상 재료비: 1만 4,000원 ★ 예상 제작 시간: 3시간 ★ 완제품 예상가: 3만 원

✳ 구름 모양 밑판 만들기

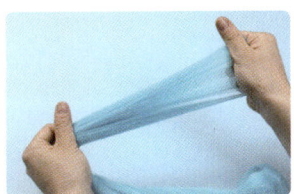

01 만들 주차판의 크기를 고려하여 적당량의 짙은하늘파란색(C020) 양모를 손으로 잡아 뜯습니다.

02 뜯어낸 양모를 타원형 모양으로 말아줍니다.

03 타원형 모양의 양모를 3구나 5구 바늘을 이용해 부드럽게 다져 줍니다. 같은 방법으로 10여 개를 준비해 줍니다.

04 이렇게 다져낸 타원형 양모를 해바라기 꽃잎 모양으로 바닥에 놓고, 1구나 3구 바늘을 이용해 가볍게 연결해 줍니다.

05 구름 모양의 밑판이 어느 정도 가볍게 연결이 되었으면, 밑판의 중앙 부분에 하늘색 양모를 덧대어 빈 공간이 보이지 않게 완전히 감싸고 바늘로 가볍게 다져줍니다.

06 전체적으로 구름 모양의 밑판이 평평해지도록 양을 조절하여 더 덧댑니다.

07 5구 바늘을 이용해 덧댄 구름 밑바탕을 꼼꼼하게 다져줍니다.

08 3구 바늘을 이용해 꼼꼼하게 더 다져줍니다.

09 구름 밑바탕이 완성된 사진입니다.

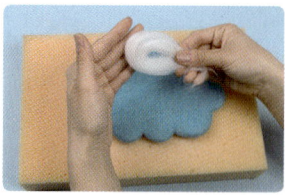

10 위에 올릴 흰구름을 표현할 흰색(C001) 양모를 동그랗게 만들어 줍니다.

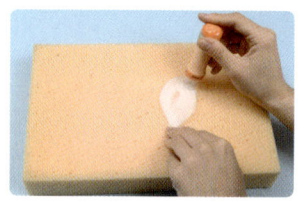

11 그 모양대로 5구 바늘을 사용해서 형태를 잡아 줍니다.

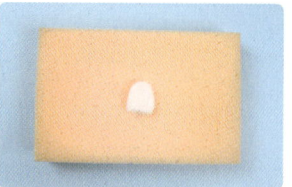

12 흰 구름의 한쪽 면이 완성된 모습입니다. 같은 방법으로 10여 개를 만들어 줍니다.

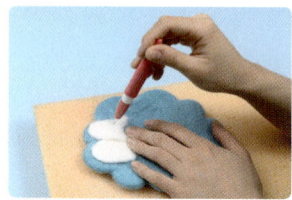

13 밑바탕 크기보다 1㎝ 정도 작게 위에 고정시켜 줍니다.

14 전체를 똑같은 방법으로 고정시켜 준 후 듬성듬성한 곳을 정리해 줍니다.

15 1구 바늘을 사용해서 테두리를 깔끔하게 정리해 줍니다.

16 푸른 구름 밑바탕에 흰 구름이 고정된 모습입니다.

✽ 두차 쿠션 장식하기

17 햇님 얼굴을 만들 노란색(C003) 양모를 뜯어 줍니다.

18 동그랗게 만들어 줍니다.

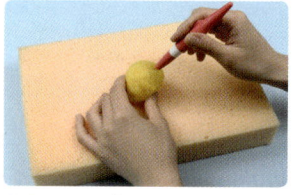

19 공 모양으로 뭉쳐진 양모를 바늘을 이용하여 동그랗게 고정시켜 줍니다.

20 3구 바늘을 사용해서 바탕에 붙일 부분을 평형하게 만들어 줍니다.

21 구름판에 붙일 장식없는 햇님의 완성 모습입니다.

22 구름판에 햇님 얼굴을 고정시켜 줍니다.

23 고정된 모습입니다.

24 고정된 햇님 얼굴 주위로 노란색 양모를 이용해 햇살을 표현해 줍니다.

25 햇님과 햇살을 표현한 완성 모습입니다.

26 기화성펜을 이용해서 얼굴 위치를 잡아줍니다.

27 투명 실을 이용해서 비즈로 눈을 붙여 줍니다.

28 빨간색(C007) 양모를 이용해서 웃는 입을 만들어 준 모습입니다.

✽ 전화번호 새기기

29 준비한 무지개 색상의 양모를 손바닥으로 비벼 말아, 얇게 실을 만들어 줍니다.

30 바늘을 이용해 Call 글씨와 전화번호를 새겨줍니다.

31 구름 주차판을 완성하였습니다.

※주차판 실물 도안은 별지에 있습니다.

책상 위 친구

고양이 마우스 패드

책상위친구

22 고양이 마우스 패드

준비물 짙은하늘파란색(C020), 흰색(C001), 진분홍색(C011), 노란색(C003) 양모, 스펀지, 5구 바늘, 1구 바늘, 바늘, 흰색 실, 수성펜, 흰색 초크펜, 가위, 고양이 마우스 패드 도안, 2mm 폴리펠트지 멜란 빨강(CP-87, 가로 19cm, 세로 26cm), 멜란 검정(CP-92번, 가로 17cm, 세로 24cm),

★ 예상 재료비: 9,000원 ★ 예상 제작 시간: 2시간 ★ 완제품 예상가: 2만 5,000원

01 멜란 검정(CP-92번, 가로 17cm, 세로 24cm) 펠트지에 도안을 대고 수성펜을 이용하여 고양이의 윤곽을 그린 후 오려줍니다.

02 고양이의 귀, 눈, 코, 입, 발바닥 부분의 도안을 오린 후 각 위치를 잡아 배치합니다.

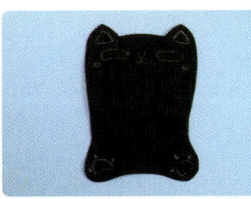

03 흰색 초크펜을 이용하여 도안의 위치를 고정시켜 그려줍니다.

04 흰색(C001) 양모를 가늘게 뽑아 그려진 귀 모양의 부분에 1구 바늘을 이용하여 고정시킵니다.

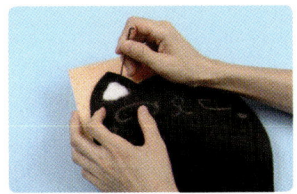

05 그려진 면을 메워 가듯이 1구 바늘로 흰색 양모를 찔러가며 귀 모양을 만들어줍니다.

06 귀 모양의 가장자리 부분만 1구 바늘로 깊게 찔러가며 면 가장자리를 깔끔하게 정리해주세요.

07 같은 방법으로 나머지 귀 모양과 코, 입, 발바닥 부분을 완성합니다.

08 흰색 실을 이용하여 귀 모양과 발바닥 모양의 가장자리에 홈질을 해줍니다.

09 귀와 발바닥의 가장자리를 홈질하여
완성합니다.

10 노란색(C003) 양모를 준비하여 1구
바늘로 눈를 표현해 줍니다.

11 짙은하늘파란색(C020) 양모로 눈동
자를 만들어 줍니다.

12 흰색(C001) 양모를 가늘게 뽑아 눈
동자의 눈망울도 만들어주고 분홍색
(C011) 양모로 볼터치 부분을 만들어
준 후 같은 방법으로 나머지 눈과 볼
터치 부분을 만들어 줍니다.

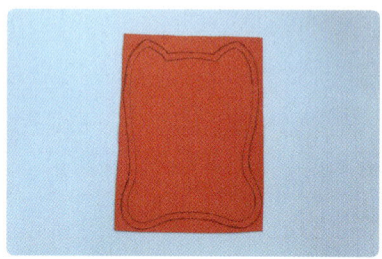

13 빨간색 펠트지(2mm 폴리펠트지
CP-87번)에 고양이 모양의 도안을
대고 수성펜을 이용하여 고양이의 윤
곽보다 약 0.8mm 정도 크게 그려준
후 오립니다.

14 빨간 펠트지에 검은 고양이를 덧대고
흰색 실을 이용하여 검은 고양이의 가
장자리에서 5mm 안쪽 부분을 홈질하
여 고정시킵니다.

15 고양이 마우스 패드가 완성되었습니다.

손목 보호대도 만들어 보세요!
고양이 디자인을 응용해서 손목 보호대를 만들어 보세요. 펠트천과 솜
을 이용하면 귀여운 손목 보호대를 만들 수 있답니다.

응용작품

※고양이 마우스 패드 실물 도안은 별지에 있습니다.

앙증맞은
계란프라이 바늘꽂이

양등맑은
계란프라이 바늘꽂이

준비물 자연색 원모(C041), 노란색(C003), 빨간색(C007), 밤색(C032), 분홍색(C013) 양모, 1구 바늘, 5구 바늘, 스펀지, 기화성펜

★ 예상 재료비: 5,000원 ★ 예상 제작 시간: 1시간 ★ 완제품 예상가: 1만 2,000원

✽ 흰자 만들기

01 자연색 원모(C041) 양모를 뽑아 동그라미 모양으로 놓아줍니다.

02 스펀지 위에 놓고 5구 바늘로 흰 원모를 전체적으로 찔러줍니다.

03 가장자리의 모양을 잡아가면서 원모를 안쪽으로 모아줍니다.

04 모아준 원모를 5구 바늘로 찔러 고정시켜 줍니다.

05 흰자의 가장자리 부분을 5구 바늘을 찔러줍니다.

06 1구 바늘로 찔러 주고 가장자리를 다듬어 줍니다.

07 흰자를 완성한 모습입니다.

✽ 노른자 만들기

08 노란색(C003) 양모를 뽑아서 계단식으로 놓고 끝에서 꼼꼼하게 말아줍니다.

09 1구 바늘로 찔러 고정시켜 준 후 5구 바늘로 전체적으로 찔러줍니다.

10 둥글넓적한 모양을 내기 위해 손으로 눌러줍니다.

11 호빵처럼 바닥은 평평하게
하고 위쪽은 둥글게 1구
바늘로 다듬어 줍니다.

12 다시 손바닥으로 굴려 주
면서 모양을 잡아줍니다.

13 노른자를 완성하였습니다.

✱ 얼굴 만들기

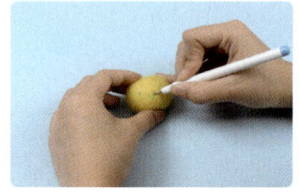

14 기화성펜으로 노른자에 얼
굴을 그려줍니다.

15 눈을 만들기 위해 밤색
(C032) 양모를 조금만 뽑아
노른자의 오른쪽 눈 위치에
놓고 고정시켜 줍니다.

16 왼쪽 눈 부분도 같은 방법
으로 완성시켜 줍니다.

17 빨간색(C007) 양모를 조금
뽑아 1구 바늘로 웃는 모
양을 만들어 줍니다.

18 웃는 입을 완성한 모습입
니다.

19 분홍색(C013) 양모를 뽑아
살살 비벼 동그랗게 엉킨
양모를 볼 부분에 놓고 찔
러 모양을 잡아 줍니다.

20 웃는 얼굴을 완성하였습니다.

✱ 흰자와 노른자 고정시키기

21 노른자를 흰자 위에 놓고
위치를 잡아줍니다.

22 1구 바늘로 흰자에서 노른
자 쪽으로 찔러 고정한 후
5구 바늘로 튼튼히 고정합
니다.

23 노른자 밑 부분을 흰자 쪽
으로 찔러 모양과 형태를
고정시켜 줍니다.

24 계란프라이 핀꽂이를 완성
한 모습입니다.

 **여러 가지 표정의 핀꽂이를 만들어 보세요!**
응용작품 디자인을 응용해서 여러 가지 귀여운 표정의 계란 핀꽂이를 만들어 보세요.

계란프라이 핀꽂이 닐물 도안

조감도

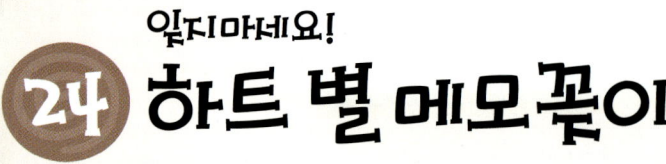

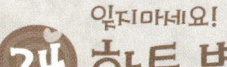

잊지마세요!
24 하트 별 메모꽂이

준비물 흰색(C001), 진분홍색(C011), 분홍색(C013), 푸른빛하늘색(C021),
연노랑색(C002), 주황색(C006), 노란색(C003), 연두색(C028),
진한초록색(C026) 양모, 나무젓가락, 송곳, 1구 바늘, 5구 바늘,
글루건, 메모 집게, 송곳

★ **예상 재료비:** Set 1만 6,000원 ★ **예상 제작 시간:** 2시간 30분 ★ **완제품 예상가:** 각 1만 8,000원

✳ 메모꽂이 몸통 만들기

01 나무젓가락을 사용해서 진
푸른빛하늘색(C021) 양모
를 두안대로 단단하게 뭉
쳐줍니다.

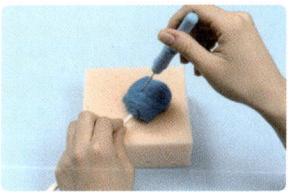

02 1구 바늘을 사용해서 고정
시켜 줍니다.

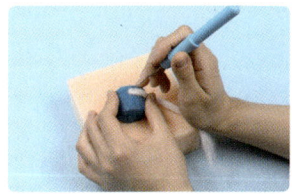

03 포인트를 줄 양모로 테두
리를 장식해 줍니다.

04 메모꽂이의 몸판이 완성된
모습입니다.

05 연노랑색(C002) 양모를 동
그랗게 뭉친 후에 바늘을
이용해 약간 납작하게 고
정시켜 줍니다.

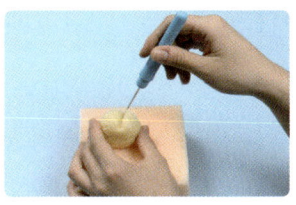

06 1구 바늘로 원을 5등분하
여 살짝 찔러 나눈 후 1구
바늘로 깊이 찔러 별의 모
양을 잡아줍니다.

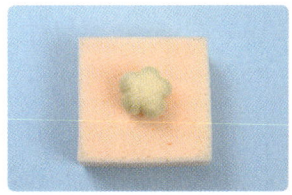

07 5등분으로 모양을 잡아줍
니다.

08 끝으로 갈수록 뾰족하게
잡아주면서 별 모양을 만
들어 줍니다.

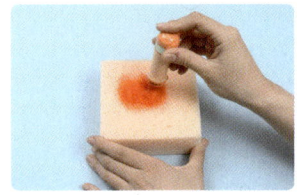

09 주황색(C006) 양모를 소량
만 뜯어 5구 바늘로 원단
을 만들어 줍니다.

10 별 모양으로 잡아줍니다.

11 밑판 크기보다 0.3mm 정
도 여유를 주고 별 위에 고
정시켜 줍니다.

12 주황색(C006) 양모를 고정
시켜준 모습입니다.

13 똑같은 방법으로 그 위에
흰색(C001) 양모도 고정시
켜 줍니다.

14 달도 만들어 주세요.

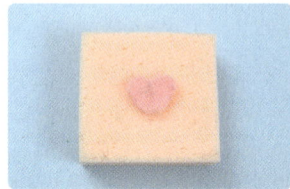

15 별 만드는 방법과 같은 방
법으로 하트도 만들어 주
세요.

16 하트가 완성된 모습입니다.

✽ 메모 집게 결합해 완성하기

17 사이즈가 다르게 하트를 2개
만들어 주세요.

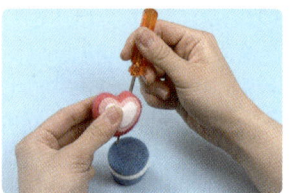

18 송곳으로 하트에 구멍을
뚫어줍니다.

19 하트의 구멍에 메모 집게
를 넣어줍니다.

20 메모꽂이 몸통에 송곳으로
구멍을 뚫어줍니다.

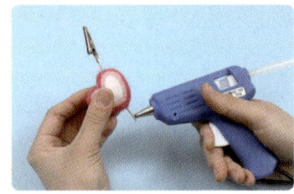

21 메모 집게가 빠지지 않도
록 메모 집게 밑 부분에 글
루건을 사용해 고정시켜
줍니다.

22 메모 집게를 결합한 메모
꽂이 완성 사진입니다.

23 여러 가지 별과 달, 하트 등으로 꾸민 메모꽂이가 완성되었습
니다.

하트 별 메모꽂이 님물 도안

정면도

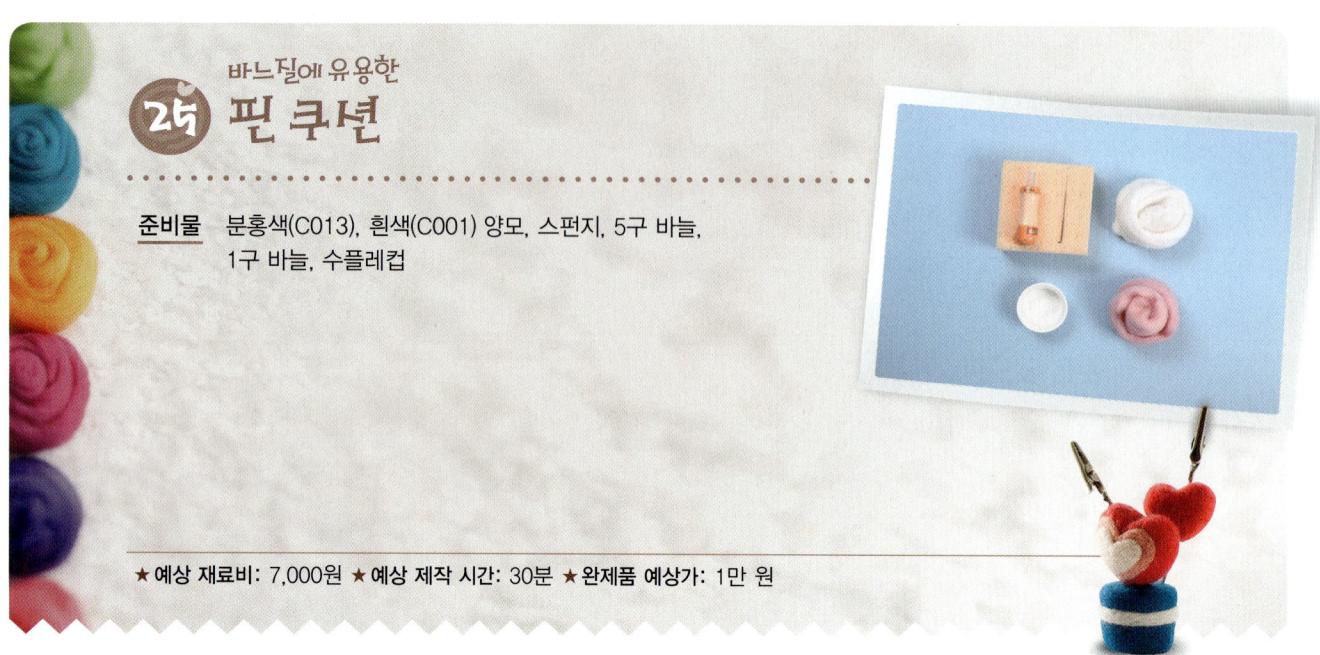

준비물 분홍색(C013), 흰색(C001) 양모, 스펀지, 5구 바늘,
1구 바늘, 수플레컵

★ 예상 재료비: 7,000원 ★ 예상 제작 시간: 30분 ★ 완제품 예상가: 1만 원

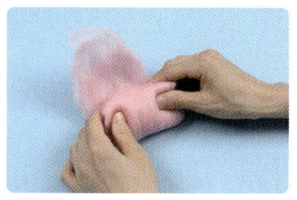

01 적당량의 분홍색(C013) 양모를 동그랗게 말아줍니다.

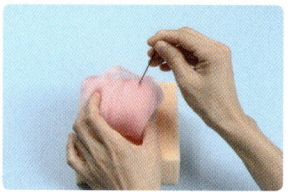

02 동그랗게 말아놓은 양모를 스펀지 위에 놓고 1구 바늘을 이용하여 양모가 풀리지 않도록 고정시켜 줍니다.

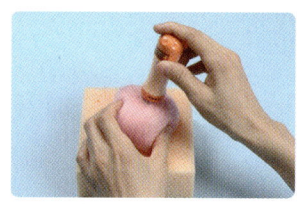

03 5구 바늘을 이용하여 양모를 돌려가며 골고루 찔러줍니다.

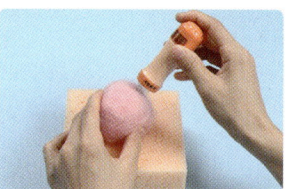

04 양모 덩어리가 동그랗게 되도록 모양을 잡아가며 작업합니다.

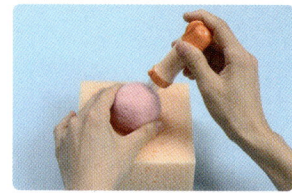

05 공 모양이 되도록 만들어 줍니다.

06 공 모양이 완성되었습니다.

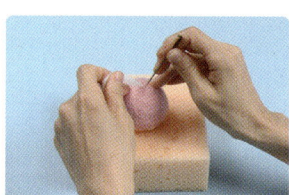

07 흰색(C001) 양모를 적당량 가늘게 뽑아 도트(점) 무늬를 넣을 위치에 1구 바늘을 이용하여 양모의 끝부분을 찔러 고정시켜 줍니다.

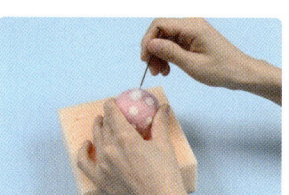

08 1구 바늘을 이용하여 원하는 도트 크기로 무늬를 만듭니다.

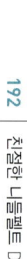

09 도트 무늬가 완성되었습니다.

10 준비된 수플레컵에 완성된 도트 무늬의 양모 덩어리 를 넣어주면 핀 쿠션이 완 성됩니다.

다른 핀꽂이도 만들어 보세요!

다른 색상(연두색과 빨간색)의 양모를 이용하여 같은 방법으로 만들어 보세요.

응용작품

핀 쿠션 실물 도안

측면도

수플레컵에 완성한 핀 쿠션을 넣어주세요.

간단하게 만드는
26 꽃 모양 브로치 핀

준비물 연남색보라색(C015), 흰색(C001) 양모, 브로치 옷핀,
1구 바늘, 5구 바늘, 스펀지, 글루건

★ 예상 재료비: 3,000원 ★ 예상 제작 시간: 30분 ★ 완제품 예상가: 1만 원

01 연남색보라색(C015) 양모
를 뽑아 둥글납작하게 말
아준 후, 1구 바늘로 찔러
양모가 풀어지지 않도록
고정시킵니다.

02 1구 바늘로 찌른 양모를 5
구 바늘로 골고루 찔러, 양
모를 좀 더 동그랗고 납작
하게 단단히 만들어줍니다.

03 납작한 양모를 세워 1구
바늘로 찔러, 볼륨이 생기
게 합니다.

04 같은 방법으로 모두 5곳을
찔러 꽃 모양을 만듭니다.

05 흰색 양모를 조금 뽑아, 꽃
의 가운데에 올려 1구 바
늘로 찔러 고정시킵니다.

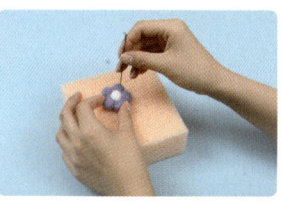

06 흰색 양모의 테두리가 둥
근 모양이 되도록 1구 바
늘로 깔끔하게 찔러 정리
합니다.

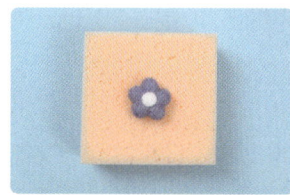

07 꽃이 완성된 모양입니다.

08 브로치용 옷핀의 머리에
글루를 칠합니다.

09 앞에서 완성한 양모 꽃 뒷면에 브로치
용 옷핀을 단단하게 고정시켜 줍니다.

10 완성된 브로치 핀 모습입니다.

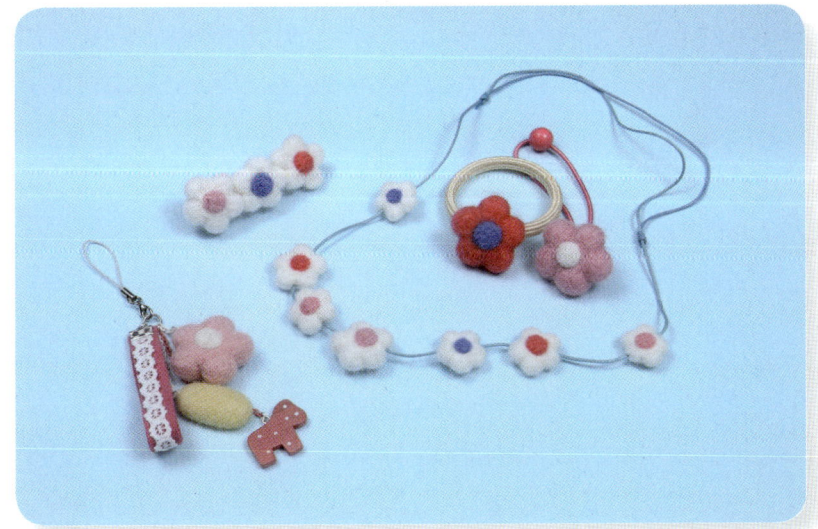

다른 액세서리도 만들어 보세요!
머리끈, 목걸이 등도 같은 방법으로 만들 수 있습니다. (아이들을 위해
만들어 줄 경우, 비즈를 달아주면 아이들이 더 좋아합니다.)

응용작품

꽃 모양 브로치 핀 실물 도안

조감도

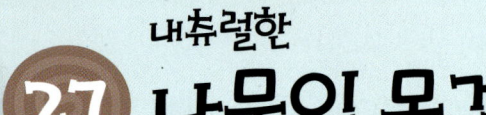

내츄럴한
27 나뭇잎 목걸이 귀걸이 세트

내츄럴한

27 나뭇잎 목걸이 귀걸이 세트

준비물 밤색(C032), 초록색(C027) 양모, 금사, T핀, 체인, 오링, 바늘,
1구 바늘, 5구 바늘, 9자 펜치(또는 롱노우즈), 스펀지,

★ 예상 재료비: 7,000원 ★ 예상 제작 시간: 1시간 30분 ★ 완제품 예상가: 2만 원

01 초록색(C027) 양모를 뽑아 나뭇잎처럼 타원형이 되도록 말아준 후, 1구 바늘로 찔러 양모가 풀어지지 않도록 고정시킵니다.

02 1구 바늘로 자연스러운 나뭇잎 모양이 되도록 테두리를 찔러서, 들어갈 부분은 1구 바늘로 집중적으로 찔러 들어가게 만듭니다.

03 밤색(C032) 양모를 조금 뽑아 나뭇잎 위에 올려 5구 바늘로 찔러 자연스러운 무늬가 도드라지도록 합니다.

04 5구 바늘로 나뭇잎을 전체적으로 찔러 울퉁불퉁한 면을 고르게 만들고, 모양도 좀 더 단단해지도록 만듭니다.

05 금사를 이용하여, 나뭇잎의 한쪽 면에 아웃트라인스티치를 하여, 무늬를 넣어줍니다.

06 바느질로 무늬를 넣어준 모습입니다.

Part 6 니들펠트로 만드는 인테리어&생활소품

197

07 초록색 양모 공을 작게 만들어 가운데 부분에 T핀을 꽂아줍니다.

08 핀의 한쪽을 1cm 정도 남기고 자른 뒤, 9자 펜치를 이용하여 9자말이를 해줍니다.

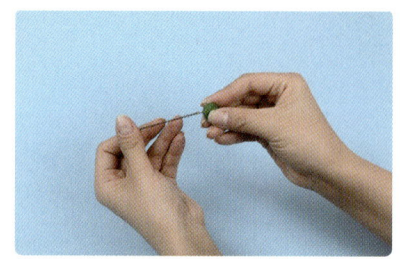

09 체인을 끼워 연결합니다.

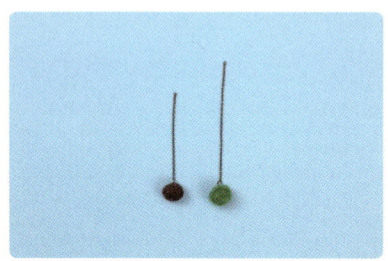

10 같은 방법으로 체인의 길이를 조금 짧게 하여, 밤색 양모 공도 만들어 줍니다.

11 나뭇잎의 위쪽에 1구 바늘 또는 송곳을 이용하여, 구멍을 내어줍니다.

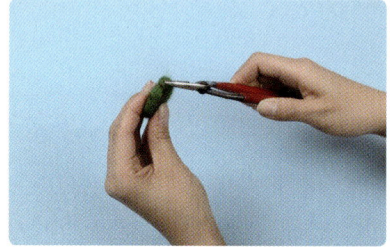

12 송곳으로 내준 구멍에 오링을 끼워줍니다.

13 오링에 앞의 체인 2개를 같이 끼워 연결합니다.

14 같은 방법으로 작게 귀걸이도 한 쌍을 만들어 액세서리 세트를 완성합니다.

여러 액세서리로 응용해 보세요!
디자인과 만들기 기법을 응용하면 여러 가지 액세서리를 만들 수 있습니다.

응용작품

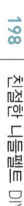

나뭇잎 목걸이 귀걸이 네트 실물 도안

Part 7

니들펠트로 만드는
선물

설날에 선물하고픈

28 십이지신 미니미 인형

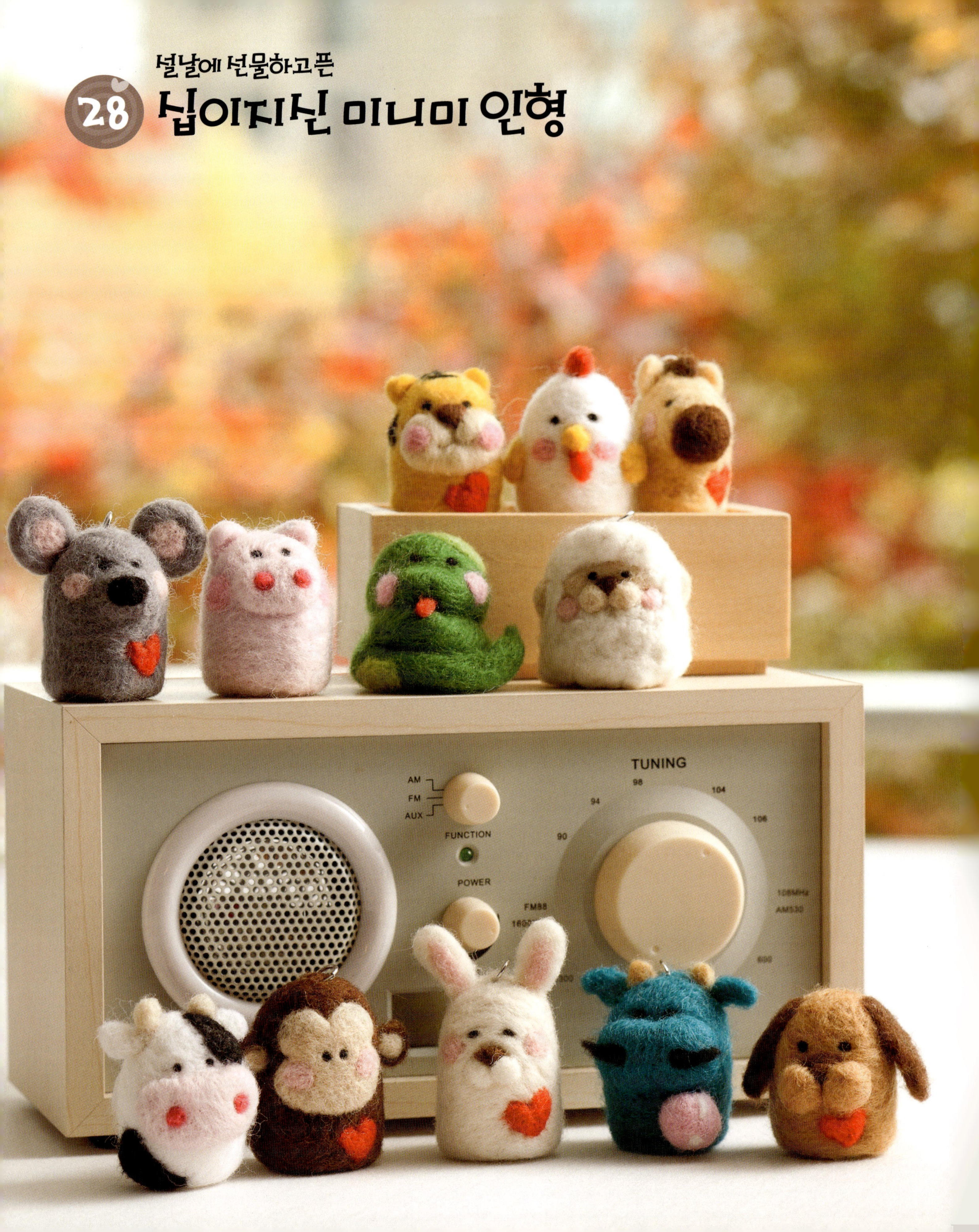

설날에 선물하고픈

28 십이지신 미니미 인형

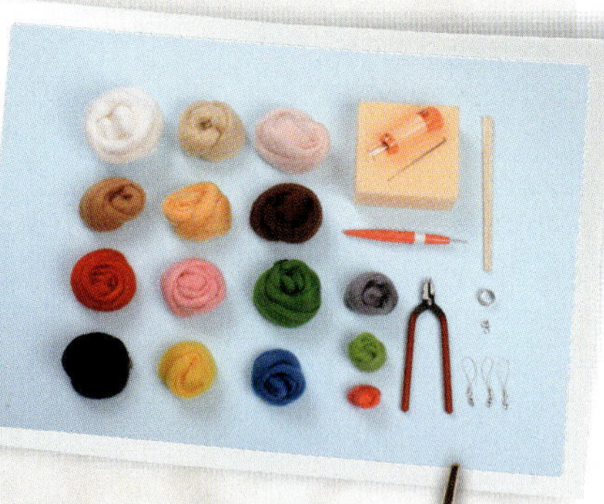

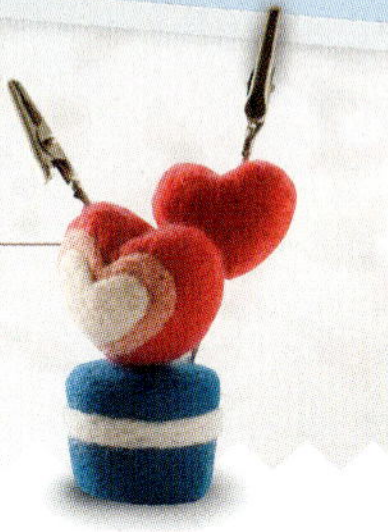

준비물 흰색(C001), 빨간색(C007), 검은색(C040), 노란색(C003), 연갈색(C035), 연분홍색(C014), 분홍색(C013), 진분홍색(C011), 밝은주황색(C005), 연두색(C028), 초록색(C027), 청록색(C025), 옅은황갈색(C036), 살구색(C037), 진한회색(C039) 등 총 15가지 양모, 1구 바늘, 5구 바늘, 스펀지

★ **예상 재료비:** 3만 원(총 12가지) ★ **예상 제작 시간:** 각 40분
★ **완제품 예상가:** 각 1만 5,000원

쥐(子) 만들기

몸통 만들기

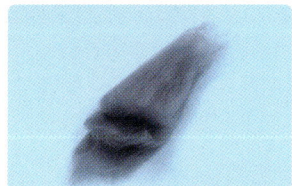

01 진한회색(C039) 양모를 뽑아 계단식으로 쌓아줍니다.

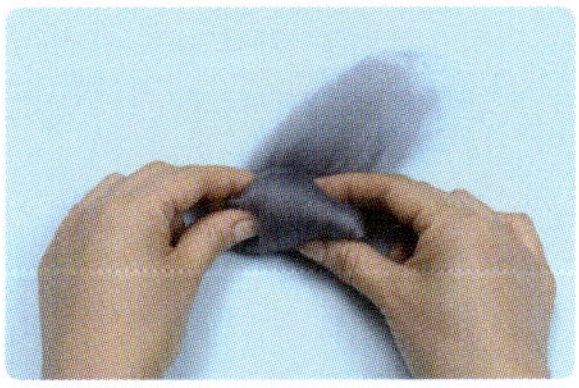

02 양모를 돌돌 말아줍니다.

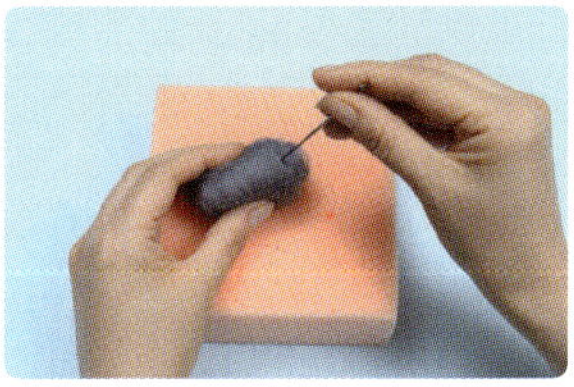

03 1구 바늘을 이용하여 찔러줍니다.

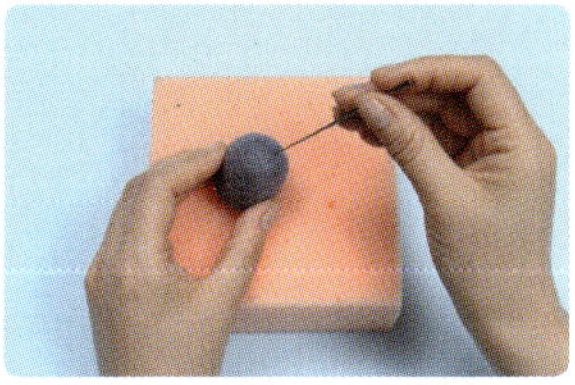

04 1구 바늘을 이용하여 양모 덩어리를 단단하게 고정시켜 줍니다.

얼굴과 코 만들기

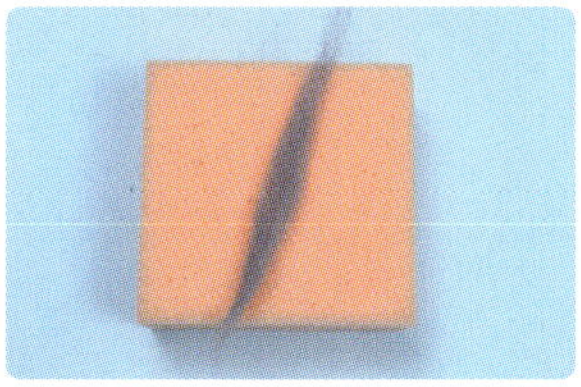

05 진한회색(C039) 양모를 조금 뜯어줍니다.

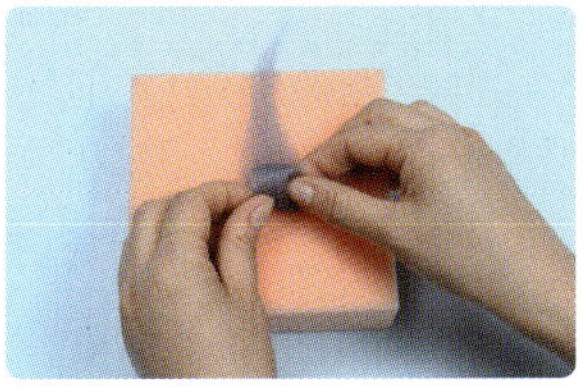

06 양모를 돌돌 말아줍니다.

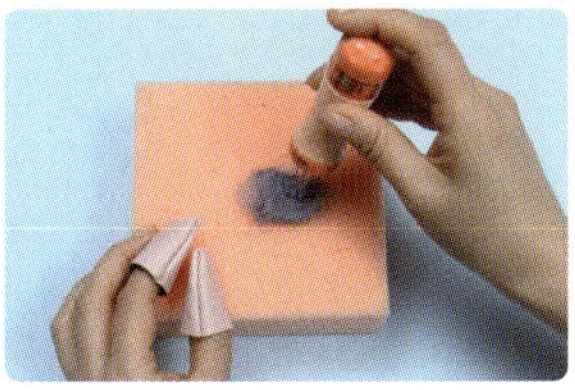

07 5구 바늘을 이용하여 납작하게 만들어줍니다.

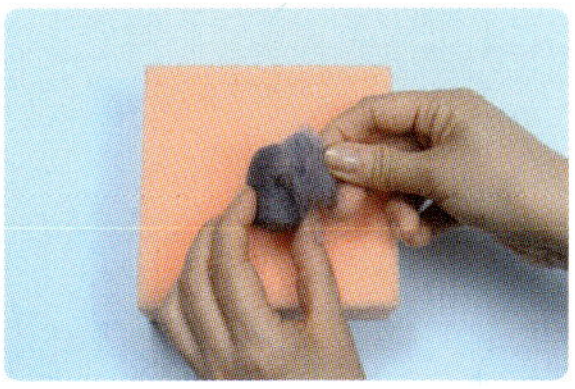

08 납작하게 원단으로 만든 양모를 코 위에 올려줍니다. (쥐의 코 연결부분을 없애기 위하여 양모를 덧대어주는데 이때 원단으로 만든 양모의 가장자리를 손으로 살짝 풀어 매끈하게 만듭니다.)

09 3구 바늘을 이용하여 매끈
하게 양모를 덧대어줍니다.

10 검은색(CO40) 양모를 조금
뽑아 동그랗게 만듭니다.

11 1구 바늘을 이용하여 코
윗부분에 찔러 코를 완성
합니다.

✽ 귀 만들어 붙이기

12 소량의 진한회색(CO39)
양모 2줄을 준비합니다.

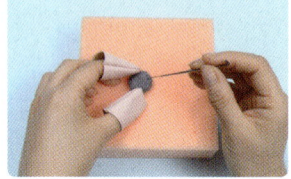

13 납작하고 동그랗게 귀를
만듭니다.

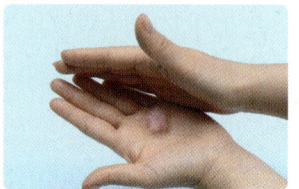

14 분홍색(CO13) 양모를 조
금 뽑아 손으로 비벼 동그
랗게 만듭니다.

15 분홍색 양모를 귀 안쪽부분
에 1구 바늘로 찔러줍니다.
이렇게 2개를 준비합니다.

16 1구 바늘을 이용하여 귀를
달아줍니다.

17 쥐의 코와 두 귀를 완성했
습니다.

✽ 눈 붙이고 장식하기

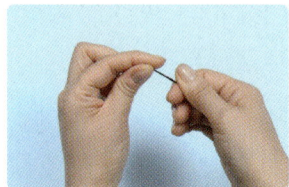

18 검은색(CO40) 양모를 조금
뽑아 손으로 꼬아줍니다.

19 실처럼 만든 검은색 양모
를 눈 부분에 1구를 이용
하여 찔러줍니다.

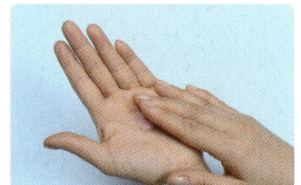

20 분홍색(CO13) 양모를 조
금 뽑아 손으로 비벼 동그
랗게 만듭니다.

21 1구 바늘을 이용하여 쥐의
볼에 볼터치를 만듭니다.

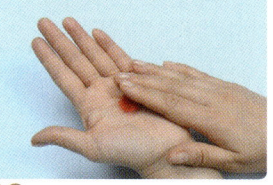

22 빨간색(CO07) 양모를 조
금 뽑아 손으로 동그랗게
비벼줍니다.

23 1구 바늘을 이용하여 하트
를 만들어 배에 고정시켜
줍니다.

✽ 고리 걸어 완성하기

24 쥐의 머리 윗부분에 1구 바늘을 이용하여 왔다 갔다 하면서 구멍을 만듭니다.

25 오링반지를 이용하여 오링 입구를 벌려줍니다.

26 만든 구멍에 평자 펜치를 이용하여 오링을 달아주고 1구로 마무리합니다.

27 핸드폰 고리를 연결합니다. 쥐가 완성되었습니다.

돼지(亥) 만들기

28 연분홍색(C014) 양모를 손으로 뽑아 둥글게 말아서 1구 바늘로 찔러 풀리지 않게 고정시킨 후 5구 바늘로 전체적으로 찔러 크기를 줄여 갑니다.

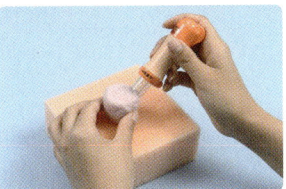
29 5구 바늘로 아랫면을 집중적으로 찔러 평평하게 만듭니다.

30 몸통을 한쪽 면은 둥글고, 밑면은 납작한 모양이 되도록 하여 돼지의 몸통을 완성합니다.

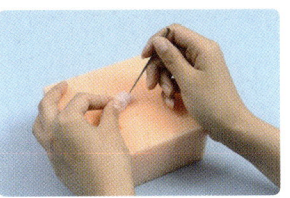
31 양모를 조금만 뽑아서 둥글게 말고 1구 바늘로 찔러 타원형의 코가 되도록 만듭니다.

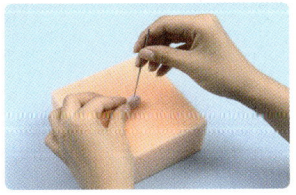
32 타원형의 코를 세워 옆면도 1구 바늘로 찔러 두께감이 살아나도록 합니다.

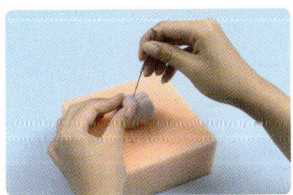
33 앞에서 만든 코 모양을 몸통 위에 놓고 1구 바늘로 찔러서 연결해 줍니다.

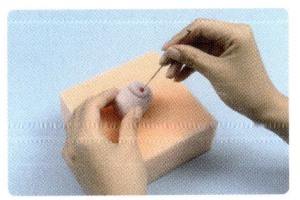
34 코 위에 진분홍색(C011) 양모를 조금 뜯어 1구 바늘로 동그랗게 찔러 넣어 콧구멍을 표현해 줍니다.

35 양모를 조금 뽑아 작고 납작한 귀 2개를 만듭니다.

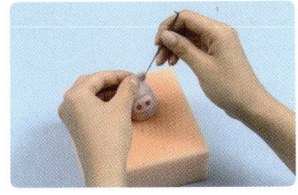
36 귀 2개를 돼지의 머리에 놓고 1구 바늘로 찔러 연결합니다.

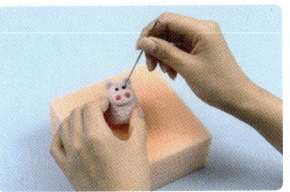
37 검은색(C040) 양모를 조금 뽑아 돼지의 눈 위치에 올려 1구 바늘로 동그랗게 찔러 넣어 눈을 표현해 줍니다.

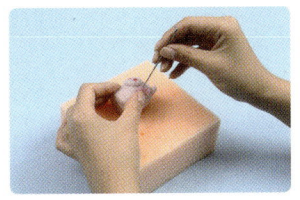
38 분홍색(C013) 양모를 조금 뽑아 돼지의 볼 위치에 올려 1구 바늘로 타원형으로 찔러 넣어 볼을 표현해 줍니다.

39 십이지신 중 돼지를 완성한 모습입니다. 핸드폰 고리를 연결하면 핸드폰 인형으로 쓸 수 있습니다.

40 초록색(C027) 양모를 손으로 뽑아 공처럼 말아서 스펀지 위에 놓고 1구 바늘로 찔러 뱀 머리를 만들어 줍니다.

41 초록색 양모를 조금 뽑아 타원형으로 말아서 뱀 얼굴 위에 놓고 1구 바늘로 찔러 뱀의 주둥이를 만들어 줍니다.

42 초록색 양모를 얇게 뽑아 주둥이 위에 살짝 덮고 1구 바늘로 찔러서 덧붙인 것이 안보이도록 해줍니다.

43 바늘로 얼굴이 깔끔해지도록 다듬어줍니다.

44 연두색(C028) 양모를 조금 뽑아 뱀 얼굴 위에 1구 바늘로 동그랗게 찔러 넣어 얼룩 무늬를 표현해 줍니다.

45 초록색 양모를 뽑아 손으로 길게 말아줍니다.

46 5구 바늘로 찔러 얇고 길쭉한 모양으로 뭉쳐지도록 합니다.

47 길쭉한 몸통 위에 연두색 양모를 조금 뜯어 1구 바늘로 동그랗게 찔러 넣어 몸통에 얼룩 무늬를 표현합니다.

48 뱀의 몸 위에 연두색 무늬를 넣은 모습입니다.(무늬는 너무 많이 넣지 않아도 됩니다.)

49 뱀의 얼굴 위에 연두색 무늬와 분홍색(C013) 볼, 검은색(C040) 눈을 1구 바늘로 찔러 얼굴을 완성시킵니다.

50 빨간색(C007) 양모를 아주 조금만 뽑아 뱀의 입 위치에 1구 바늘로 끝만 찔러 고정시켜 뱀의 혓바닥을 표현합니다.

51 앞에서 만든 얼굴의 밑면에 몸통의 끝을 대고 1구 바늘로 찔러 연결시킵니다.

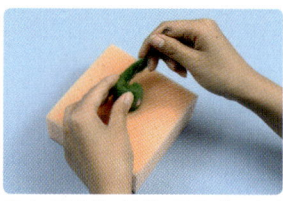

52 길쭉한 몸을 동글게 말아가면서 1구 바늘로 찔러 뱀의 똬리 모양을 표현합니다.

53 뱀을 완성한 모습입니다. 핸드폰 고리를 연결하면 핸드폰 인형으로 쓸 수 있습니다.

54 옅은황갈색(C036) 양모를 뽑아 동글게 말아 1구 바늘로 찔러 밑은 납작하고 위는 동그란 원통형 모양으로 만듭니다.

55 흰색(C001) 양모를 손가락으로 조금 뽑아줍니다.

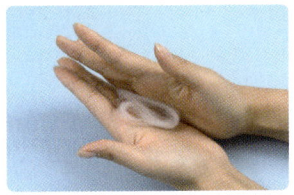

56 뽑은 양모를 손바닥에 놓습니다.

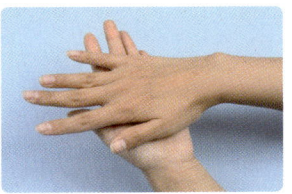

57 손바닥으로 양모를 돌려가며 양모가 동글게 뭉쳐지도록 합니다.

58 앞의 방법을 반복하여 동글동글한 털을 여러 개 만들어 놓습니다.

59 앞의 동그란 털을 몸통 위에 놓고 1구 바늘로 찔러 넣어 고정시킵니다.

60 양의 얼굴과 밑면 부분을 제외한 모든 곳에 털을 고정시켜줍니다.

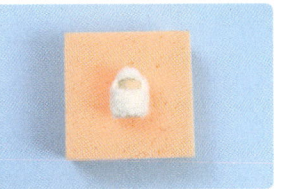

61 1구 바늘로 털을 모두 고정시킨 모습입니다.

62 작고 납작한 옅은황갈색 귀를 만들어 몸통의 귀 위치에 1구 바늘로 찔러 고정시킵니다.

63 작고 동그란 여분홍색(C014) 볼터치 2개를 만들어 얼굴의 볼 위치에 1구 바늘로 찔러 고정시킵니다.

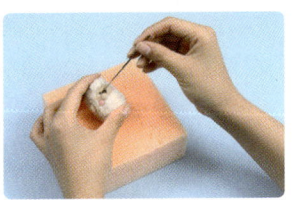

64 검은색(C040) 양모를 뜯어 1구 바늘로 찔러 코와 눈을 표현합니다.

65 양을 완성한 모습입니다. 핸드폰 고리를 연결하면 핸드폰 인형으로 쓸 수 있습니다.

응용작품

나머지 십이지신 인형도 만들어 보세요!

이 책에서 소개한 쥐, 돼지, 뱀, 양, 만드는 방법을 응용하면 나머지 십이지신 미니미 인형도 만들수 있습니다.

〈개〉

〈양〉

〈원숭이〉

〈닭〉

〈소〉

〈용〉

〈말〉

〈쥐〉

〈돼지〉

〈토끼〉

〈뱀〉

〈호랑이〉

냥큼한 신학기 선물
원숭이 필통

준비물 밤색(C032), 살구색(C037), 노란색(C003), 흰색(C001),
분홍색(C013) 양모, 1구 바늘, 3구 바늘, 5구 바늘,
스펀지, 기화성펜, 연필쵸크, 가위, 바늘, 실(t06, t28),
밤색 펠트지(885), 밤색 지퍼(20cm)

★ 예상 재료비: 1만 1,000원 ★ 예상 제작 시간: 2시간 30분 ★ 완제품 예상가: 2만 5,000원

✽ 머리 만들기

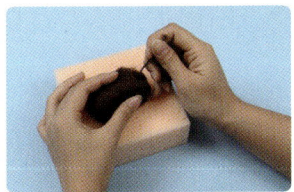

01 밤색(C032) 양모를 돌돌 말아줍니다.

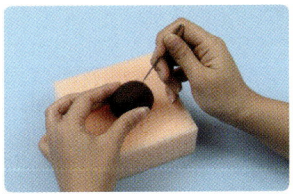

02 1구 바늘로 찔러 고정시켜 줍니다.

03 살구색(C037) 양모를 둥글게 접어 5구 바늘로 단단하게 만들고 1구 바늘을 이용하여 원숭이 얼굴 모양을 만듭니다.

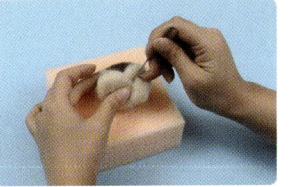

04 둥글게 만들어 놓은 밤색양모에 얼굴 모양의 살구색 양모를 올려 1구 바늘로 찔러줍니다.

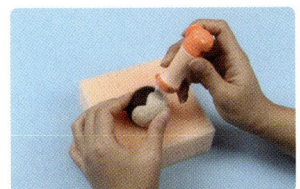

05 5구 바늘을 이용하여 단단하고 둥글게 만듭니다.

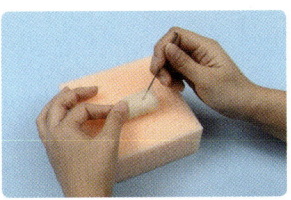

06 살구색 양모를 조금 뽑아 돌돌 말아 1구 바늘을 이용하여 둥글게 찔러줍니다.

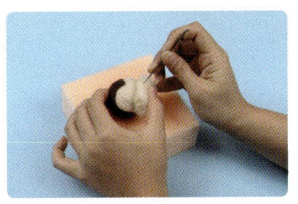

07 둥글게 만들어 놓은 살구색 양모를 주둥이 부분에 대고 1구 바늘로 연결하여 주둥이 볼륨을 표현해 줍니다.

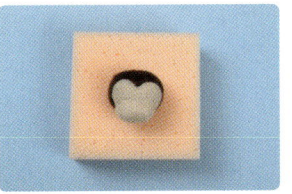

08 연결 부위를 가다듬어 원숭이 얼굴을 완성시켜 줍니다.

❋ 얼굴 표현하기

09 밤색(CO32) 양모를 조금 뽑아 동그랗게 만듭니다.

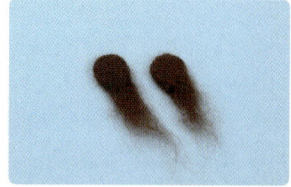
10 밤색 양모를 조금 뽑아 연결할 부분을 남기고 동그랗게 귀를 2개 만듭니다.

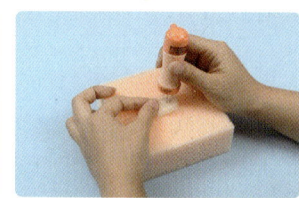
11 살구색(CO37) 양모를 조금 뽑아 5구 바늘을 이용하여 동그랗게 만듭니다.

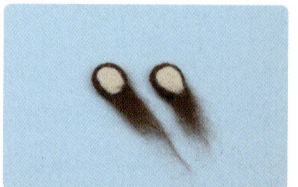
12 살구색 양모를 귀 2개의 중앙에 찔러 귀 문양을 만듭니다.

13 1구 바늘을 이용하여 원숭이 얼굴에 귀를 연결합니다.

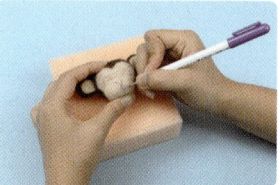
14 원숭이 얼굴에 기화성펜을 이용하여 눈, 코, 입을 그려줍니다.

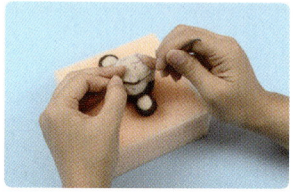
15 밤색(CO32) 양모를 조금 뽑아 손으로 비빈 후, 1구 바늘을 이용해서 눈을 만듭니다.

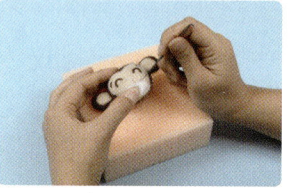
16 흰색(C001) 양모를 조금 뽑아 입과 이를 만듭니다.

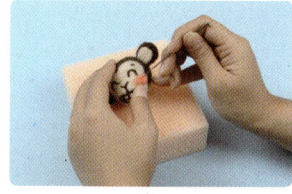
17 실로 만든 밤색 양모로 코와 입을 만들고 분홍색(C013) 양모를 이용하여 볼터치를 만듭니다.

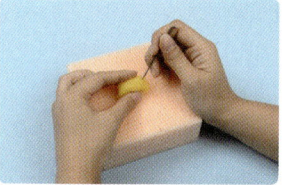
18 노란색(CO03) 양모를 조금 뽑아 돌돌 말아 바나나를 만듭니다.

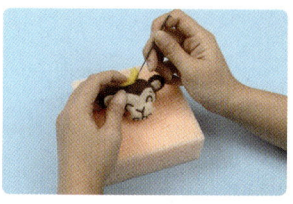
19 바나나를 원숭이 머리 위에 1구 바늘을 이용하여 찔러줍니다.

20 바나나를 머리에 올린 원숭이 얼굴이 완성되었습니다.

❋ 팔 만들기

21 밤색(CO32) 양모를 돌돌 말아 1구 바늘을 이용하여 찔러줍니다.

22 5구 바늘을 이용하여 길고 둥근 원통형으로 단단하게 만듭니다.

23 살구색(CO37) 양모를 조금 뽑아 원통형으로 만든 팔에 감고 1구 바늘을 이용하여 찔러줍니다.

24 이런 식으로 팔 4개를 준비합니다.

✳ 필통 만들기

25 밤색 펠트지(885)에 연필
초크를 이용하여 밑그림을
밑그림을 그려줍니다.

26 노란색(CO03) 양모를 밑그림
위에 대고 1구 바늘을 이용
하여 바나나 모양을 새겨줍
니다.

27 실(t06)을 이용하여 도안대
로 홈질 합니다.

28 흰색(CO01) 양모를 조금 뽑
아 손으로 비벼 실처럼 만들
어 1구 바늘을 이용하여 도
안대로 글씨를 찔러줍니다.

29 바나나 문양과 글씨가 완
성되었습니다.

30 살구색(CO37) 양모를 조금
뽑아 바늘을 이용하여 필통
반대쪽에 도안대로 원숭이
얼굴을 찔러줍니다.

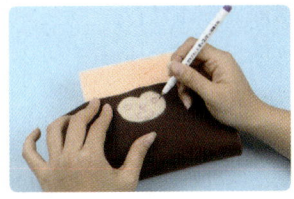

31 새겨놓은 원숭이 얼굴에 기
화성펜을 이용하여 눈, 코,
입을 그려줍니다.

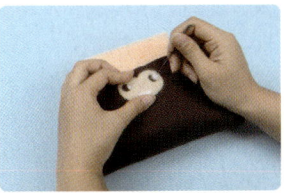

32 밤색(CO32) 양모와 흰색
(CO01) 양모를 조금 뽑아
눈과 입을 만듭니다.

33 코와 입 볼터치를 1구 바
늘로 찔러줍니다.

34 펠트지에 문양이 완성되었
습니다.

35 실과 바늘을 이용하여 펠
트지에 지퍼를 달아줍니다.

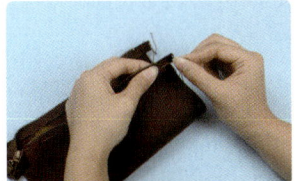

36 펠트지에 나머지 지퍼 한쪽
부분도 달아 원통형으로 만
듭니다.

37 지퍼를 달아 원통형으로 만
들어 놓은 펠트지 한쪽에
실과 바늘을 이용하여 버튼
홀 스티치 합니다.

38 나머지 한쪽도 버튼홀 스티
치 합니다.

✽ 필통에 원숭이 연결하기

25 완성된 필통 한 모서리에 실과 바늘을 이용하여 발을 달아줍니다.

26 필통에 네 발을 달았습니다.

27 필통에 원숭이 얼굴도 실과 바늘을 이용하여 달아줍니다.

28 원숭이 필통이 완성되었습니다.

응용작품

다른 동물 필통도 만들어 보세요!

디자인을 응용하면 곰, 토끼, 돼지 등 여러 가지 동물 필통을 만들 수 있습니다.

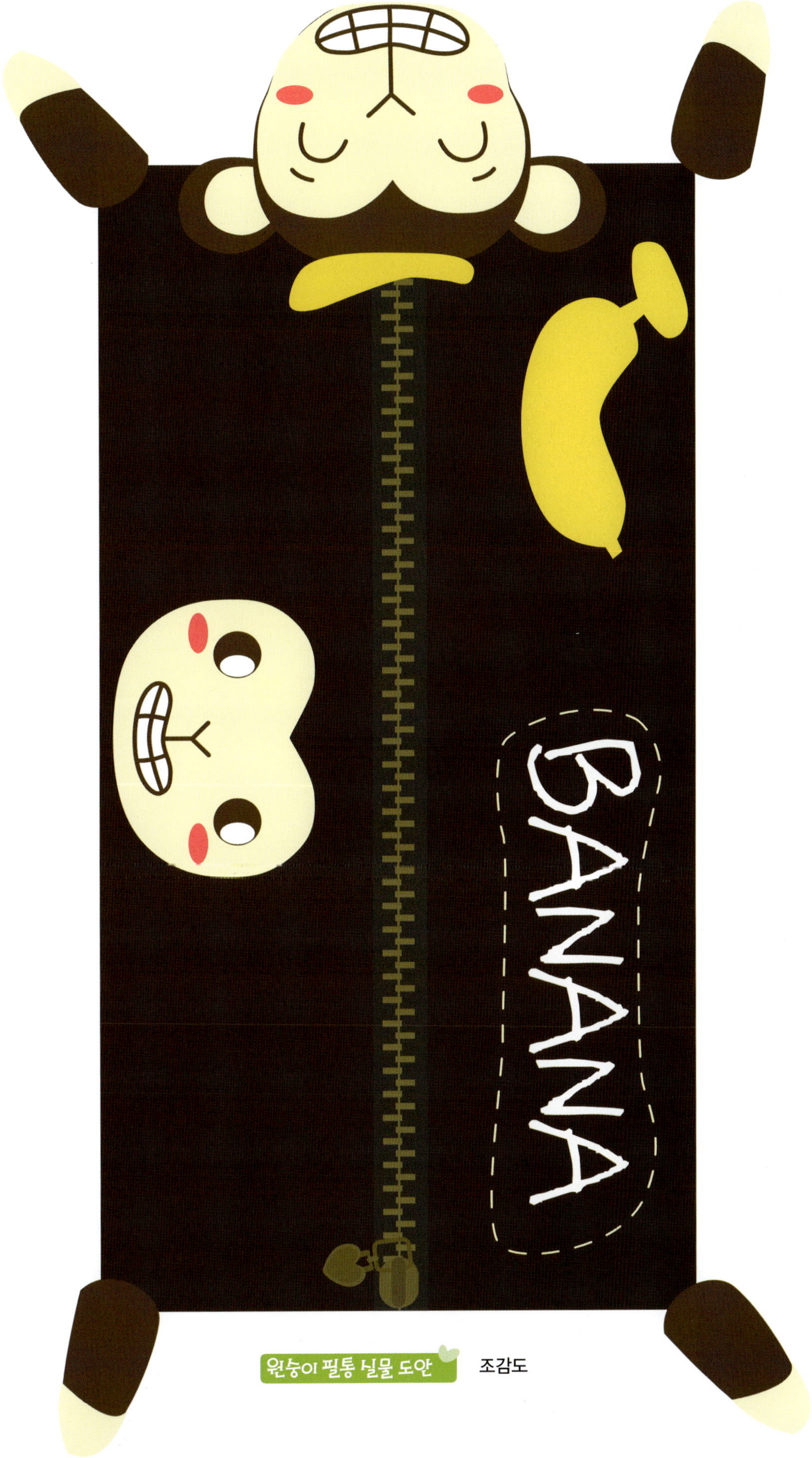

원숭이 필통 실물 도안 조감도

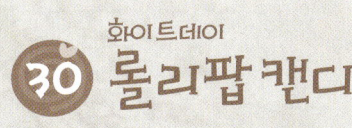

③ 롤리팝 캔디

준비물 진분홍색(C011), 흰색(C001) 양모, 포장용 비닐, 글루건, 송곳, 1구 바늘, 3구 바늘, 5구 바늘

★ **예상 재료비:** 3,000원 ★ **예상 제작 시간:** 40분 ★ **완제품 예상가:** 1만 원

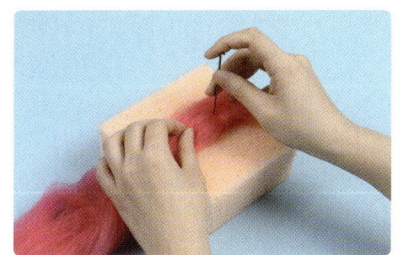

01 진분홍색(C011) 양모를 뽑아서 길게 깔고 양쪽에서 접어주면서 1구 바늘로 찔러줍니다.

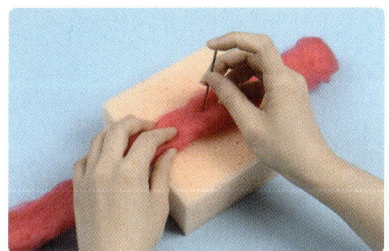

02 양모의 양끝을 정리해 주고 길이를 35cm, 폭을 3.5cm가 되도록 1구 바늘로 찔러서 모양을 잡아줍니다.

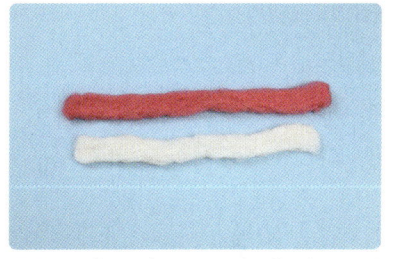

03 흰색(C001) 양모도 진분홍 양모와 같은 방법으로 1구 바늘로 찔러서 길이 28cm, 폭 3.5cm의 모양으로 만들어줍니다.

04 진분홍색 양모 위에 흰색 양모를 올려놓고 돌돌 감아줍니다.

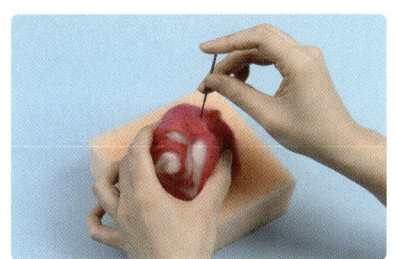

05 양모를 감고 끝부분부터 1구 바늘로 찔러서 고정시켜 줍니다.

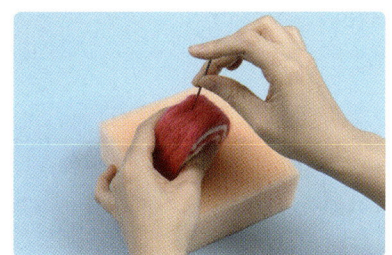

06 테두리를 1구 바늘로 찔러서 단단하게 하고 깨끗한 면이 되도록 모양을 잡아줍니다.

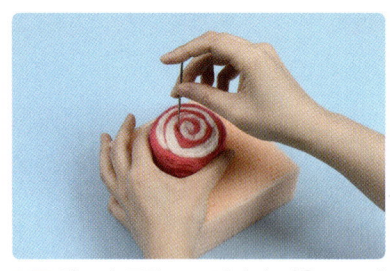

07 회오리 문양으로 말려진 면을 1구 바늘로 찔러 선 모양이 선명하도록 만들어 줍니다.

08 캔디 모양이 단단하게 만들어지면 5구 바늘로 골고루 찔러줘서 잔털이 없도록 모양을 가다듬어 줍니다.

09 막대를 끼워줄 부분에 송곳으로 찔러 줍니다.

10 송곳으로 구멍을 뚫은 부분에 글루를 넣어줍니다.

11 글루를 넣은 곳에 막대를 끼우고 다 굳을 때까지 기다립니다.

12 캔디에 투명비닐을 씌우고 리본을 묶어주면 나만의 니들펠트 롤리팝 캔디가 완성됩니다.

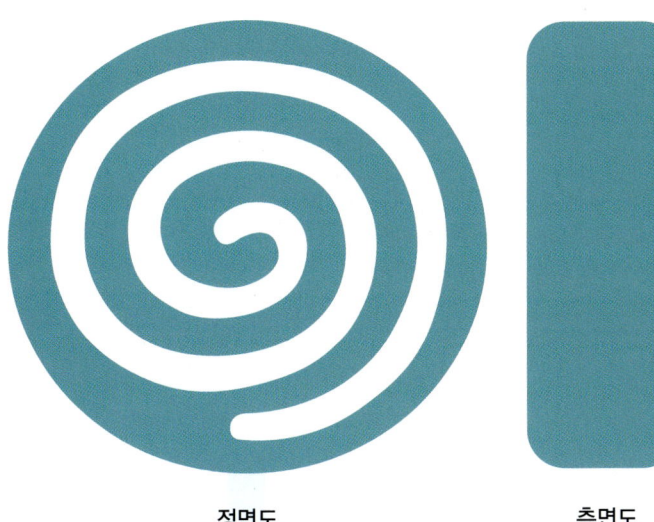

정면도   측면도   롤리팝 캔디 실물 도안

정면도   측면도

어린이날 선물

③1 둥글이 히어로 삼총사 인형

준비물 진한회색(C039), 검은색(C040), 짙은파란색(C023), 빨간색(C007),
진분홍색(C011), 살구색(C037), 노란색(C003) 양모, 펠트지,
1구 바늘, 5구 바늘, 스펀지, 실, 바늘

★ **예상 재료비:** Set 1만 2,000원 ★ **예상 제작 시간:** 3시간 30분 ★ **완제품 예상가:** 각 1만 5,000원

✽ 몸통과 얼굴 만들기

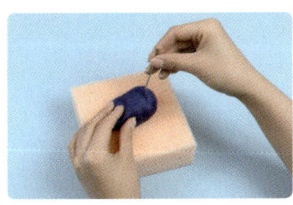

01 짙은파란색(C023) 양모를 길게 놓고, 동그랗게 말아준 후, 스펀지 위에 놓고 1구 바늘로 찔러 풀리지 않게 고정시켜 줍니다.

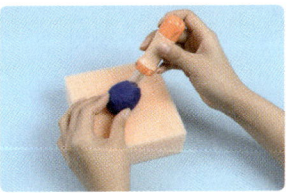

02 1구 바늘로 찔러준 다음 5구 바늘로 전체적으로 찔러 크기를 줄이며, 계란 모양으로 모양을 다듬습니다.

03 살구색(C037) 양모를 조금 뽑아 동그랗게 말아준 후, 볼 위치에 대고 1구 바늘로 찔러 고정시킵니다.

04 같은 방법으로 반대쪽 볼도 1구 바늘로 찔러 고정시킵니다.

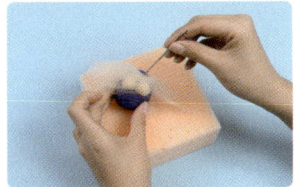

05 볼 위에 살구색(C037) 양모를 얇게 뜯어 올려 1구 바늘로 찔러 볼 덧붙인 것을 자연스럽게 가려줍니다.

06 1구 바늘로 테두리를 찔러 깔끔한 얼굴 모양을 만들어줍니다.

07 이마 부분도 1구 바늘로 테두리를 찔러 깔끔하게 정리합니다.

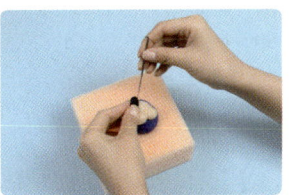

08 검은색(C040) 양모를 조금 뽑아 동그랗게 말아준 후, 머리카락 위치에 대고 1구 바늘로 찔러 고정시킵니다.

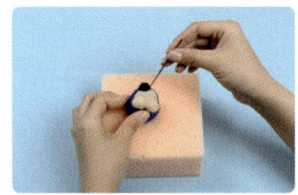

09 1구 바늘로 머리의 테두리를 꼼꼼히 찔러 깔끔하게 정리합니다.

10 검은색 양모를 얇게 뜯어 펼쳐서 5구 바늘로 넓게 찔러줍니다.

11 앞의 검은색 양모를 머리 위에 올린 후, 1구 바늘로 찔러 머리 덧붙인 것을 자연스럽게 가려줍니다.

12 1구 바늘로 테두리를 찔러 깔끔한 머리 모양을 내준 후, 2:8 가르마가 되도록, 한 줄을 집중적으로 찔러 가르마 모양을 냅니다.

13 진분홍색(C011) 양모를 조금 뽑아 볼 위치에 대고 1구 바늘로 테두리를 동그랗게 찔러 볼터치 무늬를 넣어줍니다.

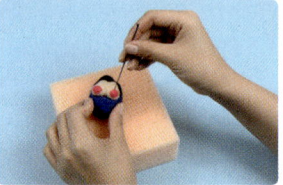

14 반대쪽 볼도 같은 방법으로 동그랗게 무늬를 넣어줍니다.

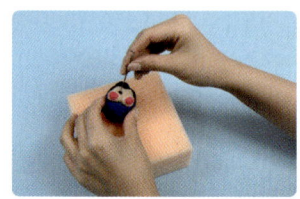

15 검은색 양모를 조금 뽑아 눈 위치에 대고 1구 바늘로 찔러 눈을 만들어 줍니다.

16 반대쪽 눈도 같은 방법으로 검은색 양모로 넣어줍니다.

✽ 옷과 망토 입히기

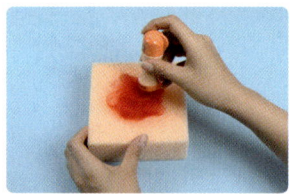

17 빨간색(C007) 양모를 얇게 뜯어 펼쳐서 5구 바늘로 넓게 찔러줍니다.

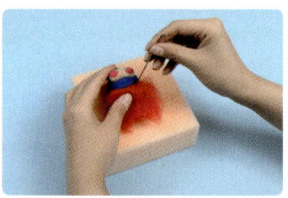

18 앞의 빨간색 양모를 몸 위에 올린 후, 허리 부분의 테두리를 1구 바늘로 찔러 무늬를 넣어줍니다.

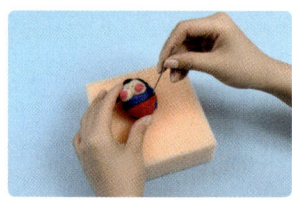

19 빨간색 슈퍼맨 팬티 모양이 되도록 1구 바늘로 테두리를 깔끔하게 정리해줍니다.

20 5구 바늘로 찔러 울퉁불퉁한 모양을 잡아줍니다.

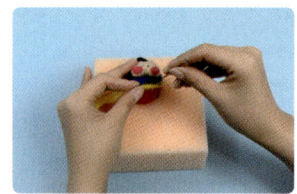

21 노란색(C003) 양모를 얇고 길게 뽑아, 허리 위에 올려 1구 바늘로 찔러줍니다.

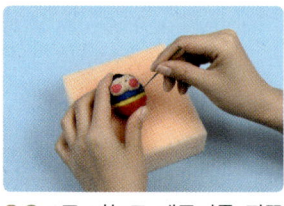

22 1구 바늘로 테두리를 깔끔하게 찔러, 벨트 모양으로 무늬를 넣습니다.

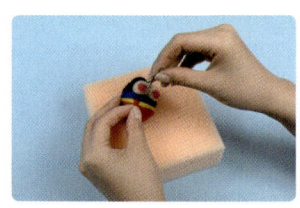

23 빨간색 양모를 조금 뽑아, 노란색 벨트 위에 올려 1구 바늘로 찔러줍니다.

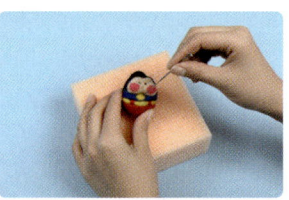

24 노란색 양모를 조금 뽑아, 가슴 위치에 올려 마름모 모양이 되도록 1구 바늘로 찔러 고정시킵니다.

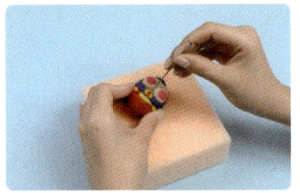

25 빨간색 양모를 얇고 길게 뽑아, 노란색 마름모 위에 올려 'S' 모양이 되도록 1구 바늘로 찔러 무늬를 넣어줍니다.

26 빨간색 양모를 얇게 뽑아, 노란색 마름모의 테두리에 올려 얇은 선 모양이 되도록 1구 바늘로 찔러 무늬를 넣어줍니다.

27 소프트 펠트지 빨간색을 망토 모양으로 자른 뒤, 망토의 윗부분을 홈질합니다.

28 앞에서 홈질한 실을 잡아당겨, 망토의 자연스러운 주름을 잡아줍니다.

29 슈퍼맨의 뒷부분 머리 아래쪽에 망토를 바느질로 고정시켜줍니다.

30 완성된 슈퍼맨의 모습입니다.

 응용작품

히어로 삼총사를 만들어 보세요!

비슷한 과정으로 배트맨과 스파이더맨을 만들면 귀여운 둥글이 히어로 삼총사가 모두 만들어 집니다. 오링과 핸드폰줄을 연결하면 귀여운 핸드폰 장식으로 사용할 수 있습니다.

※둥글이 히어로 삼총사 실물 도안은 229페이지에 있습니다.

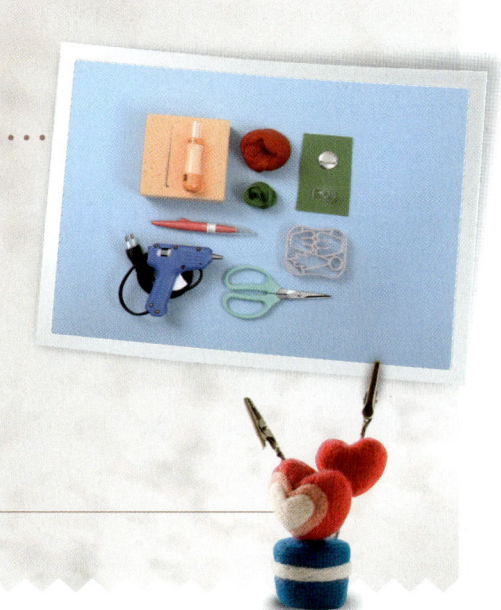

어버이날 감사의 선물을 담은

32 카네이션

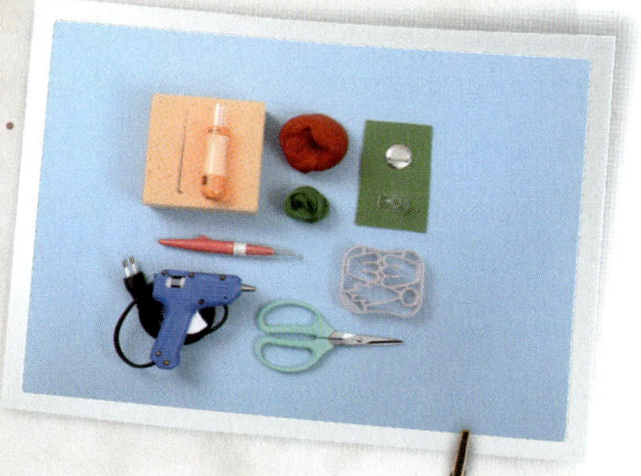

준비물 빨간색(C007), 초록색(C027) 양모, 글루건, 니들펠트 틀, 핀, 하드 펠트지(연두색), 가위, 1구 바늘, 3구 바늘, 5구 바늘, 스펀지

★ **예상 재료비:** 1만 원 ★ **예상 제작 시간:** 1시간 ★ **완제품 예상가:** 2만 원

꽃잎 만들기

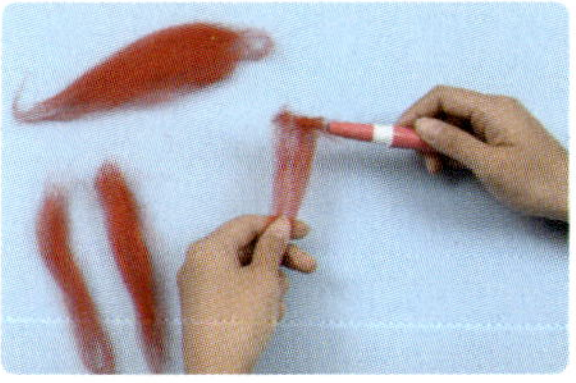

01 빨간색(C007) 양모를 한 번 뽑아서 3등분으로 나누고 3구 바늘에 살짝 감싸 줍니다.

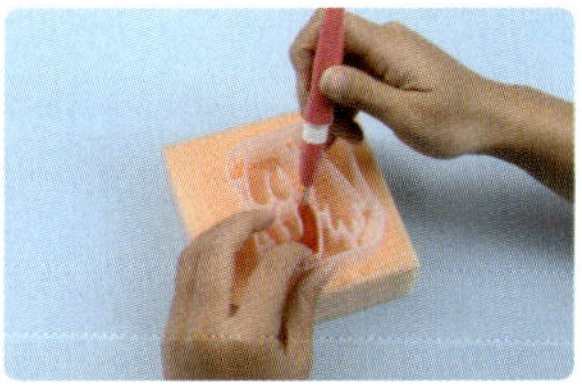

02 감은 양모를 니들펠트 모양 틀의 큰 꽃잎 틀에 넣어 줍니다.

Tip

니들펠트 모양 틀

이 틀은 바늘로 누구나 쉽게 모양을 만들 수 있게 나온 모양 틀입니다. 틀에 양모를 뜯어 밀어 넣은 후 바늘로 찔러 단단하게 모양을 만드는 방법으로 사용합니다. 틀이 플라스틱 재질이기 때문에 강하게 닿을 경우 바늘이 부러질 수 있으니 주의바랍니다.

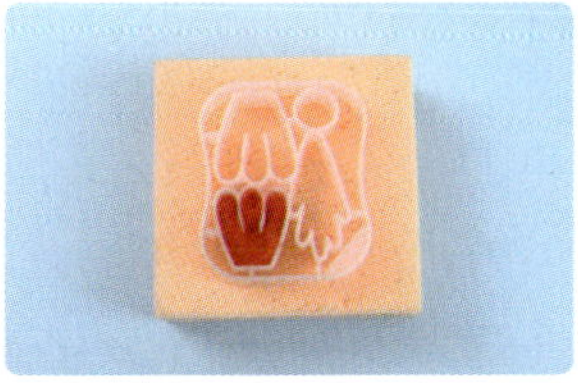

03 나머지 양모도 감아서 틀에 넣어 줍니다.

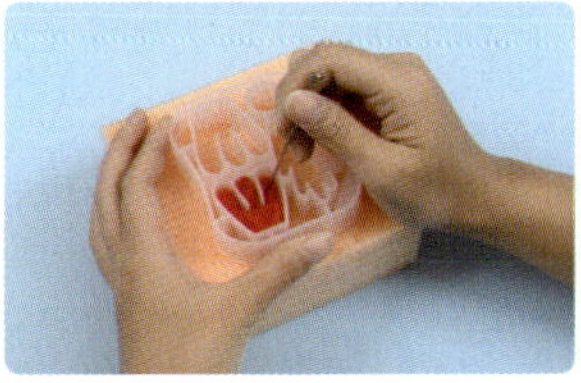

04 틀에 넣은 양모를 1구 바늘로 틀 모양에 맞게 찔러줍니다.

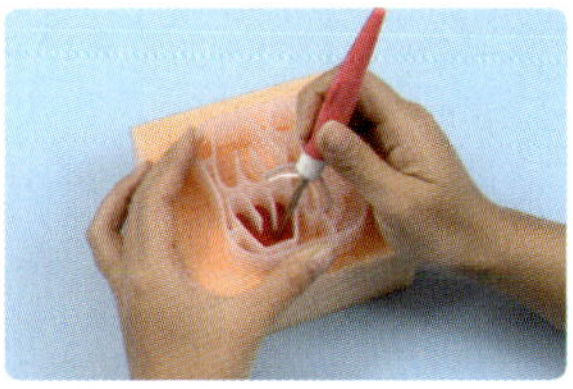

05 3구 바늘로 꽃잎 전체를 찔러줍니다.

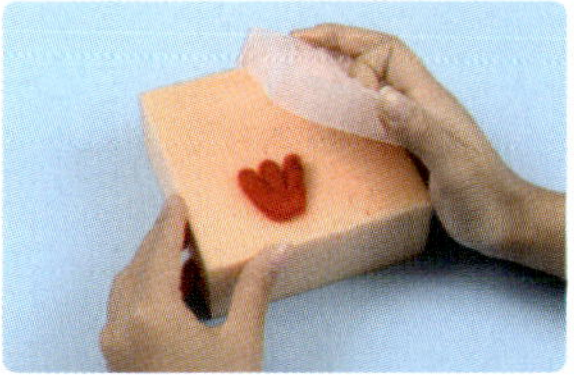

06 틀에서 충분히 찔러 준 후 틀을 빼줍니다.

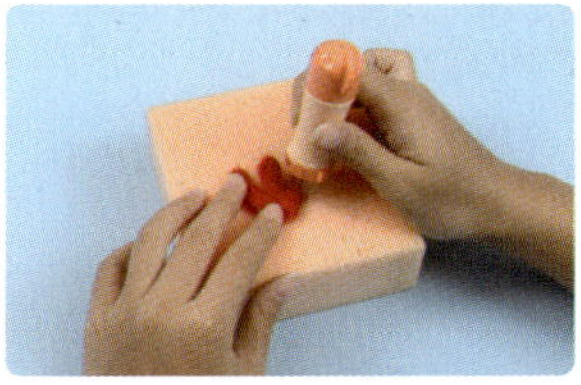

07 꽃잎을 살짝 벌려주고 5구 바늘로 찔러 표면을 정리해 줍니다.

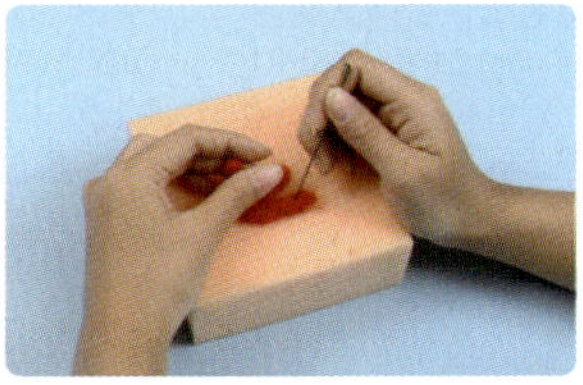

08 1구 바늘로 꽃잎 옆 부분과 가장자리를 정리해 줍니다.

Tip

틀의 좁은 부분을 편리하게 찌르는 방법

3구 바늘에 캡을 끼워줍니다. 캡은 틀에 좁은 부분도 찌를 때, 바늘을 보호하는 역할을 합니다.

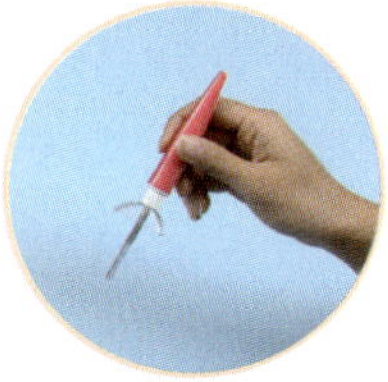

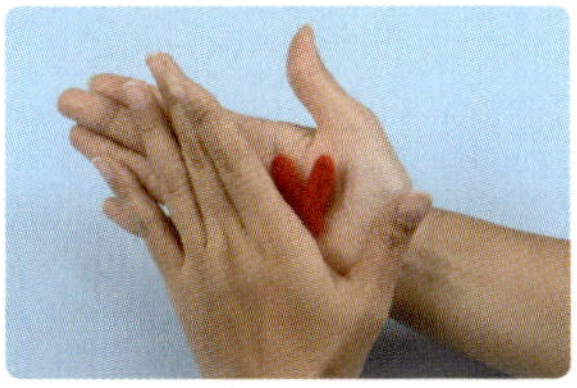

09 만들어진 꽃잎을 손위에 놓고 살살 비벼 잔털을 정리해 줍니다.

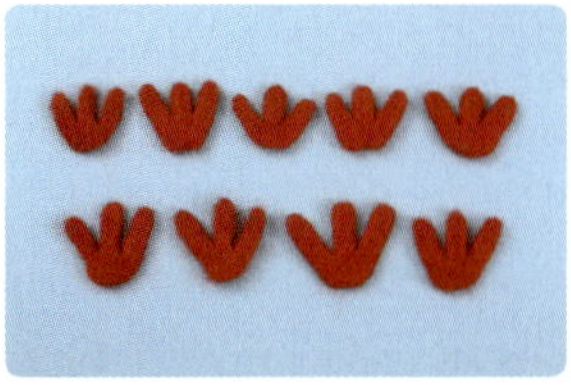

10 큰 꽃잎 4장과 작은 꽃잎 5장을 만들어 줍니다.

✻ 잎사귀 만들기

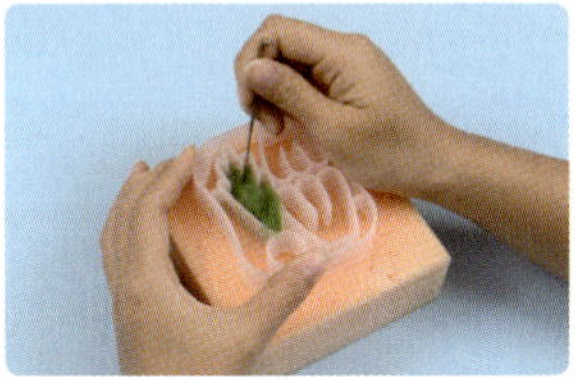

11 꽃잎을 만들 때처럼 잎사귀 틀에 초록색(C027) 양모를 넣고 1구 바늘로 잎 모양을 잡아 줍니다.

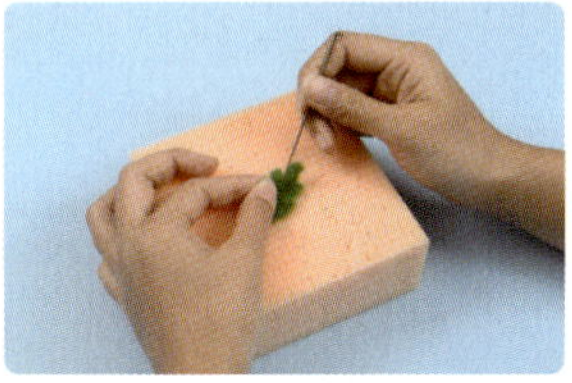

12 틀에서 뺀 잎사귀의 뾰족한 부분을 1구 바늘로 모양을 만들면서 다듬어 줍니다.

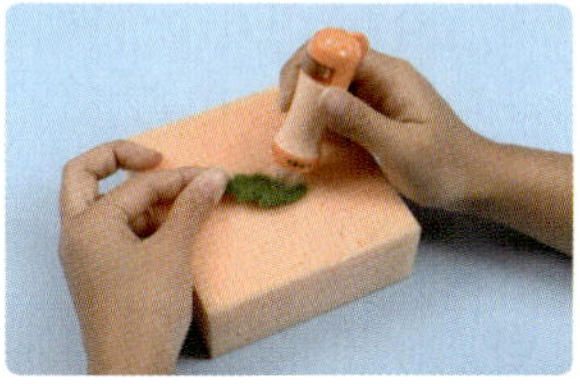

13 5구 바늘로 전체를 찔러 주면서 잎 표면을 다듬어 줍니다. 잎은 총 2장을 만들어 줍니다.

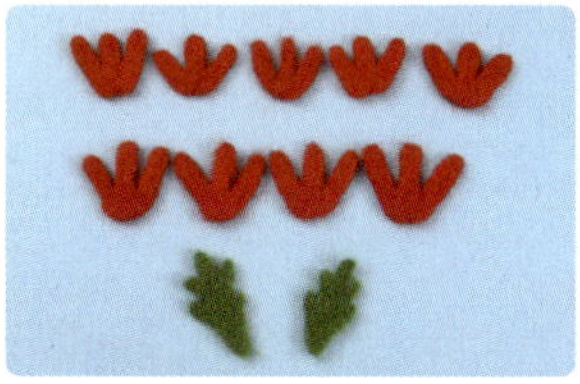

14 꽃잎과 잎사귀를 완성한 모습입니다.

✻ 카네이션 만들기

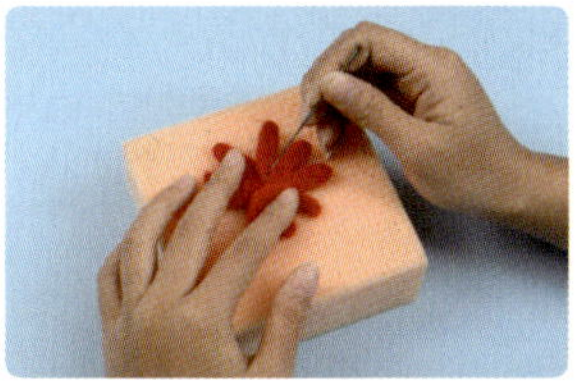

15 작은 꽃잎 3장을 밑 부분이 살짝 겹치게 놓고 겹친 부분을 1구 바늘로 찔러 고정시켜 줍니다.

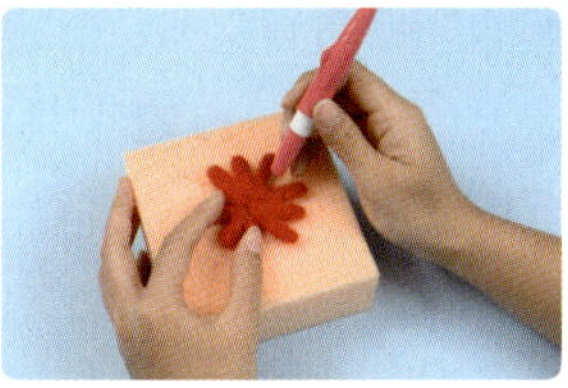

16 1구 바늘로 고정시킨 꽃잎을 3구 바늘로 찔러 다듬어 줍니다.

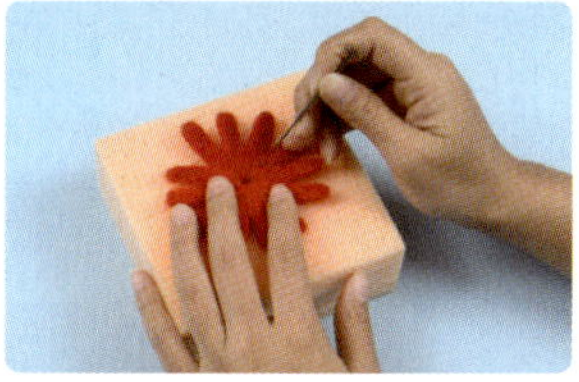

17 큰 꽃잎 4장을 살짝 겹치게 놓고 겹친 부분을 찔러 연결시킵니다.

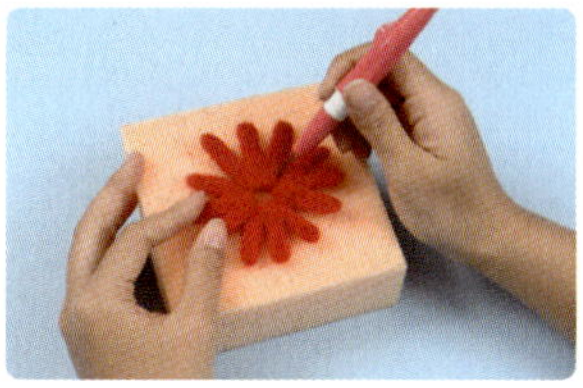

18 3구 바늘로 다듬어 줍니다.

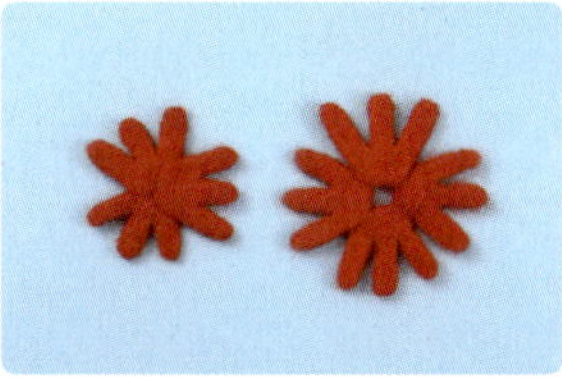

19 작은 꽃잎과 큰 꽃잎을 완성한 모습입니다.

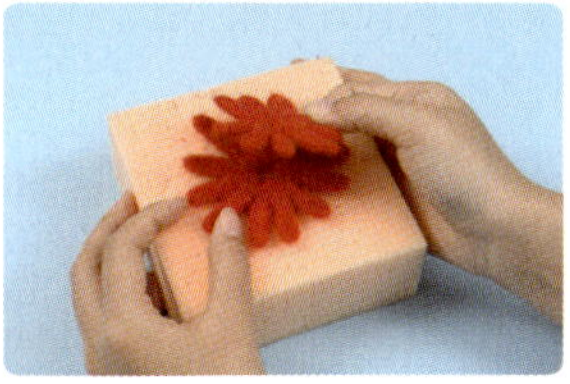

20 큰 꽃잎 위에 작은 꽃잎을 포갭니다.

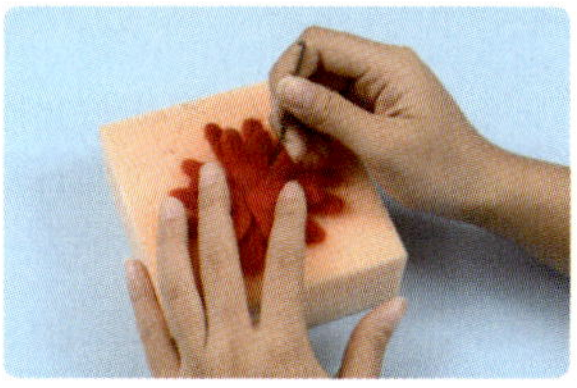

21 포갠 꽃잎을 1구 바늘로 찔러 고정시켜 줍니다.

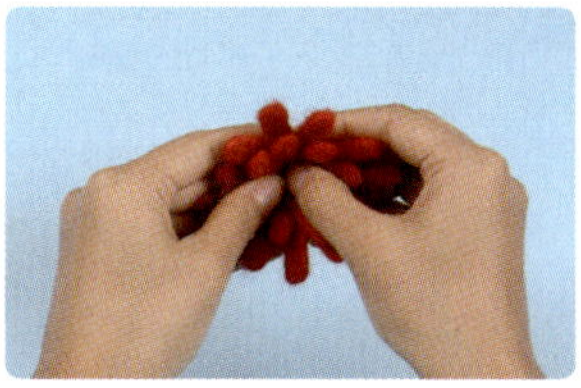

22 고정시킨 꽃잎을 가운데를 중심으로 눌러 줍니다.

23 눌러준 꽃잎을 모아서 밑 부분을 1구 바늘로 찔러 완전히 고정시켜 줍니다.

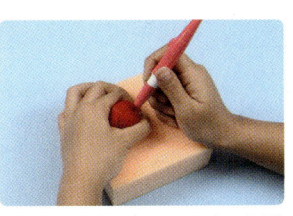

24 3구 바늘로 꽃 중심 부분을 찔러 줍니다.

25 남아있던 작은 꽃잎 2장을 반씩 접어줍니다.

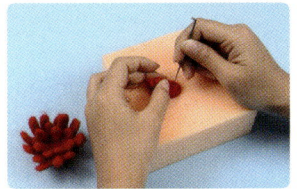

26 반씩 접은 꽃잎 2장을 서로 겹치고, 꽃잎 밑 부분을 1구 바늘로 찔러 고정시켜 줍니다.

27 꽃 중심에 작은 꽃잎을 넣어 줍니다.

28 중심에 꽃을 놓고 1구 바늘로 꽃에 고정시켜 줍니다.

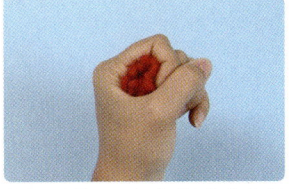

29 꽃을 모아서 벌어지지 않게 손에 꼭 쥐어 줍니다.

30 초록색(C027) 양모를 뽑은 후 꽃받침 모양이 되도록 양모를 찔러 줍니다.

31 5구 바늘로 표면을 정리해 줍니다.

32 꽃 밑 부분에 꽃받침을 놓고 1구 바늘로 찔러 고정시켜 줍니다.

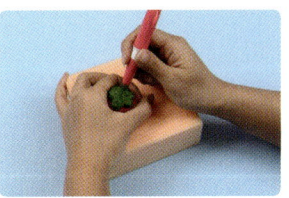

33 꽃받침 모양을 1구 바늘로 잡아 주고 3구 바늘로 전체를 찔러 형태를 만들어 줍니다.

34 꽃받침 부분에 잎사귀를 1구 바늘로 찔러 달아 줍니다.

35 꽃 모양이 잘 나오도록 손으로 꽃잎을 만져 줍니다.

36 카네이션 꽃이 완성된 모습입니다.

✿ 핀과 끈 달아주기

37 글루를 핀에 바르고, 리본 모양으로 자른 펠트지를 핀에 붙인 후, 그 위에 다시 글루를 발라 줍니다.

38 잎사귀 부분과 어울리게 꽃을 핀에 붙여 줍니다.

39 선물용 카네이션 꽃이 완성된 모습입니다.

다른 꽃도 만들 수 있어요!
니들펠트 틀을 이용한 다른 작품입니다. 여러가지 꽃을 만들어 보세요.

응용작품

〈슈퍼맨〉　　　　　〈배트맨〉　　　　　〈스파이더맨〉

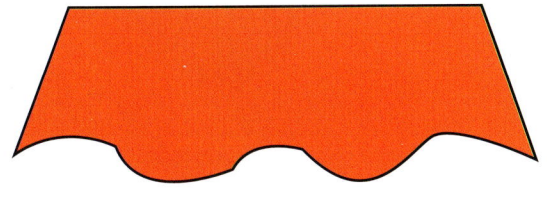

〈슈퍼맨 망토〉　　　　　　　　〈배트맨 망토〉

카네이션 실물 도안

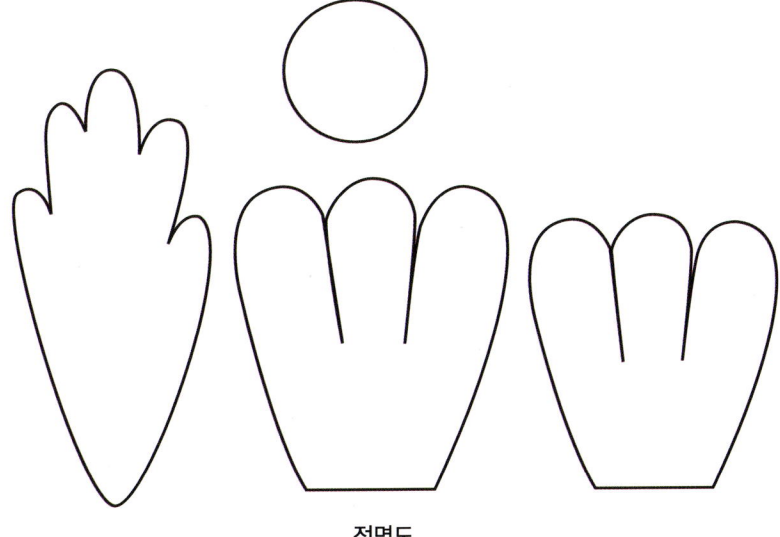

정면도

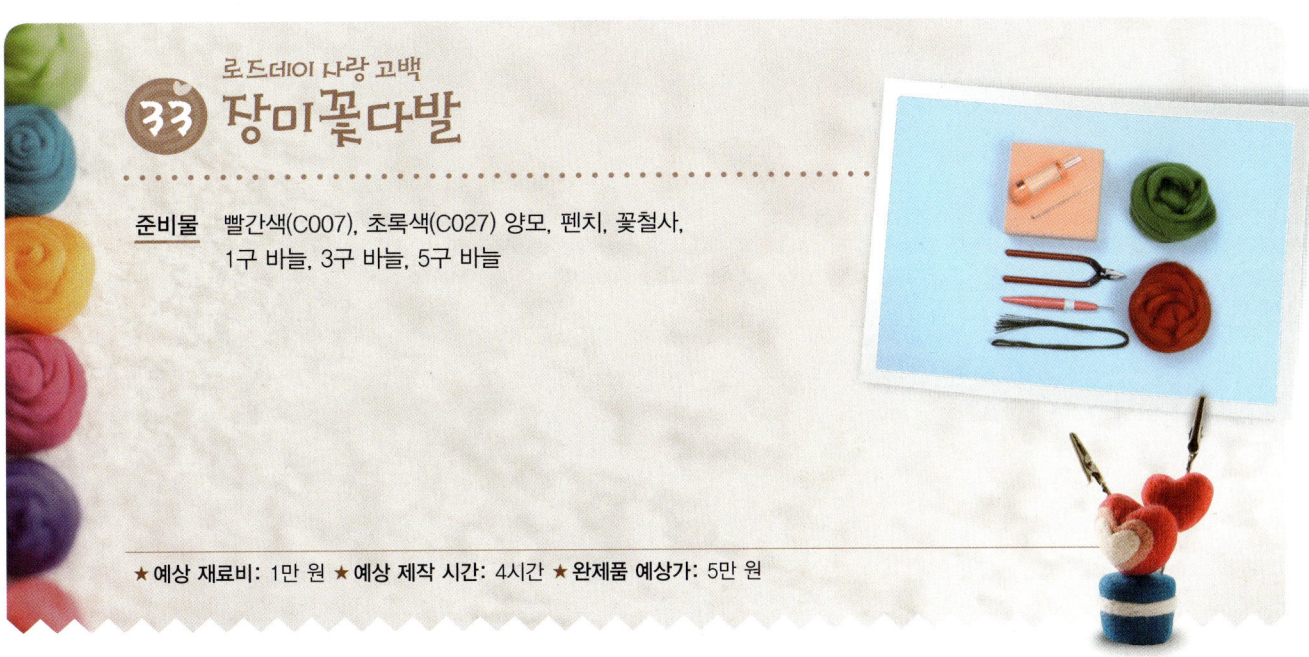

로즈데이 사랑 고백

33 장미꽃다발

준비물 빨간색(C007), 초록색(C027) 양모, 펜치, 꽃철사,
1구 바늘, 3구 바늘, 5구 바늘

★ **예상 재료비:** 1만 원 ★ **예상 제작 시간:** 4시간 ★ **완제품 예상가:** 5만 원

❋ 장미 꽃잎 만들기

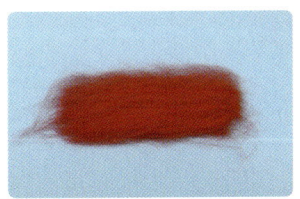

01 꽃잎이 될 빨간색(C007) 양모를 한 뼘 정도로 뜯어 줍니다.

02 5구 바늘을 사용해서 원단 모양으로 뭉쳐줍니다.

03 3구 바늘을 사용해서 가장 자리를 단단하고 깔끔하게 정리해 줍니다.

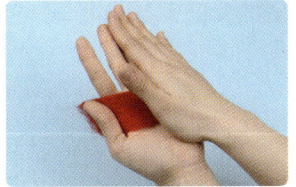

04 손바닥으로 비벼 표면을 정리해 줍니다.

05 3구 바늘로 원단의 밑부분을 조금씩 주름 잡아줍니다.

06 장미 모양으로 말기 편하도록 부채꼴 모양이 되게 밑부분에 주름을 골고루 잡아 줍니다.

07 끝부분부터 돌돌 말아줍니다.

08 말아준 부분이 풀리지 않도록 밑부분을 단단하게 잡아 줍니다.

09 모두 말아주어 꽃잎 모양을 완성한 모습입니다.

10 말아준 꽃잎이 풀리지 않도록 3구 바늘로 밑 부분을 고정시켜 줍니다.

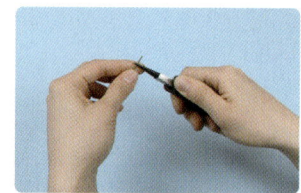

11 꽃철사를 준비합니다.

12 꽃대가 될 철사를 준비해 고정시킬 수 있도록 끝부분을 1㎝ 정도 구부려 줍니다.

13 꽃 가운데로 철사를 통과시켜 줍니다.

14 꽃 중앙을 통과한 철사가 양모에 걸려 움직이지 않도록 고정시켜 줍니다.

✿ 줄기 만들어 장미 연결하기

15 줄기가 될 초록색(C027) 양모를 길게 뜯어줍니다.

16 꽃과 철사가 고정되도록 꽃잎 밑 부분에 초록색 양모를 꼼꼼하게 말아 고정시켜 줍니다.

17 특히 꽃봉오리 아랫부분을 풀리지 않게 꼼꼼하게 말아 고정시켜 줍니다.

18 장미꽃과 철사를 연결하여 장미꽃을 완성하였습니다.

✿ 잎 만들어 장미 완성하기

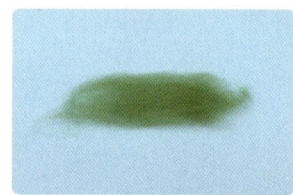

19 잎이 될 초록색 양모를 한 겹 뜯어 바닥에 펼쳐 줍니다.

20 뜯어 놓은 초록색 양모의 가운데 부분을 손가락으로 눌러 2등분 할 위치를 가늠합니다.

21 2등분의 오른쪽 부분을 왼쪽으로 접어줍니다.

22 왼쪽도 오른쪽 부분으로 말아서 가운데를 중심으로 삼각형 모양으로 잡아줍니다.

23 5구 바늘을 사용하여 원단 모양으로 형태를 고정시켜 줍니다.

24 1구 바늘을 사용해서 잎 모양으로 테두리를 정리해 정밀한 잎의 모양을 만들어 줍니다.

25 3구 바늘을 사용해서 잎의 앞 모양을 다져줍니다.

26 철사 끝을 꺾어 줄기를 만들어 줍니다.

27 잎과 철사가 고정되도록 같은 색 양모를 잎과 철사 연결부분에 말아줍니다.

28 꽃과 잎을 같이 포개 놓습니다.

29 초록색 양모를 사용해서 꽃과 잎을 같이 꼼꼼하게 감아줍니다.

30 장미를 여러 송이 만들어 꽃다발로 만들어준 모습입니다.

장미 닐물 도안

정면도

조감도

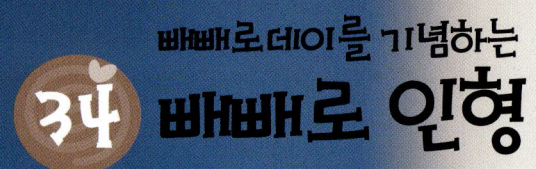

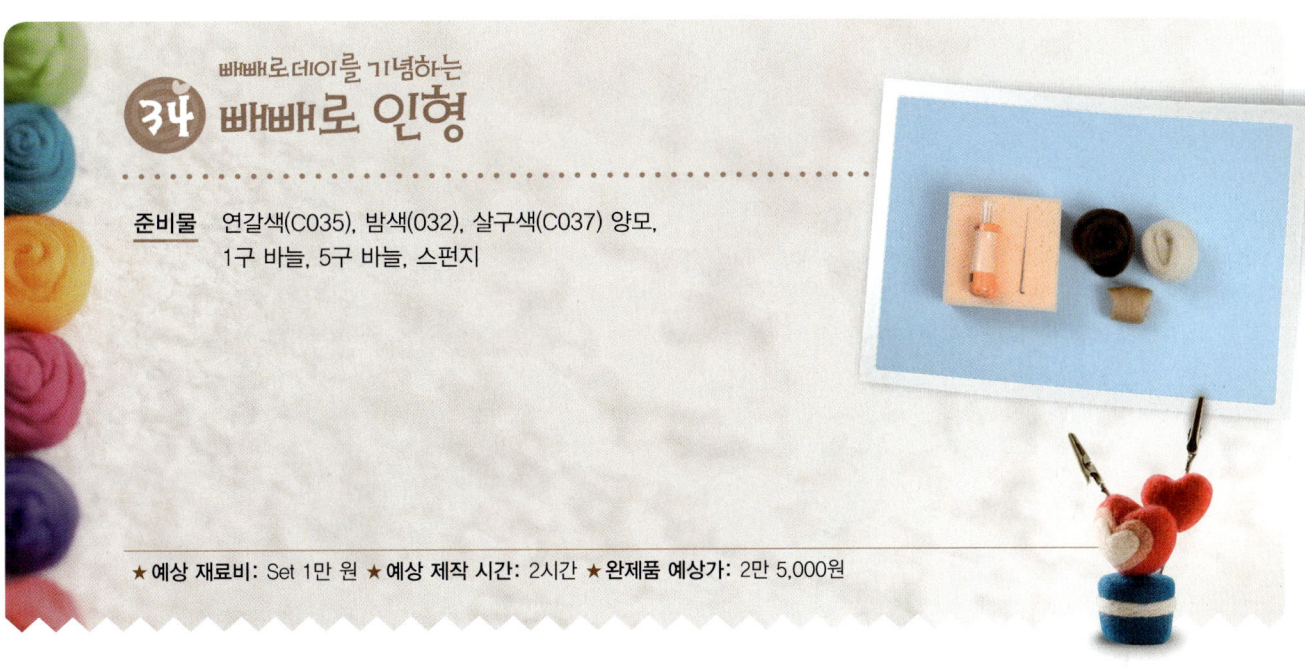

34 빼빼로데이를 기념하는
빼빼로 인형

준비물 연갈색(C035), 밤색(032), 살구색(C037) 양모,
1구 바늘, 5구 바늘, 스펀지

★ **예상 재료비:** Set 1만 원 ★ **예상 제작 시간:** 2시간 ★ **완제품 예상가:** 2만 5,000원

✽ 과자 만들기

01 살구색(C037) 양모를 10cm 정도 넓이로 놓고 꼼꼼하게 말아 줍니다.

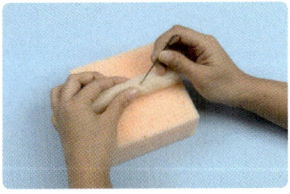

02 말은 양모를 스펀지 위에 놓고 1구 바늘로 찔러 풀리지 않게 고정시켜 줍니다.

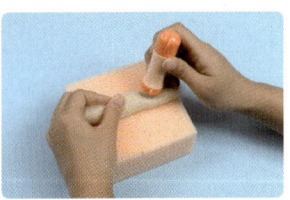

03 1구 바늘로 찔러준 다음 5구 바늘로 전체적으로 찔러 크기를 줄여 갑니다.

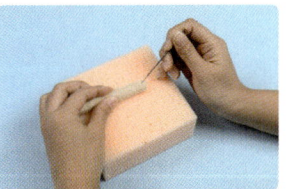

04 양끝 부분을 1구 바늘로 찔러 과자가 잘려진 모습으로 만들어줍니다. 이때 세워서 하면 찔릴 위험이 있기 때문에 꼭 스펀지에 놓고 합니다.

✽ 초콜릿 입히기

05 밤색(C032) 양모를 뽑아 과자 길이보다 짧게, 5구 바늘로 전체를 골고루 찔러 얇게 만들어 줍니다. 이때 초콜릿이 너무 두껍게 되지 않게 합니다.

06 얇게 만든 초콜릿 위에 과자를 놓고 말아 줍니다.

07 말아준 초콜릿 위를 1구 바늘로 찔러 고정시켜 줍니다.

08 1구 바늘로 충분히 찔러주고 난 후 5구 바늘로 찔러 표면을 정리해 줍니다.

09 초콜릿이 끝나는 부분은 1구 바늘로 모양을 내면서 찔러 줍니다.

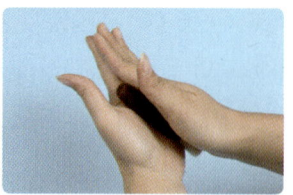

10 손바닥 위에 놓고 굴려 주면서 모양을 잡아 줍니다.

11 연갈색(C035) 양모를 조금 뽑아 과자부분에 대고 바늘로 찔러 무늬를 만들어 줍니다. 앞뒤로 무늬를 넣고 마무리 합니다.

12 여러 가지 빼빼로를 이렇게 완성했습니다.

포장지도 만들어 꾸며 보세요!
빼빼로 인형 만들기 기법을 이용하고 소프트 펠트지로 포장지를 만들면 귀여운 과자 선물 세트가 완성됩니다.

응용작품

롤 빼빼로

아몬드 빼빼로

빼빼로

딸기 빼빼로

조감도

정면도

정면도

정면도

정면도

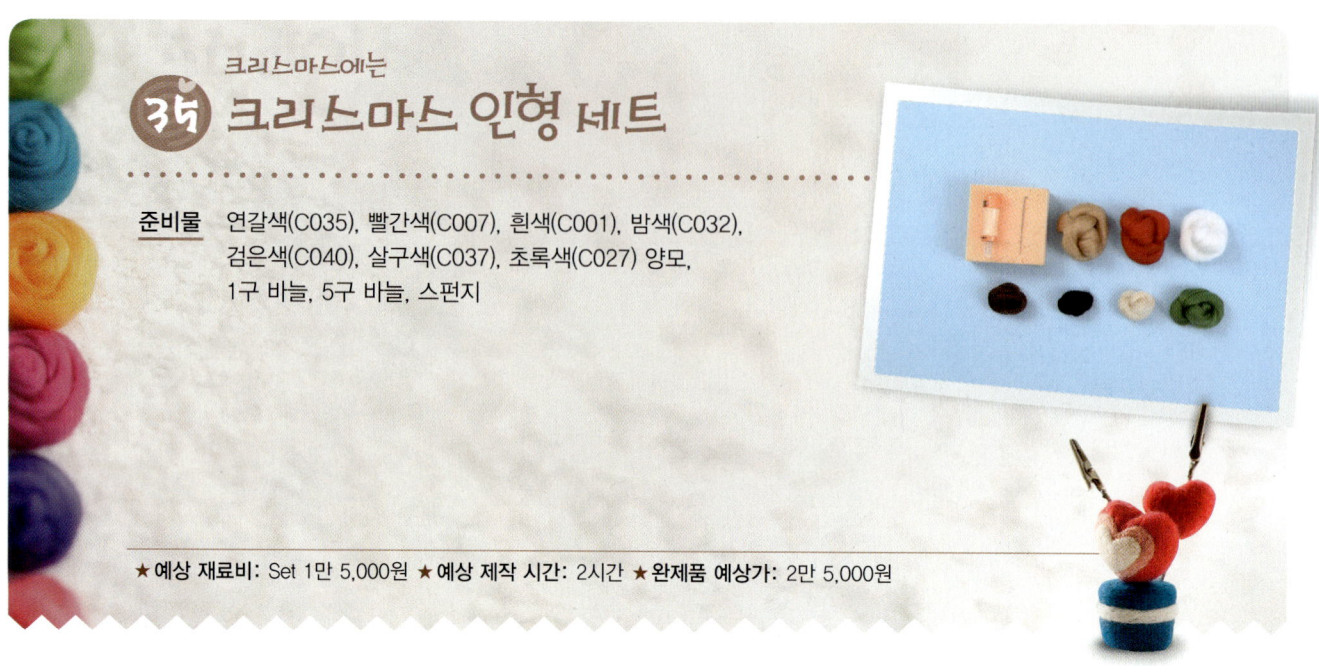

크리스마스에는

35 크리스마스 인형 네트

준비물 연갈색(C035), 빨간색(C007), 흰색(C001), 밤색(C032), 검은색(C040), 살구색(C037), 초록색(C027) 양모, 1구 바늘, 5구 바늘, 스펀지

★ **예상 재료비:** Set 1만 5,000원 ★ **예상 제작 시간:** 2시간 ★ **완제품 예상가:** 2만 5,000원

❋ 트리 만들기

01 초록색(C027) 양모를 뽑아, 동그랗게 말아준 후, 1구 바늘로 찔러 양모가 풀리지 않도록 고정시켜 줍니다.

02 5구 바늘로 밑면을 집중적으로 찔러 평평하게 만들고, 윗부분을 뾰족해지도록 돌아가며 찔러서 원뿔 모양이 되도록 만듭니다.

03 1구 바늘로 원뿔 모양이 되도록 더욱 다듬어 줍니다.

04 흰색(C001) 양모를 조금 뽑아, 초록색 원뿔 위에 올리고 1구 바늘로 찔러 자연스러운 눈 덮인 모양으로 만듭니다.

05 같은 방법으로 조금 더 큰 원뿔을 한 개 더 만들어 2개를 맞대고 1구 바늘로 찔러 연결시켜 줍니다.

06 초록색 원뿔 2개가 연결된 모습입니다.

07 갈색(C032) 양모를 조금 뽑아 말아서, 1구 바늘로 찔러 원기둥 형태를 만든 후, 앞의 초록색 나무 밑면에 대고 1구 바늘로 찔러 연결시켜 줍니다.

08 트리를 완성한 모습입니다.

✽ 산타 만들기

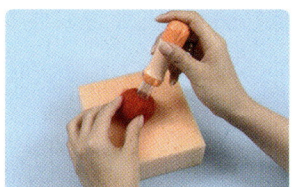

09 빨간색(C007) 양모를 뽑아 동그랗게 말아준 후, 바늘로 찔러 양모가 풀리지 않도록 고정시켜 줍니다.

10 원통형으로 가다듬고 5구 바늘로 아랫면은 평평하게 만들고, 다른 윗면은 동그랗게 만들어 원기둥 모양을 만들어 줍니다.

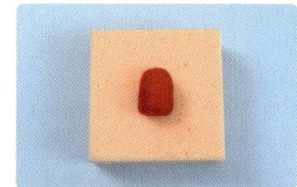

11 아랫면은 납작하고, 윗면은 동그란 산타 몸이 완성된 모습입니다.

12 살구색(C037) 양모를 조금 뽑아, 빨강색 산타 몸의 얼굴 위치에 놓고 1구 바늘로 테두리를 깔끔하게 정리하며 찔러 고정시킵니다.

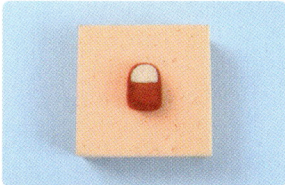

13 산타 얼굴이 고정된 모습입니다.

14 흰색(C001) 양모를 조금씩 뽑아, 손바닥에 올려 동그랗게 비벼서 산타의 털을 여러 개 만들어 놓습니다.

15 흰색 털을 산타의 얼굴의 테두리에 한 개씩 올려, 1구 바늘로 찔러 고정시켜 줍니다.

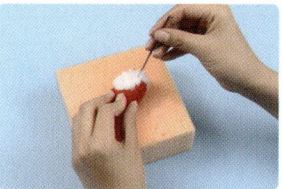

16 산타의 얼굴 뒷면 쪽 전체에도 털을 올려 1구 바늘로 찔러 고정시켜 줍니다.

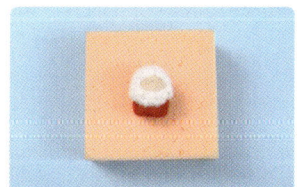

17 산타의 얼굴에 털을 고정시킨 모습입니다.

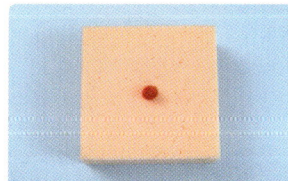

18 빨간색(C007) 양모를 조금 뽑아, 동그랗게 말아준 후, 1구 바늘로 찔러 동그란 산타 코를 만들어 줍니다.

19 같은 방법으로 크기를 다르게 하여, 산타 코 1개, 삼각뿔의 산타 모자 1개, 흰색 모자 방울 1개를 만들어 줍니다.

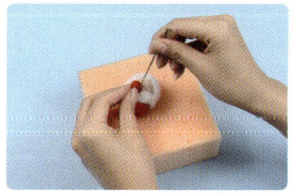

20 산타 얼굴의 코 위치에 빨간색 코를 올린 후, 1구 바늘로 찔러 고정시켜 줍니다.

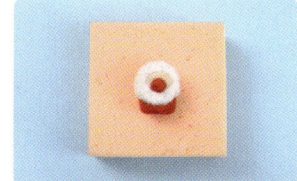

21 산타의 얼굴에 코가 달린 모습입니다.

22 삼각뿔 모양의 산타 모자에 흰색 동그란 방울을 올려 1구 바늘로 찔러 고정시켜 줍니다.

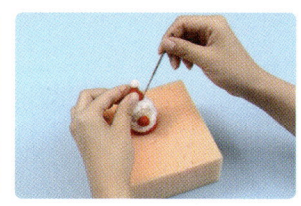

23 모자를 산타의 머리에 올린 후, 1구 바늘로 찔러 고정시켜 줍니다.

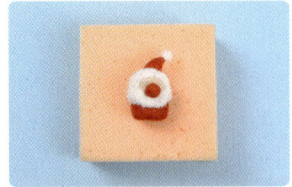

24 산타 모자를 연결한 모습입니다.

25 검은색(C040) 양모를 조금 뽑아, 산타의 얼굴 눈 위치에 올려 1구 바늘로 찔러 눈 모양을 만들어 줍니다.

26 산타를 완성한 모습입니다.

❋ 루돌프 만들기

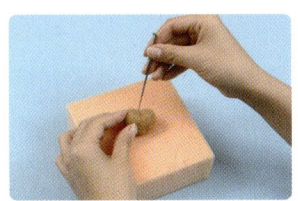

27 연갈색(C035) 양모를 뽑아 동그랗게 말아준 후, 1구 바늘로 찔러 양모가 풀리지 않도록 고정시킨 후, 하트를 만들 때와 같이 중심 부분을 집중적으로 찔러 땅콩 모양의 얼굴을 만들어 줍니다.

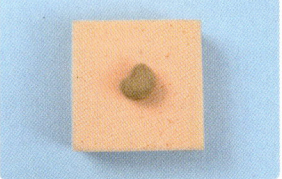

28 땅콩 모양의 루돌프 얼굴 모습입니다.

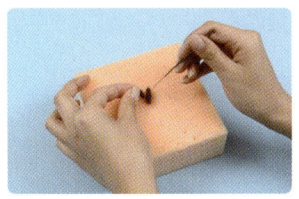

29 밤색(C032) 양모를 조금 뽑아, 작은 길쭉한 모양으로 2개를 만들어 뿔 모양이 되도록 2개를 맞대고, 1구 바늘로 찔러 연결시킵니다.

30 밤색 뿔 2개, 납작하고 동그란 귀 2개, 땅콩 모양의 얼굴 1개, 빨간색의 동그란 코 1개를 만들어 놓습니다.

31 귀를 루돌프 얼굴 귀 위치에 대고 1구 바늘로 찔러 고정시킵니다.

32 귀 2개를 얼굴에 연결시킵니다.

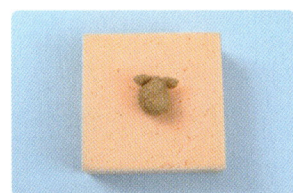

33 루돌프 얼굴에 귀가 연결된 모습입니다.

34 루돌프의 머리에 갈색 뿔을 대고 1구 바늘로 찔러 고정시켜 줍니다.

35 루돌프의 얼굴에 뿔 2개가 연결된 모습입니다.

36 빨간색 동그라미 모양의 코를 루돌프 얼굴의 코 위치에 대고 1구 바늘로 찔러 고정시켜 줍니다.

37 루돌프의 얼굴에 빨간색 코가 연결된 모습입니다.

38 검은색(C040) 양모를 조금 뽑아, 루돌프의 눈 위치에 대고 1구 바늘로 찔러 눈 모양을 만들어 줍니다.

39 원통형의 몸과, 밤색의 길쭉한 꼬리 모양을 만들어 놓습니다.

40 루돌프의 몸 뒤쪽에 밤색 꼬리를 대고 1구 바늘로 찔러 고정시켜 줍니다.

43 크리스마스트리, 산타, 루돌프를 모두 완성한 모습입니다.

41 루돌프의 얼굴 아랫면에 루돌프의 몸의 목 부분을 대고 1구 바늘로 골고루 여러 번 찔러 튼튼하게 고정시켜 줍니다.

42 루돌프가 완성된 모습입니다.

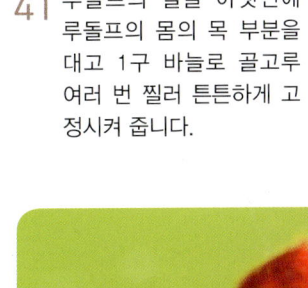
정면도

정면도

정면도

결혼을 축하하며

36 웨딩 사진 액자

준비물 흰색(C001), 살구색(C037), 검은색(C040), 초록색(C027),
연분홍색(C014), 분홍색(C013), 진분홍색(C011), 자주빛분홍색
(C009) 양모, 인조 진주, 1구 바늘, 5구 바늘, 스펀지,
펠트지, 실, 바늘, 글루건, 가위

★ 예상 재료비: 1만 3,000원 ★ 예상 제작 시간: 3시간 ★ 완제품 예상가: 3만 원

❋ 액자 만들기

01 도안대로 액자를 만들 펠트지 2장을 준비합니다.

02 펠트지 2장을 겹쳐놓고, 사진이 들어갈 부분은 겉면만 홈질하고, 나머지는 2장을 같이 홈질하여 연결합니다.

03 액자가 완성된 모습입니다.

❋ 신랑, 신부 얼굴 만들기

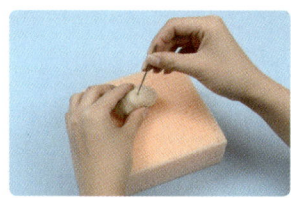

04 살구색(C037) 양모를 뽑아 동그랗게 말아준 후, 1구 바늘로 찔러 양모가 풀리지 않도록 고정시켜 줍니다.

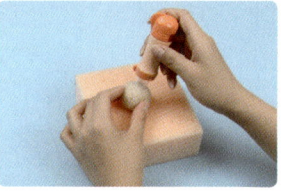

05 1구 바늘로 찔러준 다음 5구 바늘로 골고루 찔러줘서 동그란 모양이 되도록 만들어 줍니다.

06 검은색(C040) 양모를 조금 뽑아 얼굴의 머리 부분에 놓고, 1구 바늘로 찔러 고정시킵니다.

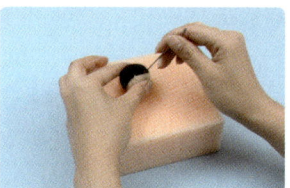

07 1구 바늘로 머리 모양의 테두리를 깔끔하게 정리하며 찔러줍니다.

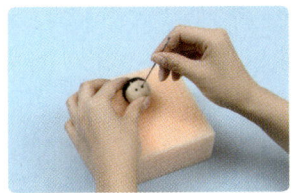

08 검은색 양모를 조금 뽑아, 얼굴의 눈 위치에 놓고, 1구 바늘로 찔러 작고 동그란 눈을 만듭니다.

09 진분홍색(C011) 양모를 조금 뽑아, 얼굴의 볼 위치에 놓고, 1구 바늘로 동그랗게 찔러 넣어 볼터치를 넣습니다.

10 신부는 검은색 양모를 조금 뽑아 동그랗게 말아준 후, 1구 바늘로 찔러 양모가 풀리지 않도록 고정시켜 줍니다.

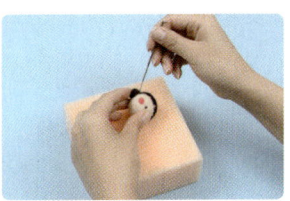

11 적은 분량의 검은색 양모를 신부 얼굴의 머리 부분에 놓고, 1구 바늘로 찔러 고정시킵니다.

12 신랑은 살구색 양모를 조금 뽑아, 동그랗게 말아준 후, 1구 바늘로 찔러 납작한 원형 모양의 귀를 만들어 줍니다.

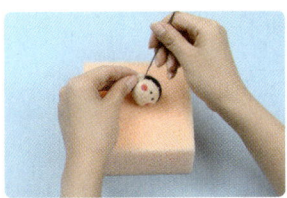

13 귀를 신랑 얼굴의 귀 위치에 놓고, 1구 바늘로 찔러 고정시킵니다.

14 신부 얼굴이 완성된 모습입니다.

15 신랑 얼굴이 완성된 모습입니다.

✽ 신부 몸 만들기

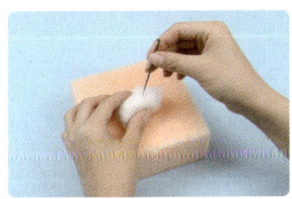

16 흰색(C001) 양모를 뽑아 동그랗게 말아준 후, 1구 바늘로 찔러 양모가 풀리지 않도록 고정시켜 줍니다.

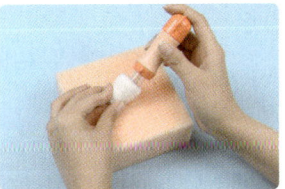

17 5구 바늘로 밑면을 집중적으로 찌르고, 윗면은 뾰족해지도록 돌아가면서 골고루 찔러 원뿔 모양이 되도록 만들어줍니다.

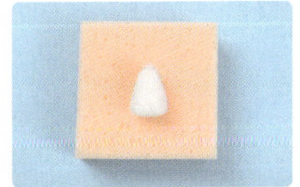

18 원뿔 모양으로 만든 신부의 몸 모습입니다.

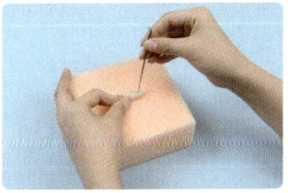

19 살구색 양모를 조금 뽑아 길쭉하게 말아준 후, 1구 바늘로 찔러 팔을 만들어 줍니다.

20 길쭉하게 만들어진 팔을 원뿔 형태의 신부 몸의 팔 위치에 놓고, 1구 바늘로 찔러 고정시켜 줍니다.

21 팔 2개의 앞부분을 앞쪽으로 모아, 1구 바늘로 찔러 고정시켜 줍니다.

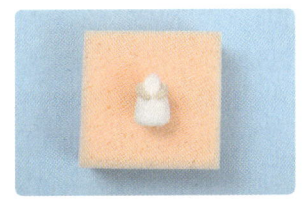

22 신부의 몸에 팔 2개를 연결시킨 모습입니다.

23 초록색(C027) 양모를 조금 뽑아, 동글납작하게 말아준 후, 1구 바늘로 찔러, 부케의 잎사귀 모양을 만들어 줍니다.

24 완성된 잎사귀를 신부 몸의 부케 위치에 놓고, 1구 바늘로 찔러 고정시켜 줍니다.

25 자줏빛분홍색(C009) 양모를 조금 뽑아, 동글납작하게 말아준 후, 1구 바늘로 찔러 양모가 풀리지 않도록 고정시켜 줍니다.

26 1구 바늘로 찌른 후, 5구 바늘로 앞, 뒷면을 골고루 찔러 납작한 꽃 모양이 되도록 만들어 줍니다.

27 꽃을 신부 몸의 부케 위치에 놓고, 1구 바늘로 꽃의 가운데 부분만 집중적으로 찔러 꽃잎 모양을 살리면서, 고정시켜 줍니다.

28 분홍색, 연분홍색 양모도 같은 방법으로 2개의 꽃을 더 만들어 고정시켜 줍니다.

29 부케를 완성한 모습입니다.

30 신부 얼굴의 목 부분에 신부 몸의 원뿔 형태의 뾰족한 부분을 대고, 1구 바늘로 여러 번 찔러 튼튼하게 고정시킵니다.

31 신부 얼굴과 몸이 연결된 모습입니다.

✽ 신부 면사포 연결하기

32 흰색 펠트지를 면사포 모양이 되도록 잘라, 윗부분을 홈질합니다.

33 홈질한 실의 한쪽 끝을 당겨, 주름이 생기도록 합니다.

34 신부의 머리 뒤쪽에 대고 바느질하여, 면사포를 고정시킵니다.

35 바느질이 끝나는 한쪽 끝에 매듭을 짓습니다.

36 바늘을 다른 쪽으로 빼어 실을 잡아당긴 다음, 가위로 잘라주면, 매듭이 양모의 안쪽으로 쏙 들어가 좀 더 깔끔해집니다.

37 인조 진주에 글루건을 붙여 줍니다.

38 진주를 면사포의 끝에 붙여줍니다.

39 신부 인형이 완성된 모습입니다.

✽ 신랑 몸 만들기

40 검은색 양모를 뽑아, 동그 랗게 말아준 후, 1구 바늘 로 찔러 양모가 풀어지지 않도록 고정시킵니다.

41 흰색 양모를 조금 뽑아, 검 은색 몸 위에 올려, 1구 바 늘로 찔러 고정시킵니다.

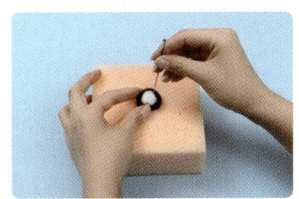

42 셔츠 모양이 되도록 1구 바늘로 테두리를 깔끔하게 정리하면서 찌릅니다.

43 검은색 양모를 조금 뽑아, 납작하고 길쭉하게 말아준 후, 1구 바늘로 찔러 옷깃 모양을 만들어 줍니다.

44 옷깃 모양을 2개 만들어 줍니다.

45 흰색 셔츠의 앞에 옷깃을 올린 후, 1구 바늘로 찔러 고정시켜 줍니다.

46 검은색 양모를 조금 뽑아, 작고 약간 길쭉한 모양으 로 말아준 후, 셔츠의 윗부 분에 놓고, 1구 바늘로 가 운데 부분을 찔러, 나비넥 타이 모양이 되도록 고정 시킵니다.

47 검은색 양모를 조금 뽑아, 동그랗고 길쭉한 모양으로 말아준 후, 1구 바늘로 찔러 팔의 모양을 만들어 줍니다.

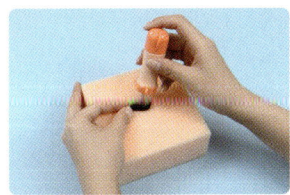

48 1구 바늘로 찌른 양모를, 5 구 바늘로도 골고루 찔러 길쭉한 팔 모양이 되도록 만들어 줍니다.

49 팔을 몸의 팔 위치에 대고 1구 바늘로 찔러 고정시킵 니다.

50 뒷짐을 지고 있는 모양이 되도록 팔의 한쪽 끝을 몸 의 뒤쪽에 대고 1구 바늘 로 찔러 고정시킵니다.

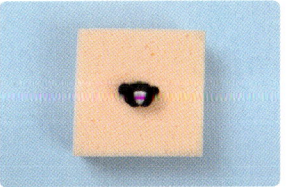

51 팔 2개를 연결하고, 뒷짐을 지고 있는 모습처럼 완성한 상체 모습입니다.

52 다리로 사용할 검은색 덩 어리 2개, 발로 사용할 검 은색 납작한 덩어리 2개를 만듭니다.

53 상체의 아랫면에 다리용 덩 어리를 놓고, 1구 바늘로 찔 러 고정시켜 줍니다.

54 다리의 아랫면에 발로 사용 될 납작한 덩어리를 놓고, 1구 바늘로 찔러 고정시켜 줍니다.

55 신랑 몸을 완성하였습니다.

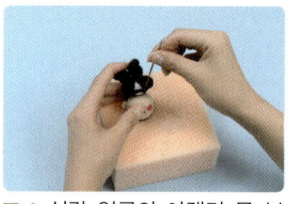

56 신랑 얼굴의 아랫면 목 부분에 신랑 몸의 윗부분을 대고 1구 바늘로 골고루 여러 번 찔러 튼튼하게 고정시켜 줍니다.

57 신랑, 신부를 완성한 모습입니다.

✽ 액자 완성시키기

58 분홍색, 연분홍색 하트를 크고 작게 1개씩 만듭니다.

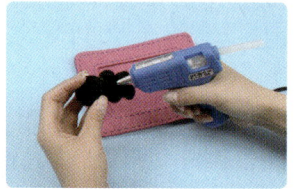

59 앞에서 만든 신랑, 신부, 하트의 뒷면에 글루건을 이용하여 액자에 붙여 고정시킵니다.

60 웨딩 사진 액자를 완성하였습니다.

입구부분

Part ⑧
니들펠트로 만드는
인형

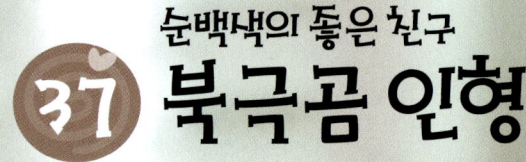

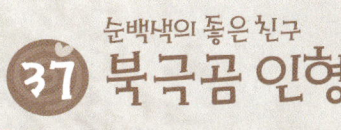

순백색의 좋은 친구

③⑦ 북극곰 인형

<u>준비물</u> 흰색(C001), 진한밤색(C031) 양모, 1구 바늘, 3구 바늘, 5구 바늘, 스펀지, 비즈, 바늘, 실, 단추

★ 예상 재료비: 1만 2,000원 ★ 예상 제작 시간: 4시간 ★ 완제품 예상가: 4만 원

❋ 곰 얼굴 만들기

01 흰색(C001) 양모를 돌돌 말아 동그랗게 곰 얼굴을 만듭니다.

02 흰색 양모로 주둥이로 만들 작은 공을 만듭니다.

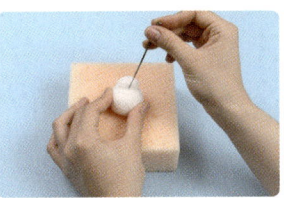

03 1구 바늘을 이용하여 곰 얼굴에 주둥이 모양을 단단하게 연결해 줍니다.

04 곰 얼굴에 주둥이가 완성되었습니다.

05 작은 공 모양의 귀를 같은 크기로 2개 만듭니다.

06 1구 바늘을 이용하여 얼굴에 귀를 달아줍니다.

07 곰 얼굴에 귀가 연결되었습니다.

❋ 몸통과 팔다리 만들기

08 흰색 양모를 뭉쳐 도안 크기대로 몸통을 만듭니다.

09 팔과 다리 부분을 붙일 수 있도록 바늘을 이용해 팔다리가 붙을 부분을 오목하게 다져 줍니다.

10 팔다리 붙일 부분이 완성된 모습입니다.

11 팔을 만들기위해 나무젓가락에 양모를 돌돌 말아 1구 바늘로 찔러줍니다.

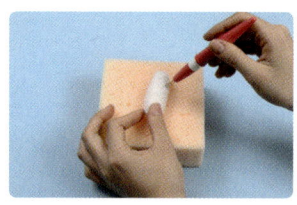

12 나무젓가락을 빼고 3구 바늘을 이용하여 둥글고 단단하게 만듭니다.

13 3구 바늘을 이용하여 한쪽 부분을 평평하게 만듭니다.

14 팔이 완성되었습니다. 같은 방법으로 팔을 1개 더 만듭니다.

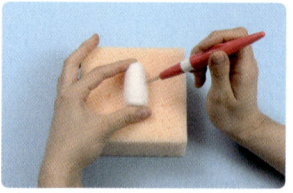

15 다리도 팔과 비슷합니다. 3구 바늘을 이용하여 양모를 돌돌 말아 둥글고 단단하게 만듭니다.

16 3구 바늘을 이용하여 다리의 아랫부분을 평평하게 만듭니다.

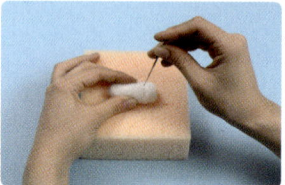

17 1구 바늘을 이용하여 다리와 발의 경계부분을 만듭니다.

18 다리가 완성되었습니다. 같은 방법으로 다리를 1개 더 만듭니다.

19 진한밤색(CO31) 양모로 동그란 발바닥을 2개 같은 크기로 만듭니다.

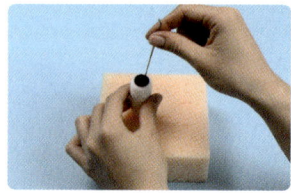

20 다리 아래쪽에 발바닥을 1구 바늘로 찔러줍니다.

21 두 다리에 발바닥을 완성하였습니다.

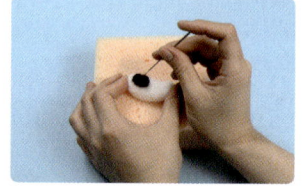

22 팔에도 위와 같은 방법으로 손바닥을 1구 바늘로 찔러줍니다.

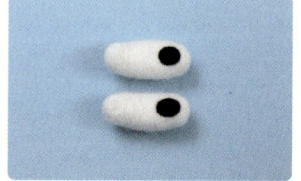

23 두 팔에 손바닥을 완성하였습니다.

✽ 얼굴 세부 표현하기

24 진한밤색 양모를 조금 뜯어 1구 바늘을 이용하여 동그랗게 코를 만들어 줍니다.

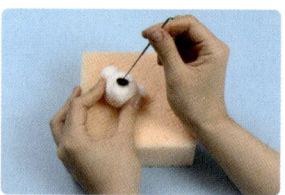

25 입부분의 위쪽에 1구 바늘을 이용하여 코를 찔러줍니다.

26 얼굴에 코를 완성하였습니다.

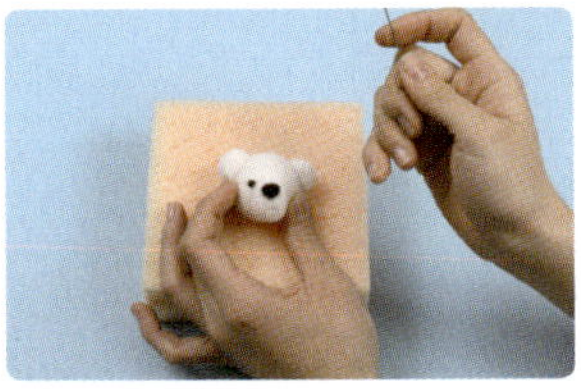

27 바늘에 실을 꿰어 눈 부분에 비즈를 달아줍니다.

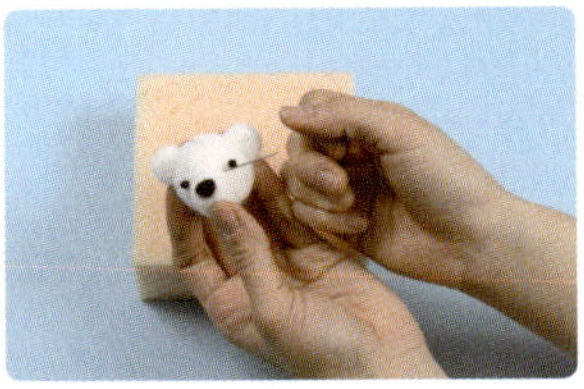

28 눈을 달아주고 얼굴의 귀 부분에서 마무리 합니다.

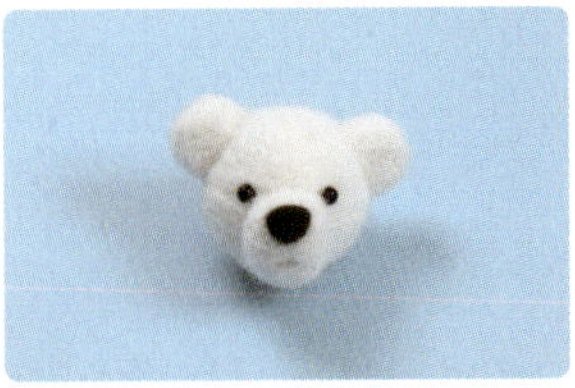

29 곰 얼굴이 완성되었습니다.

❀ 얼굴과 몸통 연결하기

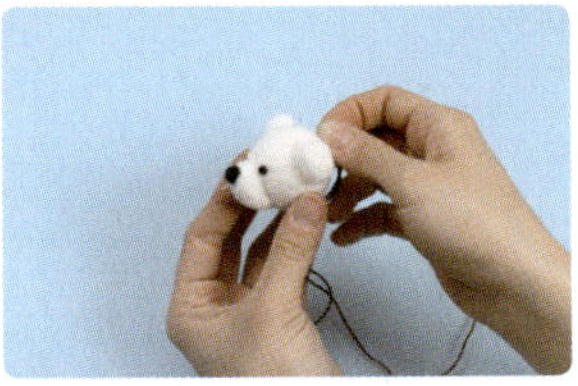

30 얼굴 뒤통수 부분에서 바느질을 시작합니다.

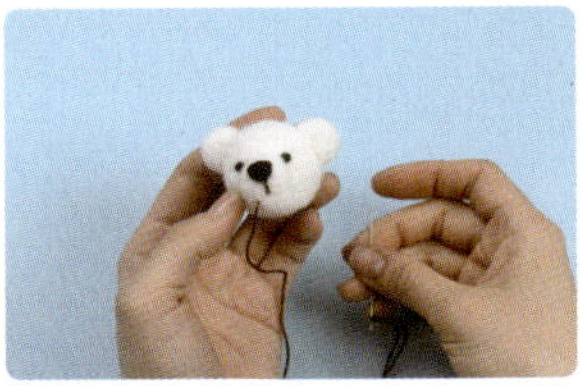

31 코 밑으로 바늘을 빼서 인중을 만들고, 다시 바늘을 꽂아 입 가장자리로 빼냅니다.

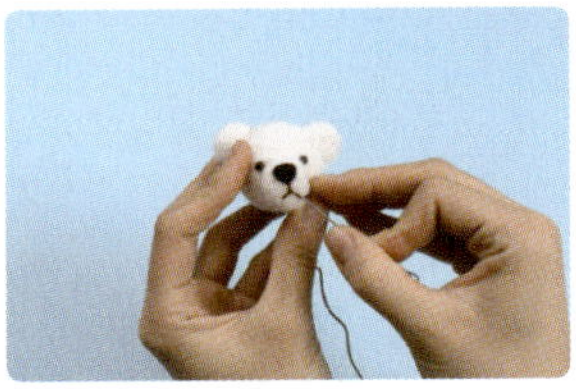

32 가장자리로 빼낸 바늘을 인중으로 통과시켜 '人'모양으로 만들고 바늘을 뒤통수로 보냅니다.

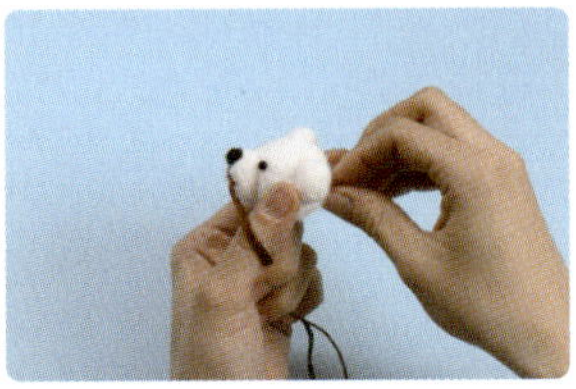

33 뒤통수로 실이 나옵니다.

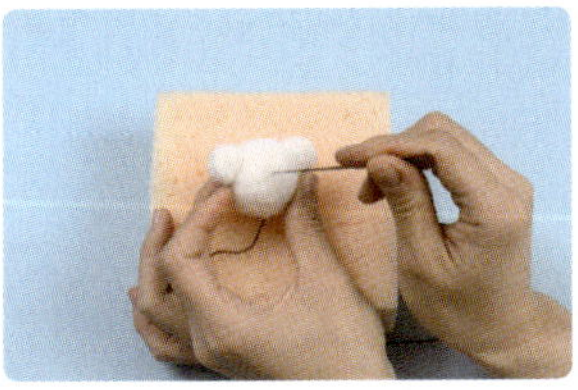

34 다시 얼굴 뒤통수에서 바늘을 찔러줍니다.

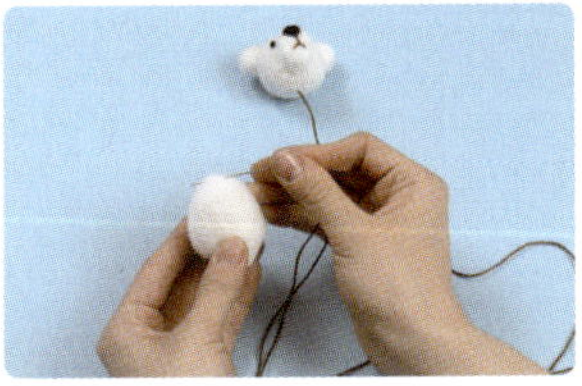

35 얼굴 아랫부분으로 나와 몸의 위에서 아래로 실을 연결합니다.

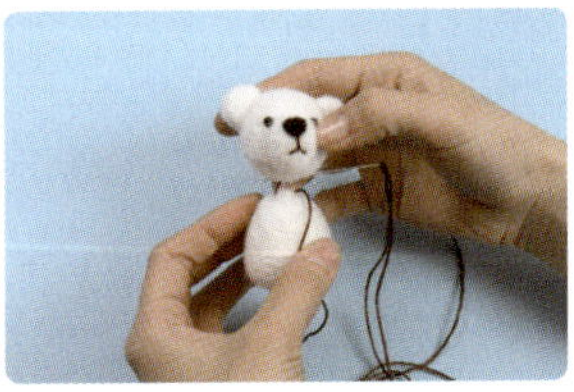

36 얼굴과 몸을 잘 잡고 몸 아랫부분에서 다시 얼굴과 몸 사이로 실이 나옵니다.

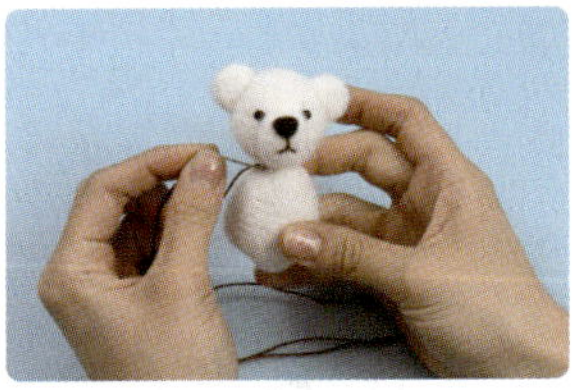

37 얼굴과 몸 사이에서 몸의 오른쪽 윗부분으로 바늘을 찔러줍니다.

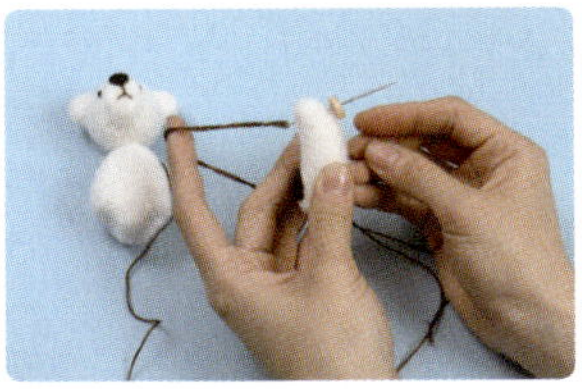

38 팔 윗부분에 단추를 대고 몸 오른쪽에서 나온 바늘과 실이 통과합니다.

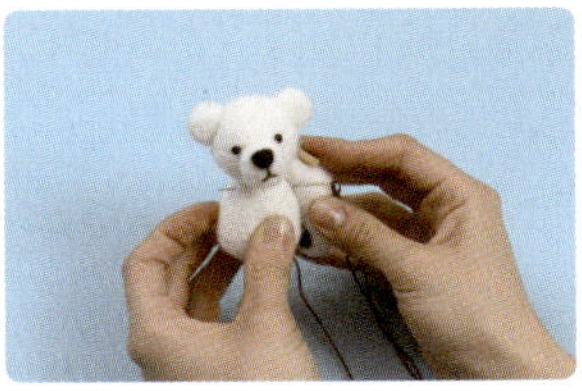

39 다시 반대편으로 바늘과 실이 몸을 통과합니다.

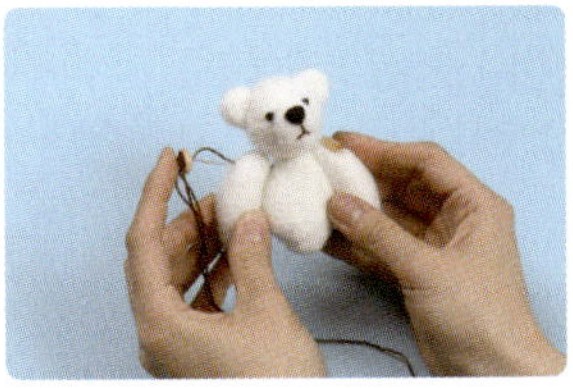

40 나머지 팔에 단추를 달고 바늘과 실이 통과하여 몸에 달아줍니다.

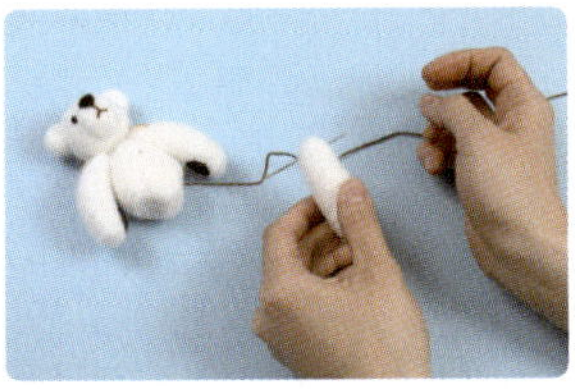

41 계속 대각선 몸의 아래쪽으로 바늘과 실이 통과하여 다리에 단추를 하나 끼우고 다리를 몸에 달아줍니다.

42 반대편 몸에 같은 방법으로 다리를 연결합니다.

43 단추를 다시 통과하여 다리와 몸 사이로 바늘과 실을 보냅니다.

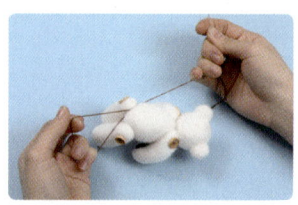

44 다리와 몸통 사이에서 실매듭을 만듭니다.

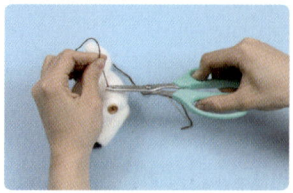

45 가위로 남은 실을 자릅니다.

46 귀여운 북극곰을 완성하였습니다.

북극곰 인형 닐물 도안

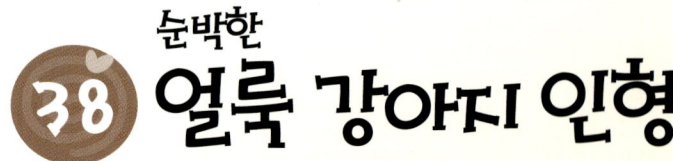

38

순박한

얼룩 강아지 인형

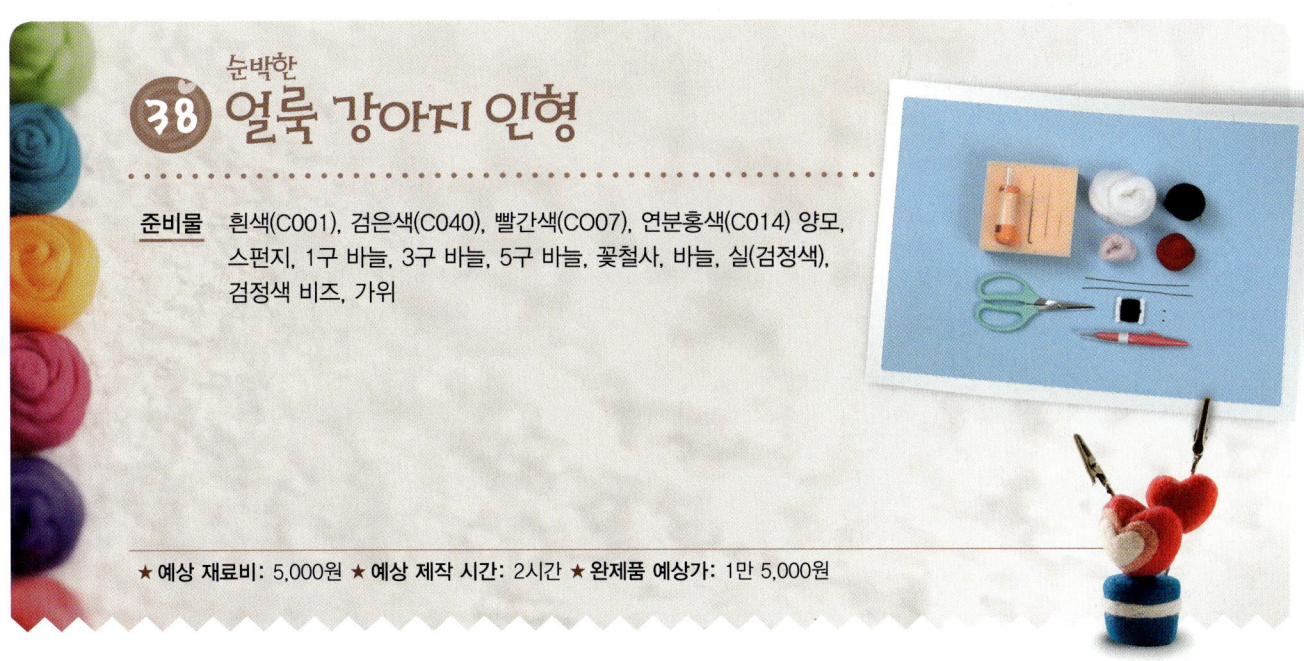

순박한
38 얼룩 강아지 인형

준비물 흰색(C001), 검은색(C040), 빨간색(CO07), 연분홍색(C014) 양모, 스펀지, 1구 바늘, 3구 바늘, 5구 바늘, 꽃철사, 바늘, 실(검정색), 검정색 비즈, 가위

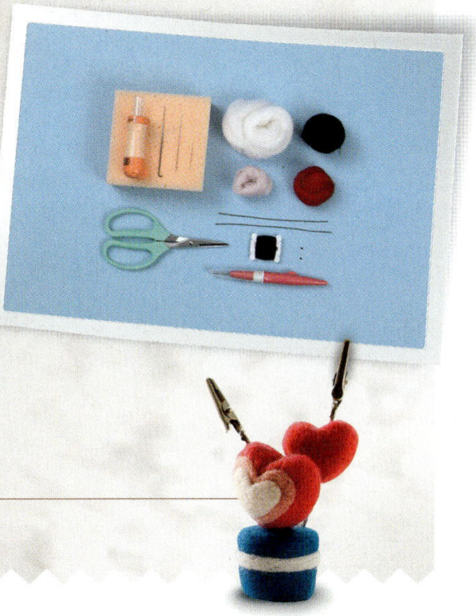

★ **예상 재료비:** 5,000원 ★ **예상 제작 시간:** 2시간 ★ **완제품 예상가:** 1만 5,000원

뼈대 만들기

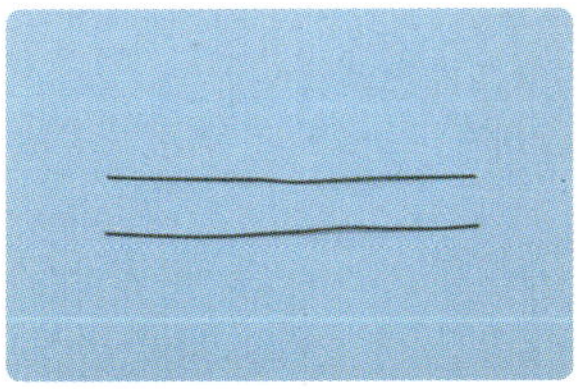

01 같은 길이의 철사를 2개 준비해 줍니다. 일반 철사보다는 꺾기에 부드러운 꽃철사가 적당합니다.

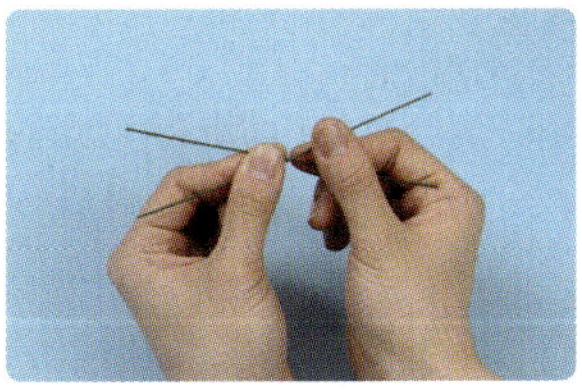

02 중앙을 맞춰 가운데부터 꼼꼼하게 꼬아줍니다.

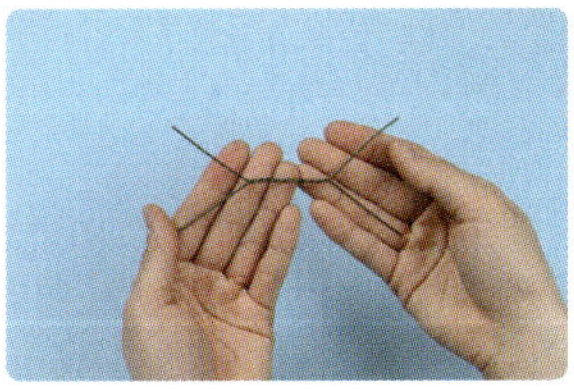

03 몸통 부분이 될 부분까지 꼬아준 모습입니다.

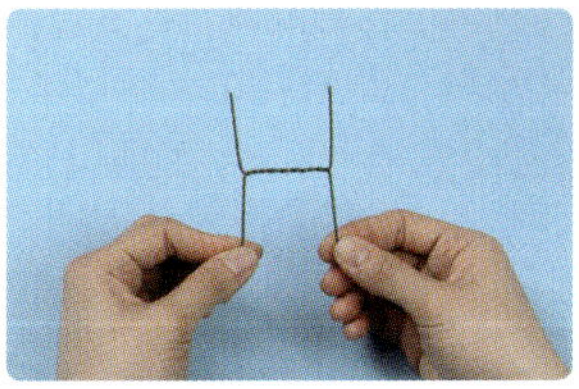

04 H 형태로 만들고, 다리가 될 부분을 만들어 줍니다.

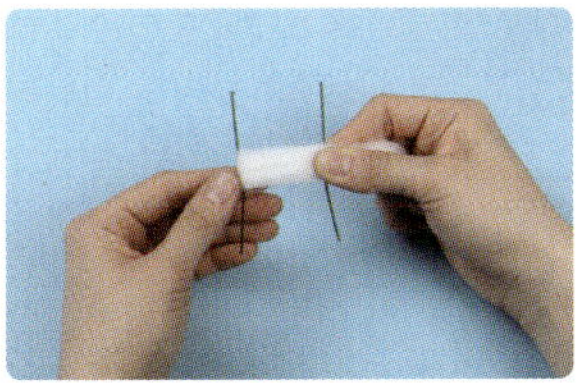

05 흰색(C001) 양모로 몸통이 될 부분을 꼼꼼하게 감아줍니다.

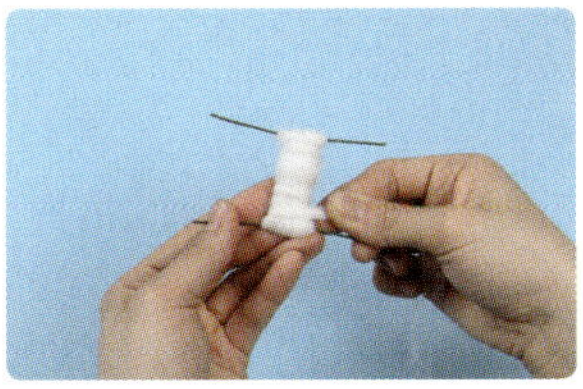

06 여러 번 꼼꼼하게 감아 줍니다.

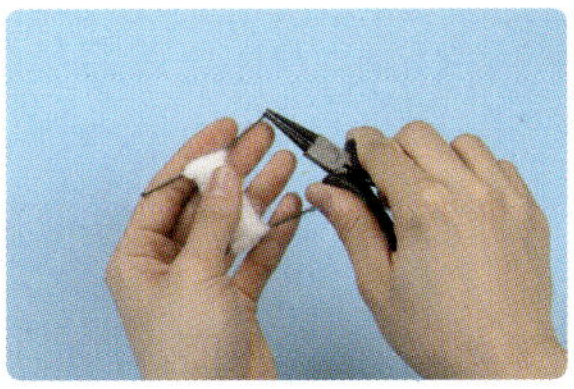

07 다리 끝 부분은 펜치를 사용해서 힘을 받을 수 있도록 동그랗게 말아줍니다.

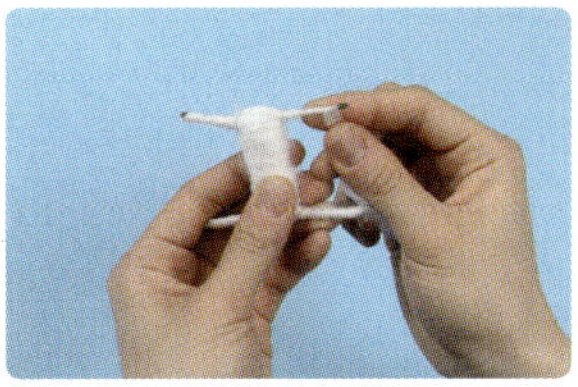

08 다리 부분도 양모를 꼼꼼하게 말아 주되, 너무 두껍지 않게 말아 줍니다.

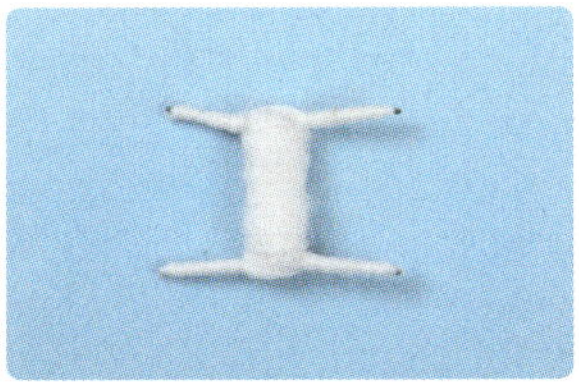

09 몸통 뼈대에 양모를 감아준 모습입니다.

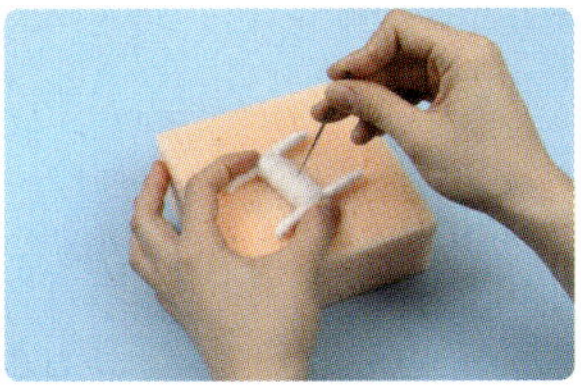

10 감아준 양모가 풀리지 않도록 1구 바늘로 고정시켜 줍니다.

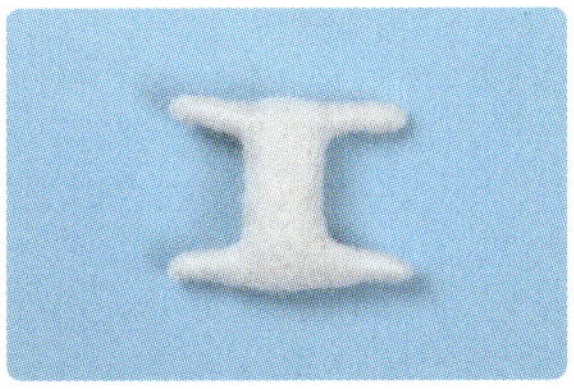

11 흰색 양모를 덧대기 기법으로 뼈대에 살을 붙여 줍니다.

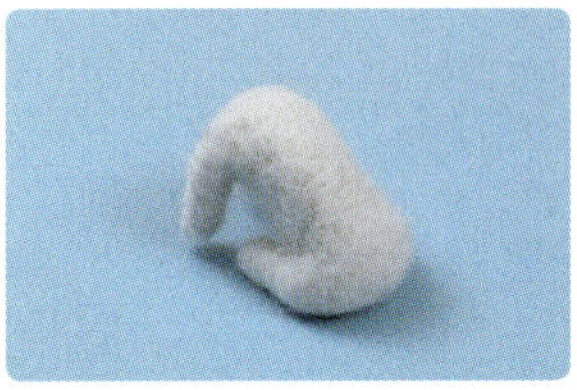

12 살이 붙은 뼈대를 강아지가 앉은 모양으로 구부려 줍니다.

❋ 얼굴 만들기

13 강아지 몸통의 크기를 가늠하여 강아지 얼굴의 크기를 결정하여 강아지 얼굴을 만들어 줍니다.

14 검은색(C040) 양모를 적당량 뜯어 강아지 왼쪽 눈 부위에 얼룩을 표현해 줍니다.

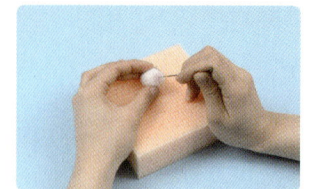

15 강아지 코 부분에 연분홍색(C014) 양모를 고정시켜 코끝의 표현을 해줍니다.

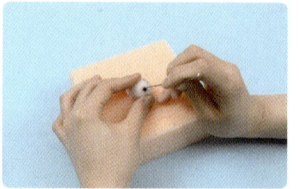

16 연분홍색 양모를 고정시킨 부위에 검은색 양모를 찔러 넣어 코 표현을 해줍니다.

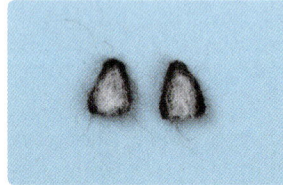

17 흰색 양모를 적당량 떼어내어 강아지 귀 모양을 만들고, 검은색 양모로 귀의 테두리를 만들어 줍니다.

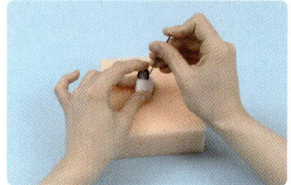

18 만들어 놓은 귀를 머리의 뒤쪽에 달아 줍니다.

19 양쪽 귀가 삐뚤어지지 않도록 좌우를 맞춰주면서 위치를 잡아줍니다.

❋ 연결해 완성하기

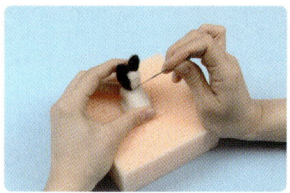

20 머리가 완성되면 몸통과 머리를 연결시켜 줍니다.

21 목에 빨간색(C007) 양모를 이용해 머플러를 감아 줍니다.

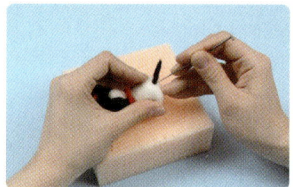

22 검은색 양모와 1구 바늘을 이용해서 엉덩이에 꼬리를 달아줍니다.

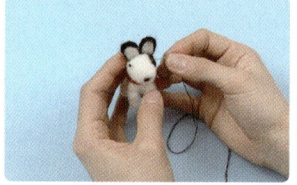

23 마지막으로 검정색 비즈 구슬을 이용해서 두 눈을 달아주면 완성됩니다.

 **응용작품**

여러 강아지를 만들어 보세요!
이 기법을 이용하면 여러 종류의 다양한 강아지를 만들 수 있답니다.

정면도

측면도

얼룩 강아지 인형 니들 도안

39 기린과 얼룩말 인형

준비물 흰색(C001), 검은색(C040), 연노랑색(C002), 노란갈색(C034)
양모, 꽃철사, 비즈구슬, 1구 바늘, 3구 바늘, 5구 바늘,
스펀지, 평펜치, 바늘, 실

★ 예상 재료비: 2만 원 ★ 예상 제작 시간: 4시간 30분 ★ 완제품 예상가: 4만 원

기린 만들기

✳ 뼈대 만들기

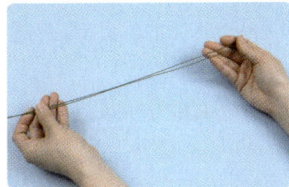

01 긴 꽃철사를 준비해서 반으로 접어줍니다.

02 중간으로 부터 약 2~3cm 정도 부위를 펜치를 이용해 구부려 기린의 머리가 될 부분을 정해 줍니다.

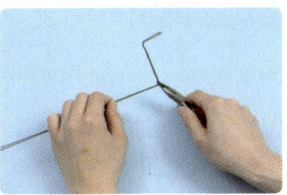

03 목이 될 부분만큼 약 4~5cm 정도를 잡아준 후 철사를 몸통 쪽으로 보내 줍니다.

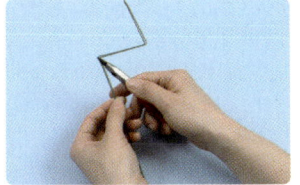

04 몸통이 정해지면 뒷다리 부분도 정해서 구부려 줍니다.

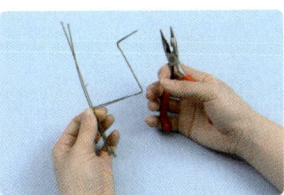

05 나머지 부분은 위로 올려줍니다.

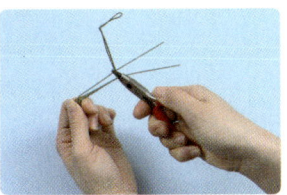

06 남은 철사를 몸통 쪽으로 보내준 후 다시 꺾어줍니다.

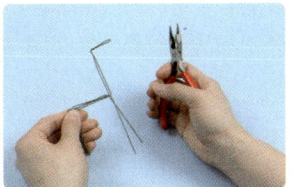

07 남은 부분으로 앞다리를 만들어줍니다.

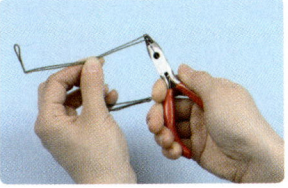

08 힘을 받을 수 있도록 펜치를 사용해서 다리 끝부분을 동그랗게 말아줍니다.

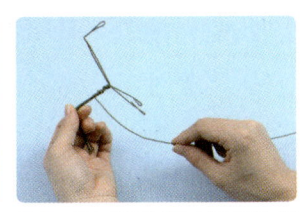

09 다른 꽃철사를 이용해서 뼈대를 튼튼하게 말아줍니다.

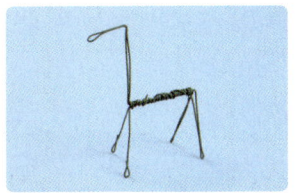

10 기린 뼈대를 완성한 모습입니다.

✽ 몸통 만들기

 11 몸통이 될 연노란색(C002) 양모를 적당한 양만큼 길게 찢어줍니다.

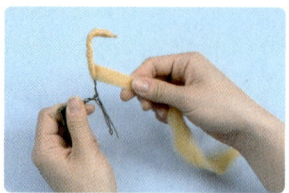 12 머리 부분부터 뼈대에 촘촘하게 감아줍니다. 처음부터 너무 두껍게 말아주면 수정이 힘드니 얇게 여러 번 감아주세요.

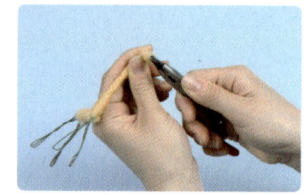 13 머리 끝부분 철사를 안쪽으로 말아주어 기린 얼굴이 될 부분을 둥글게 만들어 줍니다.

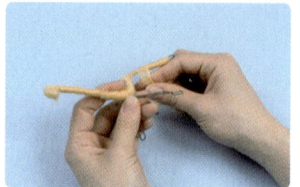 14 다리 부분도 양모를 얇게 꼼꼼하게 말아줍니다.

 15 감은 양모가 풀리지 않도록 중간 중간 1구 바늘로 고정시켜 줍니다.

 16 1차로 뼈대 전체에 양모를 감아준 모습입니다.

 17 같은 방법으로 여러 번 작업해서 계속 몸통에 살을 붙여줍니다.

 18 발목과 발바닥은 검은색(C040) 양모를 대어줍니다. 대어준 부분이 깔끔하게 정리되도록 몸통과 같은 색으로 발목 주위를 정리해 줍니다.

✽ 몸통에 무늬 넣기

 19 1구 바늘을 이용해서 몸통보다 조금 진한 노란갈색(C034) 양모를 사용해 기린에 무늬를 넣어줍니다.

 20 기린 몸통에 무늬를 넣어준 모습입니다.

 21 이런 식으로 군데군데 그물 무늬같이 무늬를 넣어줍니다.

✽ 귀와 갈기 연결하기

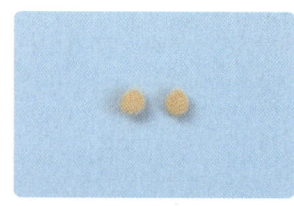 22 몸통과 같은 연노란색의 양모를 뽑아 동그랗게 귀를 만들어 줍니다.

 23 1구 바늘을 이용해 기린의 머리 윗부분에 고정시켜 줍니다.

 24 몸통의 무늬색과 같은 황갈색의 양모를 뽑아 손바닥으로 길게 비벼 갈기를 만듭니다.

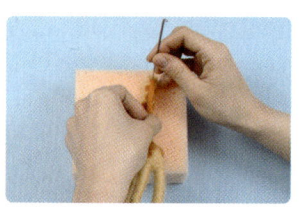 25 이 갈기를 기린의 목 뒷덜미부터 등까지 1구 바늘로 고정시켜 줍니다.

✽ 꼬리와 눈 달기

26 연노란색의 양모를 짧게 뽑아 비벼 꼬리를 만들고 고정시켜 줍니다. 이때 꼬리의 끝이 될 부분에 검은색 양모를 고정시켜 줍니다.

27 기린의 엉덩이 윗 부분에 꼬리를 고정시켜 줍니다.

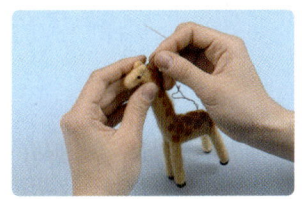

28 바늘을 이용해 비즈구슬을 눈 부위에 달아줍니다.

29 완성된 기린의 모습입니다.

얼룩말 만들기

✽ 몸통 만들어 무늬 넣기

30 기린의 뼈대와 몸통을 만든 방법과 같은 방법으로 얼룩말 몸통도 만들어 줍니다. 단 이때, 얼룩말은 기린보다 목을 짧게 만들어 줍니다.

31 검은색(C040) 양모를 뽑아 손바닥으로 비벼 가늘게 만든 후에, 1구 바늘을 이용해 얼룩말의 몸통을 한 바퀴 따라가며 고정시켜 줍니다.

32 이렇게 한 줄은 검정, 한 줄은 흰색이 보이게끔 무늬를 고정시켜 줍니다.

✽ 귀와 갈기 달기

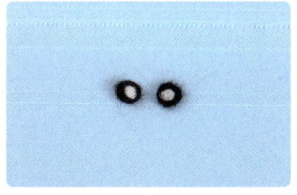

33 흰색(C001) 양모를 뽑아 동그랗게 귀를 만들어 줍니다. 검은색의 양모로 귀의 바깥 부분을 감쌉니다.

34 1구 바늘을 이용해 얼룩말의 귀 부분에 고정시켜 줍니다.

35 얼룩말 몸통의 패턴에 맞춰 같은 색의 양모를 뽑아 풍성한 갈기를 만들어 줍니다.

36 이 갈기는 얼룩말의 머리 윗부분부터 목 뒷덜미까지 고정시켜 줍니다.

✽ 꼬리와 눈 달기

37 검은색과 흰색의 양모를 짧게 뽑아 비벼 교차되게 꼬리를 만듭니다.

38 얼룩말의 엉덩이 윗부분에 꼬리를 고정시켜 줍니다.

39 바늘을 이용해 비즈구슬을 눈 부위에 달아주면, 얼룩말이 완성됩니다.

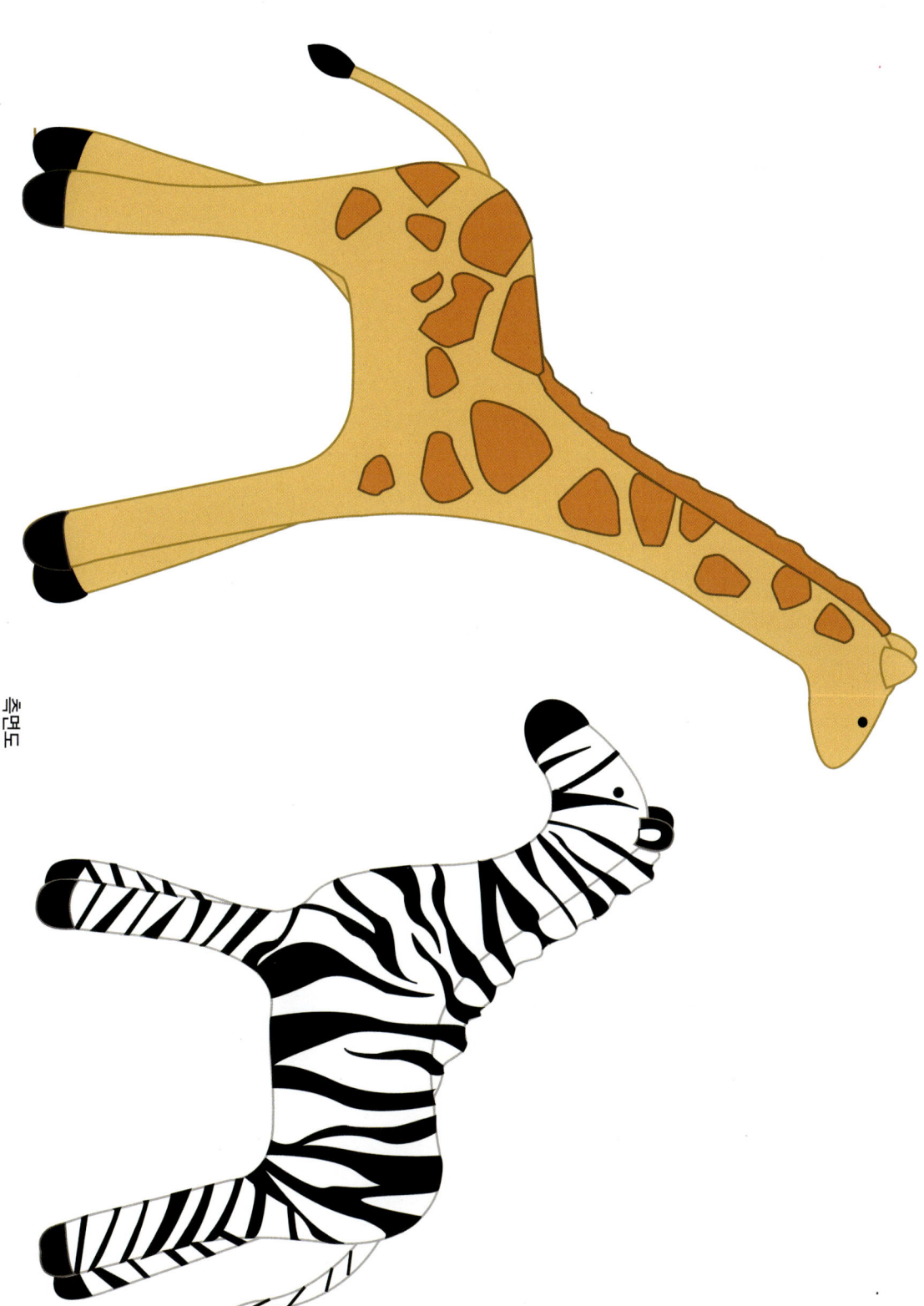

측면도

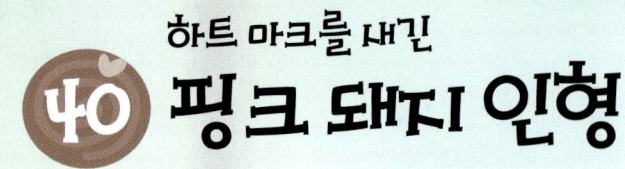

하트 마크를 새긴
40 핑크 돼지 인형

준비물 분홍색(CO13), 진분홍색(CO11), 검은색(CO40) 양모,
1구 바늘, 5구 바늘, 스펀지, 낚싯줄, 바늘

★ **예상 재료비**: 6,500원 ★ **예상 제작 시간**: 1시간 30분~2시간 ★ **완제품 예상가**: 2만 원

✽ 얼굴 만들기

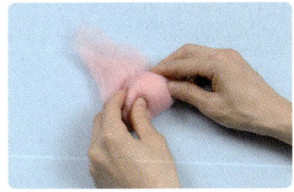

01 분홍색(CO13) 양모를 돌돌 말아줍니다.

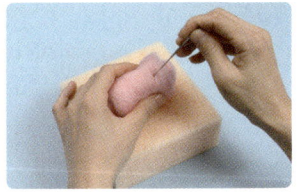

02 말아놓은 양모를 1구 바늘로 찔러 풀리지않게 고정시킵니다.

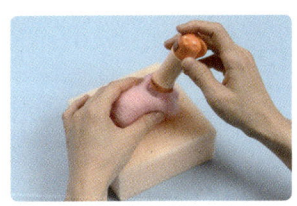

03 5구 바늘을 이용하여 동그랗고 단단하게 만듭니다.

04 얼굴의 형태가 완성된 모습입니다.

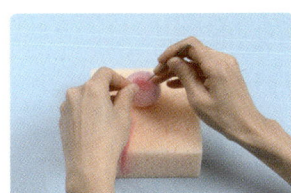

05 진분홍색(CO11) 양모를 조금 뜯어 코 부분에 1구 바늘로 연결시켜 줍니다.

06 돼지코를 만듭니다.

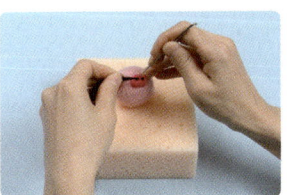

07 검은색(CO40) 양모를 조금 뜯어 1구 바늘을 이용하여 콧구멍을 만듭니다.

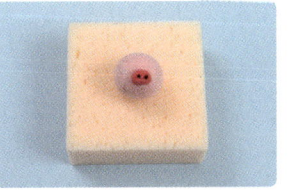

08 콧구멍 2개를 완성하였습니다.

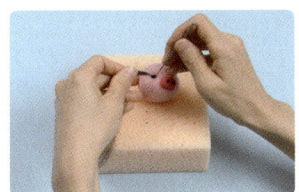

09 검은색 양모를 조금 뜯어 1구 바늘을 이용하여 눈을 만듭니다.

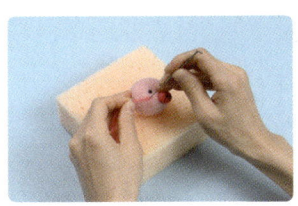

10 진분홍색 양모를 조금 뜯어 볼에 볼터치를 만듭니다.

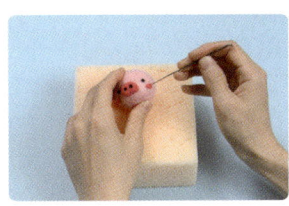

11 나머지 한쪽 볼에도 볼터치를 만듭니다.

12 귀를 제외한 얼굴이 완성되었습니다.

✽ 귀 만들기

13 분홍색(CO13) 양모를 조금 뜯어 돌돌 말아줍니다.

14 1구 바늘로 찔러 길쭉한 모양의 귀를 만들어 줍니다.

15 길쭉한 모양의 귀가 완성되었습니다.

16 진분홍색(CO11) 양모를 조금 뜯어 만들어진 귀에 1구 바늘로 고정시켜 줍니다.

17 귀에 문양이 완성되었습니다.

18 귀 문양 중간부분을 1구 바늘로 찔러 귀가 접혀지게 만듭니다.

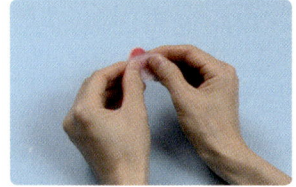

19 귀 2개가 완성되었습니다.

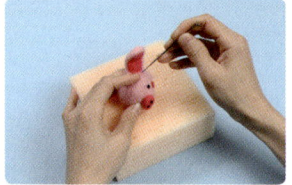

20 펠팅이 안된 귀 한쪽 부분의 양모를 손으로 잘 풀어줍니다.

21 돼지 얼굴에 1구 바늘을 이용하여 찔러줍니다.

22 돼지 얼굴에 귀 2개를 붙여준 모습입니다.

✽ 몸통 만들기

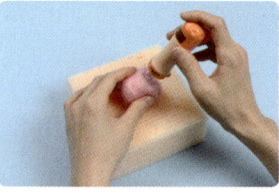

23 분홍색(CO13) 양모를 돌돌 말아줍니다.

24 5구 바늘을 이용하여 동그랗고 단단하게 찔러줍니다.

25 몸으로 사용될 공이 완성되었습니다.

26 몸의 중간 부분에 진분홍색 양모를 조금 뜯어 1구 바늘로 하트 모양을 새겨 줍니다.

✽ 팔다리 만들기

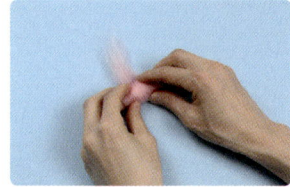

27 분홍색(CO13) 양모를 돌돌 말아줍니다.

28 1구 바늘을 이용하여 둥근 기둥 모양으로 다리를 만듭니다. 이때 다리 한쪽 부분만 찔러줍니다.

29 다리 2개를 완성하였습니다.

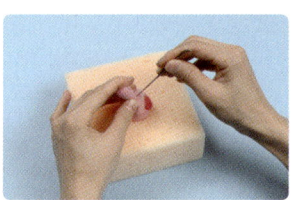

30 1구 바늘로 찌르지 않은 쪽의 양모를 손으로 펴서 몸통에 대고 1구 바늘로 찔러줍니다.

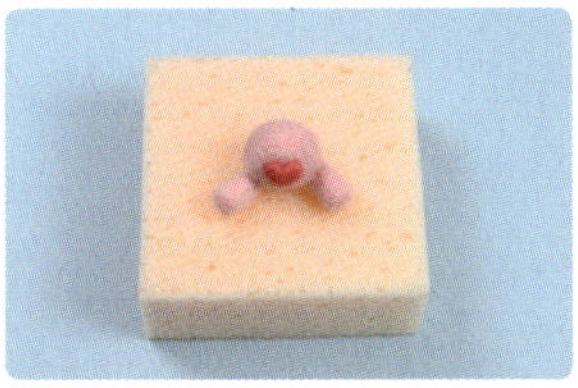

31 다리를 몸에 연결하였습니다.

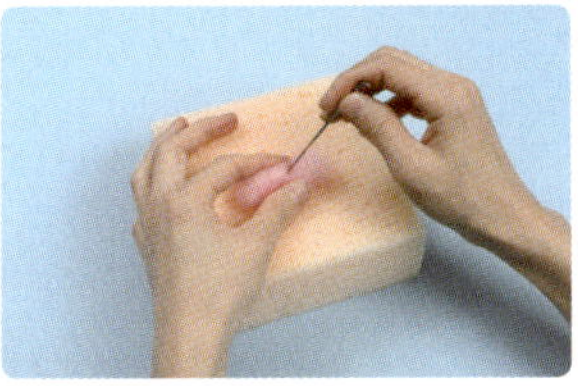

32 분홍색(CO13) 양모를 돌돌 말아 1구 바늘로 찔러 팔 모양을 만들어 줍니다.

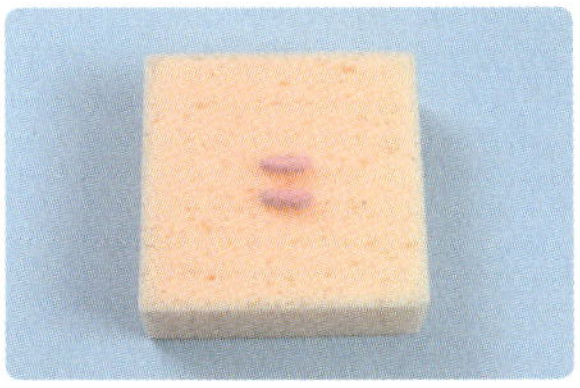

33 위와 같은 방법으로 팔 2개를 완성하였습니다.

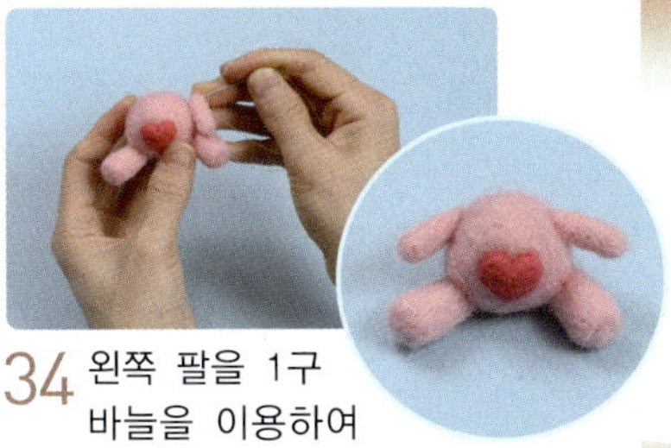

34 왼쪽 팔을 1구 바늘을 이용하여 몸에 찔러줍니다. 팔 2개를 모두 연결합니다.

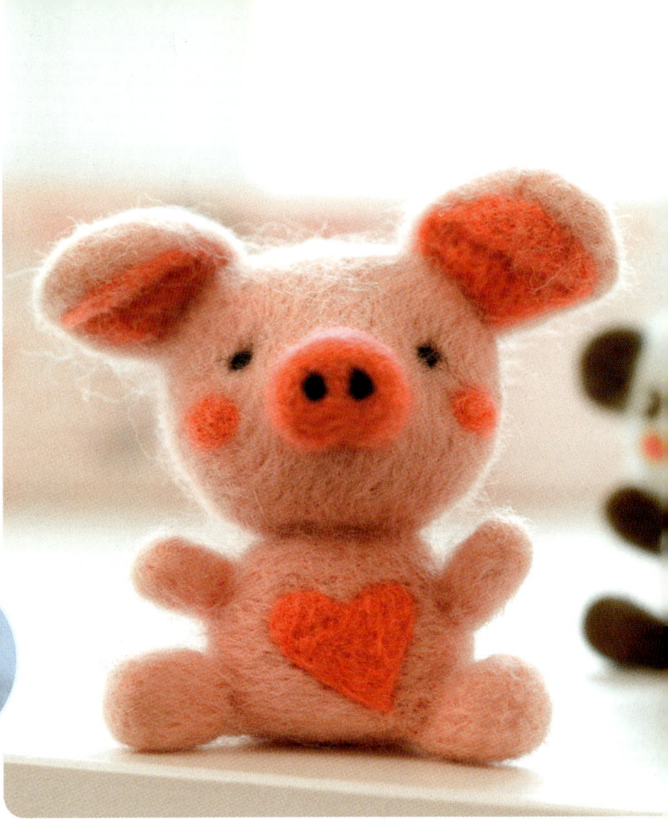

✻ 몸통 연결해 완성하기

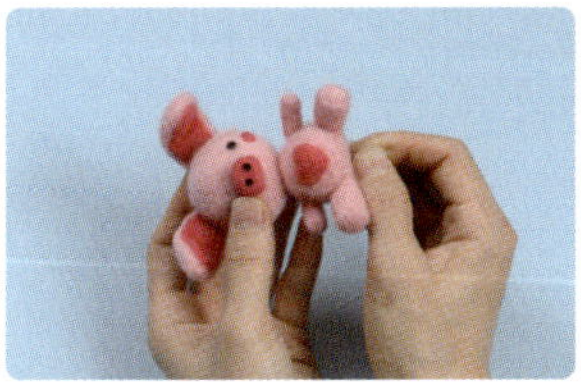

35 낚싯줄과 바늘을 이용해 돼지 목과 얼굴을 연결합니다.

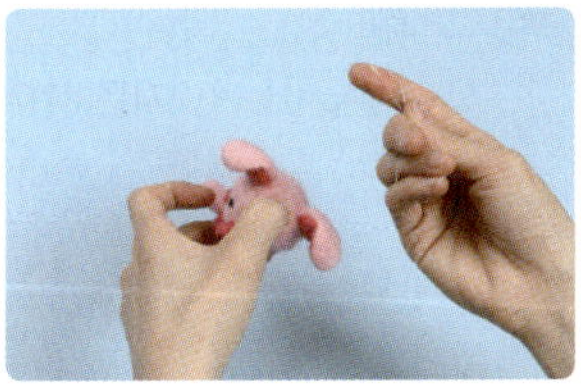

36 얼굴과 몸 사이에서 매듭을 지어 마무리합니다.

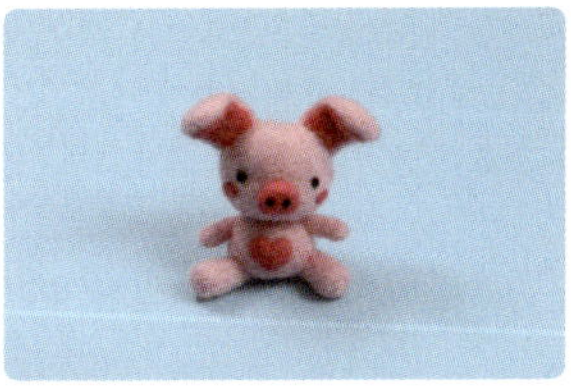

37 핑크 돼지 인형이 완성되었습니다.

핑크 돼지 인형 실물 도안

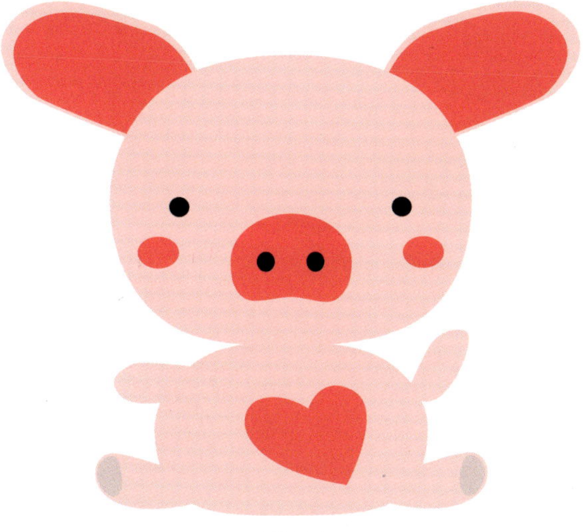

정면도

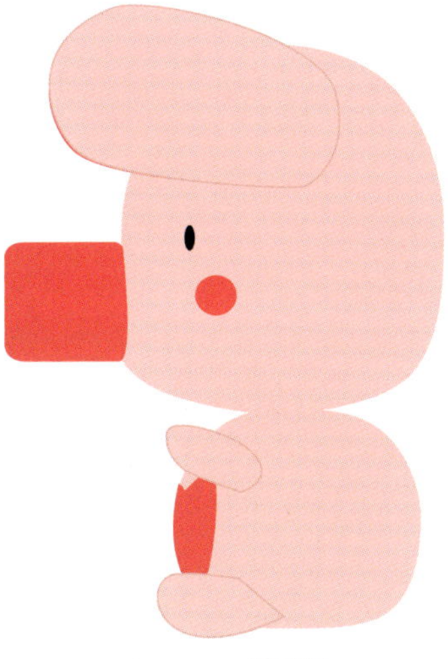

측면도

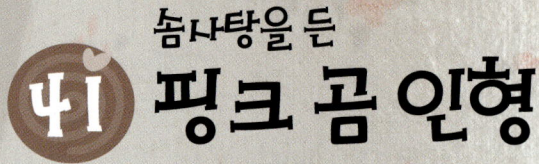

준비물 흰색(C001), 분홍색(CO13), 진분홍색(CO11), 검은색(CO40) 양모,
1구 바늘, 5구 바늘, 스펀지, 낚싯줄, 바늘, 가위, 송곳, 이쑤시개

★ 예상 재료비: 7,500원 ★ 예상 제작 시간: 2시간 ★ 완제품 예상가: 2만 5,000원

✳ 얼굴 만들기

01 진분홍색(CO11) 양모를 돌돌 말아줍니다.

02 5구 바늘을 이용하여 동그랗고 단단하게 찔러줍니다.

03 동그란 곰 얼굴이 완성되었습니다.

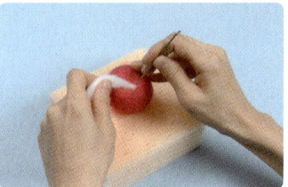

04 흰색(C001) 양모를 조금 뜯어 1구 바늘을 이용하여 주둥이 모양을 만들어 줍니다.

05 1구 바늘을 이용하여 동그랗게 주둥이를 만듭니다.

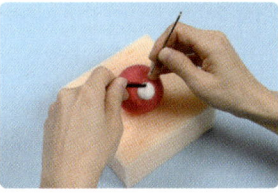

06 흰색 양모로 만든 주둥이에 검은색(CO40) 양모를 조금 뜯어 코를 동그랗게 1구 바늘로 찔러줍니다.

07 흰색 양모를 조금 뜯어 코에 콧망울을 만듭니다.

08 검은색 양모로 1구 바늘을 이용하여 눈을 2개 동그랗게 만듭니다.

09 검은색 양모로 코밑 부분에 입을 만듭니다.

10 흰색 양모를 조금 뜯어 볼터치를 만듭니다.

11 양쪽 볼터치를 만듭니다.

12 진분홍색(CO11) 양모를 돌돌 말아줍니다.

13 1구 바늘을 이용하여 단단하고 동그랗게 찔러 작은 공 모양의 귀를 만듭니다.

14 귀를 2개 완성하였습니다.

15 곰 얼굴에 1구 바늘을 이용하여 귀를 연결합니다.

16 귀를 2개 연결해 곰 얼굴을 완성하였습니다.

✽ 몸통 만들기

17 진분홍색(CO11) 양모를 돌돌 말아줍니다.

18 5구 바늘을 이용하여 동그랗고 단단하게 찔러줍니다.

19 동그란 곰 몸통이 완성되었습니다.

20 분홍색(CO13) 양모를 조금 뜯어 1구 바늘로 찔러 하트 모양을 만들어 줍니다.

21 몸통에 하트를 완성하였습니다.

22 진분홍색 양모를 조금 뜯어 작은 공모양을 만들고 1구 바늘로 엉덩이 위에 꼬리를 만듭니다.

23 엉덩이에 꼬리가 완성되었습니다.

✽ 팔다리 만들기

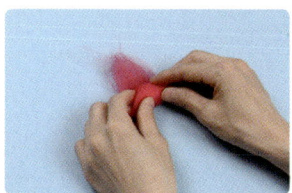

24 진분홍색(CO11) 양모를 조금 뽑아 돌돌 말아줍니다.

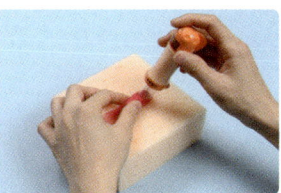

25 5구 바늘을 이용하여 단단하고 둥근 기둥을 만듭니다.

26 1구 바늘을 이용하여 다리 한쪽 부분을 찔러 둥글게 만듭니다.

27 다리 2개가 완성되었습니다.

28 1구 바늘로 찌르지 않은 다리 부분을 손으로 잘 펼쳐줍니다.

29 펼친 다리 부분을 1구 바늘을 이용하여 몸통에 찔러줍니다.

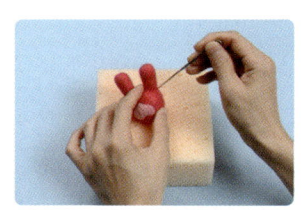

30 1구 바늘을 이용하여 다른 한쪽 다리도 몸통에 찔러줍니다.

31 몸통에 두 다리를 연결하였습니다.

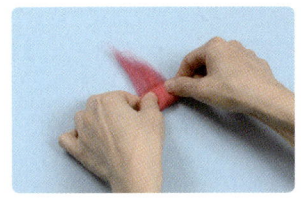

32 진분홍색(CO11) 양모를 돌돌 말아줍니다.

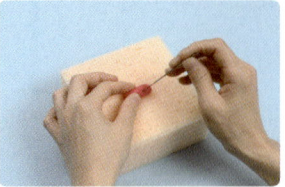

33 1구 바늘을 이용하여 팔을 만듭니다.

34 팔을 2개 완성하였습니다.

✻ 몸통에 연결하기

35 낚싯줄을 바늘에 꿰어 팔 한쪽에 찔러줍니다.

36 몸통에 연결하고 나머지 한 쪽팔도 몸통에 연결합니다.

37 몸통에 팔이 완성되었습니다.

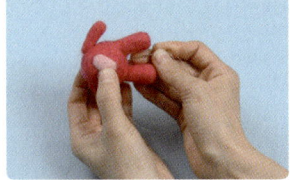

38 낚싯줄과 바늘을 이용하여 몸통 밑 부분에서 몸통 윗 부분으로 찔러줍니다.

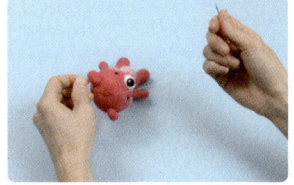

39 몸통과 얼굴을 단단하게 연결합니다.

40 핑크 곰이 완성되었습니다.

✻ 솜사탕 만들어 완성하기

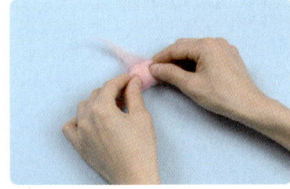

41 분홍색(CO13) 양모를 조금 뜯어 돌돌 말아줍니다.

42 1구 바늘을 이용하여 타원 형의 길쭉한 모양으로 솜사 탕 모양을 잡아줍니다.

43 솜사탕의 솜 부분이 완성 되었습니다.

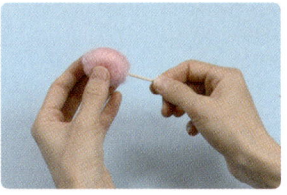

44 솜사탕에 이쑤시개를 꽂아 줍니다.

 45 곰 손바닥에 송곳을 이용하여 구멍을 뚫어줍니다.

 46 솜사탕의 막대부분을 곰의 손바닥에 꽂아줍니다. 손바닥의 구멍은 1구 바늘로 크기를 조절합니다.

 47 솜사탕을 든 귀여운 핑크 곰 인형이 완성되었습니다.

솜사탕을 든 핑크 곰 인형 실물 도안

정면도

측면도

42 달랑달랑 실 달랑이 인형

준비물 진분홍색(C011), 분홍색(C013), 연분홍색(C014), 밤색(C032), 빨간색(C007) 양모, 1구 바늘, 5구 바늘, 스펀지, 비즈, 끈, 나무구슬, 핸드폰 고리, 오링, 두꺼운 실, 돗바늘

★ **예상 재료비**: Set 1만 6,000원 ★ **예상 제작 시간**: 각 1시간 ★ **완제품 예상가**: 각 2만 원

✻ 얼굴 만들기

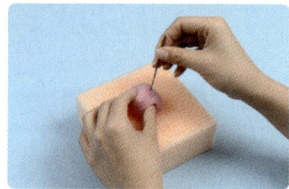

01 분홍색(C013) 양모를 동그 랗게 말아준 후, 스펀지 위에 놓고 1구 바늘로 찔러 풀리 지 않게 고정시켜 줍니다.

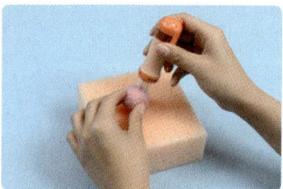

02 1구 바늘로 찔러준 다음 5 구 바늘로 전체적으로 찔 러 크기를 줄이며, 동그란 모양으로 만들어 갑니다.

03 같은 크기로 덩어리를 얼 굴, 몸 각 1개씩 만듭니다.

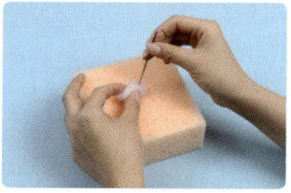

04 연분홍색(C014) 양모를 뽑 아 동그랗고 약간 길쭉한 타원형으로 말아준 후, 1구 바늘로 찔러줍니다.

05 앞에서 1구 바늘로 찔러 고 정시킨 연분홍색 양모를 동 그란 분홍색 얼굴의 입 위 치에 올려, 1구 바늘로 찔러 고정시킵니다.

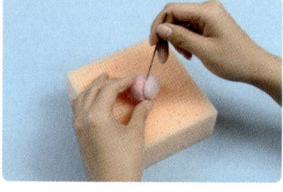

06 입 주위의 연분홍색 테두리 를 1구 바늘로 찔러가면서 깔끔하게 정리합니다.

07 밤색(C032) 양모를 조금 뽑 아, 얼굴과 연분홍색 입의 중간에 올려 1구 바늘로 찔 러 고정시킵니다.

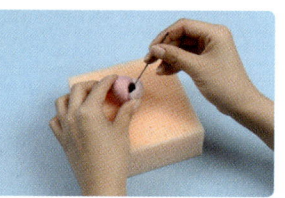

08 1구 바늘로 밤색 양모의 테 두리를 찔러가면서 깔끔한 삼각형의 코 모양이 나오도 록 정리합니다.

09 진분홍색(C011) 양모를 조금 뽑아 얼굴의 볼 위치에 올려 1구 바늘로 찔러 볼터치를 고정시킵니다.

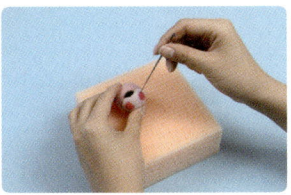

10 다른 한쪽의 볼에도 진분홍색 양모를 놓고, 같은 방법으로 1구 바늘을 이용하여 볼터치를 넣어줍니다.

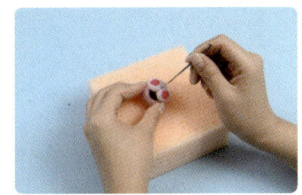

11 입 모양대로 1구 바늘로 여러 번 집중적으로 찔러 입부분이 움푹 들어가게 해서, '人'모양이 나오도록 해줍니다.

12 분홍색 양모를 조금 뽑아 동그랗게 말아준 후, 동그랗고 납작한 귀 모양이 되도록 1구 바늘로 찔러줍니다.

13 연분홍색 양모를 조금 뽑아 귀 위에 올린 후, 1구 바늘로 테두리를 찔러서 무늬를 넣어줍니다.

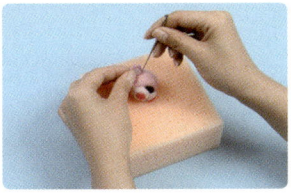

14 귀를 얼굴의 귀 위치에 대고 1구 바늘로 찔러 고정시킵니다.

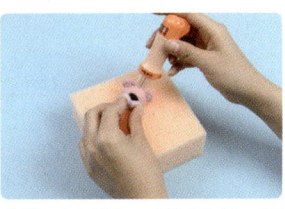

15 귀 2개를 고정시킨 후, 5구 바늘로 골고루 찔러 모양을 다듬습니다.

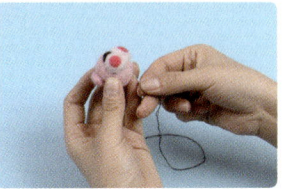

16 검은색 실을 바늘에 끼워 얼굴의 아래쪽에서 바늘을 집어넣습니다.

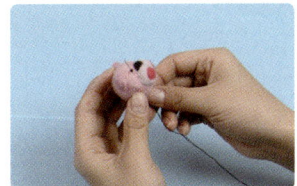

17 바늘이 눈의 위치로 나오게 해서 바늘에 검은색 눈 비즈를 1개 꼽아줍니다.

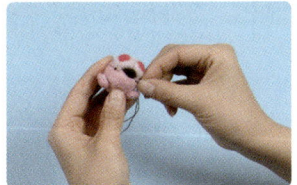

18 다시 바늘을 눈 위치로 넣어, 나머지 다른 한쪽의 눈 위치로 나오게 하여 마찬가지로, 검은색 눈 비즈를 1개 꼽아줍니다.

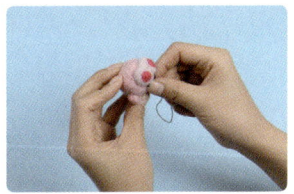

19 다시 바늘을 눈 위치로 넣어, 바늘을 얼굴 아래쪽으로 나오게 합니다.

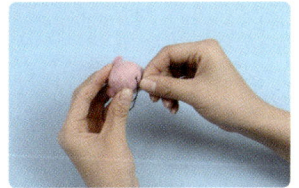

20 얼굴 아래쪽에서 매듭을 짓습니다.

❋ 몸통 만들기

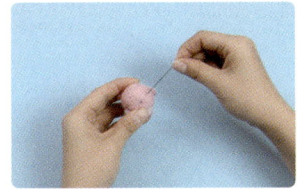

21 바늘을 다른 쪽으로 멀리 빼어 잡아당기면, 앞에서 지었던 매듭이 양모 사이로 들어가게 되어, 조금 더 깔끔한 형태가 됩니다.

22 동그란 몸통 위에 연분홍색 양모를 조금 뽑아 올린 후, 1구 바늘로 찔러 고정시킵니다.

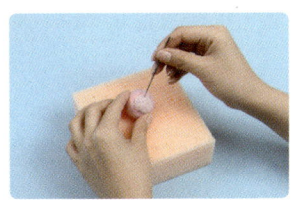

23 동그란 배 모양이 되도록 1구 바늘로 테두리를 찔러가며, 깔끔하게 다듬습니다.

24 빨간색(C007) 양모를 조금 뽑아 배 위에 올린 후, 1구 바늘로 하트 모양으로 찔러 무늬를 넣습니다.

✽ 연결하기

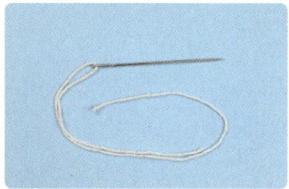

25 긴 돗바늘에 두꺼운 실을 끼워 준비합니다.

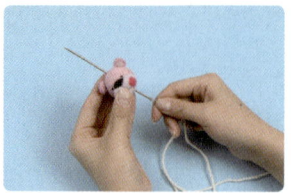

26 매듭을 지어 목 부분에서 머리 위쪽으로 바늘을 넣습니다. 매듭을 최대한 안 보이게 하기위해서 입니다.

27 나온 바늘을 다시 머리 쪽에서 목 쪽으로 넣습니다.

28 바늘에 몸통을 통과시킵니다.

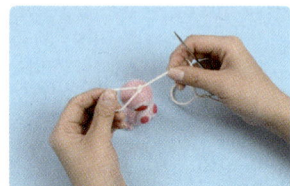

29 몸통의 아래쪽에서 매듭을 짓습니다.

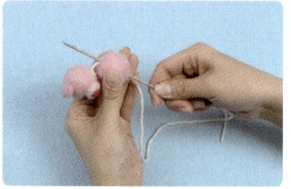

30 바늘을 다시 몸통의 아래쪽에서 멀리 빼어 실을 잡아 당기면, 매듭이 양모 사이로 들어가게 되어, 조금 더 깔끔한 형태가 됩니다.

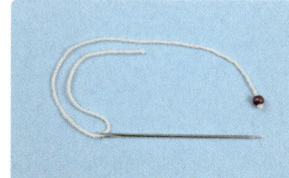

31 돗바늘에 실을 끼워 한쪽을 매듭짓고, 나무 구슬 1개를 끼워 준비합니다.

32 몸통의 한쪽 팔 부분에서 다른 한쪽 팔 부분으로 바늘을 넣습니다.

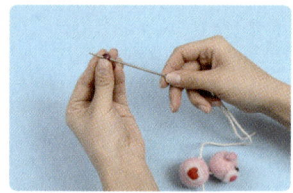

33 나무 구슬 1개를 끼워줍니다.

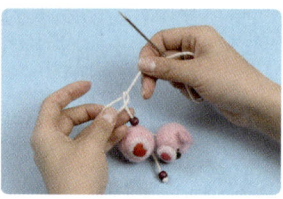

34 나무 구슬이 빠지지 않도록 여러 번 매듭을 짓습니다.

35 얼굴, 몸, 팔이 연결된 모양 입니다.

36 팔과 같은 방법으로 다리도 연결합니다.

✽ 핸드폰 고리 연결하기

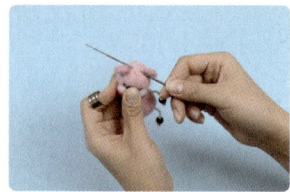

37 1구 바늘 또는 송곳을 이용하여, 머리 부분에 구멍을 내어줍니다.

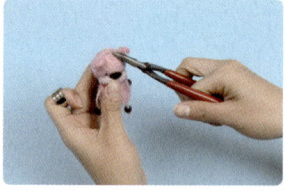

38 구멍으로 오링을 넣어 조여 줍니다.

39 오링에 핸드폰 줄을 걸어주면 완성입니다.

곰돌이꼬리

곰돌이꼬리

꿀벌 날개(4개)

친절한
DIY
교과서
No 009

DVD 동영상 강의로 쉽게 배우는 친절한

니들펠트
DIY

3부 DVD 보고 따라하는 니들펠트 DIY
19. 편리한 교통카드 케이스 | 062 페이지

6부 니들펠트로 만드는 인테리어&생활소품
21. 주차판 | 174 페이지

studio MODA